大学生美育理论与实践研究

主 编：辛 勤 王 璐 许琳媛
副主编：刘媛媛 贲海舟 李柯楠

吉林美术出版社 | 全国百佳图书出版单位

图书在版编目（CIP）数据

大学生美育理论与实践研究 / 辛勤，王璐，许琳嫒主编 . -- 长春：吉林美术出版社，2025.3.--ISBN 978-7-5575-9605-7

Ⅰ .G40-014

中国国家版本馆 CIP 数据核字第 2025KW0844 号

大学生美育理论与实践研究
DAXUESHENG MEIYU LILUN YU SHIJIAN YANJIU

编　　者	辛　勤　王　璐　许琳嫒
责任编辑	常艺凡
开　　本	787mm×1092mm 16 开
印　　张	15.25
印　　数	1—1000
字　　数	200 千字
版　　次	2025 年 3 月第 1 版
印　　次	2025 年 3 月第 1 次印刷
出版发行	吉林美术出版社
地　　址	长春市净月开发区福祉大路 5788 号
邮　　编	130118
网　　址	www.jlmspress.com
印　　刷	长春第二新华印刷有限责任公司
书　　号	ISBN 978-7-5575-9605-7

定　　价　42.00 元

前 言

在这个信息化、全球化迅速推进的时代背景下,大学生美育作为一种培养学生综合素质、审美能力和创造力的重要教育手段,正面临着前所未有的机遇与挑战。美育不仅仅关乎艺术技能的传授,更是对学生心灵的塑造、人格的锤炼和价值观的引导。它能够帮助学生在追求知识与技术的同时,培养他们的文化认同、社会责任感和创新精神。正因如此,大学生美育在当今时代具有无可替代的重要性,而如何实现美育教育的创新,尤其是在全球化、数字化、智能化的时代背景下,成为教育工作者、学者以及各级教育管理者亟待探索的问题。本书的研究正是基于这一背景,提出了许多有价值的思考和建议,它不仅从理论层面深入剖析了大学生美育的内涵式发展,还从实践的角度探讨了如何通过创新的教育模式和教学方法,进一步提升大学生的综合素质、审美能力和社会责任感。

本书的研究对大学生美育的理论体系进行了全面梳理。通过从美育的定义、功能、历史背景到现代发展趋势的多角度分析,本书系统地构建了一个与时俱进的美育教育框架,提出了美育不仅仅是艺术教育,更是社会教育、情感教育与人格教育的综合体现。通过深入研究大学生美育的核心诉求,探索了大学生美育的内在联系以及美育对学生各方面素质的促进作用。特别是在全球化、信息化的背景下,如何将传统的美育理念与现代社会的需求结合,为教育实践提供了可行的理论支持和指导。

本书强调美育与社会发展需求的契合,揭示了美育在培养大学生社会责任感、文化认同感和创新能力方面的重要作用。在社会日益多元化、全球化不断加深的时代,大学生不仅要具备高水平的专业能力,还要具备跨文化沟通、社会责任、创新思维等多重素质。这些能力的培养离不开美育的渗透和引导。通过探讨美育如何为学生的全面发展提供支撑,本书提出了一些具体的实践路径,为高等教育中的美育教学提供了理论基础和实践参考。此外,本书在技术创新方面的研究同样具有重要价值。随着数字化、智能化技术的迅速发展,传统的美育教学方式面临着转型的压力。本书深入探讨了虚拟现实、增强现实等新兴技术如何与美育教育相结合,推动美育教学的创新。通过技术手段,学生不仅可以突破地域和时间的限制,享受到更丰富的艺术教育资源,还能通过互动性和沉浸式体验,加深对艺术作品和文化现象的理解与感知。这为未来美育教育的多样化、个性化和国际化提供了新思路。

本书还在跨文化交流与美育的互动方面作出了有益探索。在全球化日益加深的背景下，大学生不仅需要掌握本国的文化传统，还需要具备理解、接纳和融汇其他文化的能力。本书通过对跨文化艺术交流的深入分析，阐述了美育如何作为文化交流的桥梁，帮助学生在不同文化之间架起理解与沟通的桥梁，进而增强他们的国际视野和文化认同感。这一部分研究为美育教育提供了国际化发展的新视角，强调了文化多样性在美育中的重要性。同时，本书的研究对于教育工作者、学校管理者及政策制定者具有实际指导意义。通过对美育课程设计、教学方法和评价机制的研究，本书为美育教学的创新提供了具体的操作性建议。从课程设置到教学模式，从学生评估到实践活动，本书都提出了具有前瞻性的思路和解决方案。尤其是在个性化学习、项目式学习和翻转课堂等教学模式的探讨中，本书强调了学生自主学习和协作精神的培养，展示了现代美育教育如何在技术支持下，营造更加丰富、多元、互动的学习体验。

随着社会对创新型、复合型人才需求的不断增大，美育教育将在未来的社会发展中发挥着重要的作用。本书通过全面分析大学生美育的现状、挑战与发展方向，提供了理论上的创新和实践上的指导，具有较高的学术价值和应用价值。它不仅为美育教学的深化和发展提供了理论支撑，也为高校美育课程的优化与改革提供了具体的路径和方法。

总之，本书不仅在学术上作出了系统的理论贡献，提出了美育与社会需求、文化认同、国际视野等方面的紧密联系，也在实践层面为美育教学提供了可操作的方案。它为大学生美育教育的未来发展提供了广阔的视野和深刻的启示，也为教育改革者和政策制定者提供了重要的理论依据和实践指导。

本书的编撰凝聚了多位专家学者的智慧和努力，由辛勤（佳木斯大学）、王璐（佳木斯大学）和许琳媛（佳木斯大学）共同担任主编。辛勤负责撰写第一章和第二章，内容总计7万字；王璐负责撰写第三章和第四章，共6万字；许琳媛撰写了第五章和第六章1—3，字数合计5.5万字。此外，刘媛媛编写了第六章第四节、第七章，内容为3.2万字；贲海舟负责第八章，同样为3.2万字；李柯楠完成了第九章，内容为3.2万字。本书整体由辛勤进行统稿，确保了全书结构的统一性和内容的完整性。全书无论从理论深度还是实践广度，都力求科学严谨、逻辑清晰，力图为美育理论研究和实践应用提供全面而有力的参考。编者的努力旨在为大学生美育教育的创新与发展贡献力量，为读者开启探索美育的重要窗口。

目 录

第一章 大学生美育的理论基础与发展脉络 001
  第一节 美育的基本概念与内涵 001
  第二节 美育的学科基础 015
  第三节 中国大学生美育的发展 020

第二章 大学生美育的社会功能与价值 023
  第一节 美育对大学生心理发展的作用 023
  第二节 美育对大学生认知能力的提升 033
  第三节 美育对大学生品格与价值观塑造的影响 042
  第四节 美育对大学生创新思维与创造力的促进 049

第三章 大学生美育的理论模型与实施 057
  第一节 大学生美育的核心要素与目标 057
  第二节 大学生美育框架的建构 063
  第三节 跨学科融合美育课堂的创新 068

第四章 大学生美育的课程设计 075
  第一节 美育课程的设计理念与实践指导 075
  第二节 美育课程的评估与效果反馈 088
  第三节 不同类型美育课堂的教学策略 103
  第四节 国内外高校美育的课程设计经典案例分析 109

第五章 大学生美育的创新教学模式与技术应用 121
  第一节 现代信息技术在美育中的应用 121
  第二节 翻转课堂与美育创新模式 135
  第三节 项目式学习与美育课程实践 145

第六章 大学生美育的校内外实践活动   155
   第一节 校园文化活动的组织与实施   155
   第二节 大学生美育与社会实践   162
   第三节 国际化美育活动的推广与实践   169
   第四节 国内推广美育实践活动的优秀案例   174

第七章 大学生美育与社会文化认同   181
   第一节 美育与大学生文化认同的培养   181
   第二节 美育对大学生社会责任感的塑造   190
   第三节 美育与大学生的社会适应   195

第八章 大学生美育的多元文化教育与国际视野   203
   第一节 多元文化教育的基本理念与实践   203
   第二节 跨文化交流与美育的互动   209
   第三节 国际视野下的美育发展   211

第九章 大学生美育的未来发展方向与创新路径   219
   第一节 大学生美育的未来发展趋势   219
   第二节 智能化与数字化时代的美育创新   231

参考文献   239

第一章
大学生美育的理论基础与发展脉络

第一节　美育的基本概念与内涵

一、美育的定义与特征

（一）美育的定义及内涵

美育是通过审美体验、艺术教育和文化熏陶来培养个体感受美、鉴赏美、创造美的能力，进而塑造健全人格和提升人类精神境界的一种教育形式。美育作为教育体系的重要组成部分，起源于美学与教育的结合，其核心内涵不仅在于培养个体的审美素养，更注重通过审美的方式引导个体构建人文精神，激发情感共鸣，提升精神境界，从而在追求真、善、美的过程中实现自我完善与全面发展。美育不同于单纯的技能训练或知识传授，它更关注人的内在情感世界和精神文化层面的成长，是培养健全人格、完善个体发展的重要途径。

从历史发展的角度来看，美育的定义经历了不断丰富与深化，不同历史时期的教育家与思想家对美育进行了广泛而深入的探索，形成了多样化的理论体系。在西方，美育的思想可以追溯到古希腊时期，教育家和哲学家率先提出了关于美育的重要观点。柏拉图在其代表作《理想国》中强调，美与真理、善良具有高度的统一性，教育应当通过艺术与审美活动塑造公民的道德品质和理想人格，从而维护社会的和谐与秩序。他认为，艺术不仅仅是感官享受的手段，更是灵魂净化与精神升华的重要途径。在柏拉图的理论中，音乐、绘画等艺术形式不仅有助于培养人的审美能力，还能够通过对美的追求，帮助个体实现道德理想与精神的完善。柏拉图的美育观为后世奠定了基础，成为美育理论的重要起点。

进入18世纪，德国美学家席勒在《审美教育书简》中对美育理论进行了系统阐释，进一步深化了美育的内涵。他提出，美育是实现个体自由与和谐发展的重要途径，通过美育可以在情感与理智之间找到平衡，克服人性的片面性，从而实现全面发展。在席勒看来，人类的理性与情感是相互对立的，而美育的作用就在于通过审美体验调和二者间的矛盾，帮助人类实现情感的升华与精神的自由。他认为，艺术作品通过其形式美与内容美，可以使人摆脱现实世界的功利束缚，进入一个纯粹的审美境界,从而获得心灵的自由与精神的解放。席勒的美育观不仅强调审美体验对个体发展的重要性,还赋予了美育更深层次的哲学与人文关怀,成为现代美育思想的重要理论支柱。

进入现代社会,随着西方教育理论的传入和中国教育体系的变革,美育的定义与内涵逐渐得到拓展与深化,超越了传统艺术教育的范畴,成为一种更广泛的审美教育形式。现代美育不仅包含艺术欣赏与艺术实践,还涉及审美创造、文化熏陶和情感培养等多个方面,强调通过审美体验提升个体的精神境界与人文素养。美育的目标不再局限于培养艺术技能或知识,而是通过艺术与审美活动唤醒人的内在情感,激发个体对真、善、美的追求,从而实现个体的全面发展与社会的和谐进步。

从东方的视角来看,美育的内涵深受传统文化与哲学思想的影响,其起源可以追溯到中国古代的礼乐教化思想。儒家学派是东方美育思想的重要奠基者,孔子提出的"兴于诗,立于礼,成于乐",明确将艺术教育融入个人品德与社会秩序的构建中。这种通过诗歌、音乐与礼仪的审美体验,不仅培养了个体对美的感知能力,更注重通过艺术感化人心、提升人格境界,使个人在艺术熏陶中获得德行的修养与精神的升华。随着历史的发展,东方美育逐渐从礼乐教化扩展到多种艺术形式的融合与传播。唐代诗歌和宋代书画艺术的兴盛,将美育的内涵进一步深化,将自然美、艺术美与人文精神完美结合,为中国古代美育赋予了更广泛的文化内涵。诗歌以语言的美传递情感与哲思,书画则以视觉艺术展现自然之美与内心境界,这些形式不仅服务于个人修养,更成为社会文化传播的重要载体。进入近现代,东方美育在传统礼乐文化的基础上吸收了西方美学思想,逐渐形成了融会贯通的现代美育体系。蔡元培提出"以美育代宗教"的理念,将美育视为培养个人精神自由、文化认同和社会责任感的重要途径,进一步推动了美育从传统形式向现代教育的转型。如今,东方美育在全球化背景下呈现出多元化与现代化的特征,同时仍以其深厚的历史根基和独特的文化视角,为世界美育的发展提供了宝贵的思想资源与实践经验。

美育作为一种以美为核心的教育形式,承载了培养审美素养、塑造健全人格和提升精神境界的多重使命。无论是西方教育思想中的审美自由与和谐发展,还是中国传统文化中通过礼乐与诗歌实现道德修养与文化熏陶的理念,都揭示了美育在人类发展过程中的重要价值。随着时代的发展和教育理念的进步,美育的内涵与外延不断丰富与深化,成为现代教育中不可或缺的重要内容。美育不仅关注个体审美能力的培养,更致力于人的精神世界的提升与文化传承,推动人类社会朝着更加和谐美好的方向发展。

（二）美育的主要特征

美育作为教育体系中的重要组成部分，具有鲜明的情感性、审美性、实践性和综合性等特征，这些特征赋予美育独特的教育价值和意义。首先，美育的情感性是其最显著的本质特征之一。情感的培养与陶冶贯穿于美育的各个方面，通过艺术作品、自然美以及社会美的欣赏与体验，个体能够激发情感共鸣，形成丰富而细腻的情感世界。在美育活动中，情感的培养并非简单的感官愉悦，而是通过对美的体验实现情感的深化与升华。比如当学生欣赏一幅生动的绘画作品时，他们不仅会被作品色彩、构图所吸引，还会逐渐感受到画作背后的思想内涵与情感表达。艺术作品中蕴含的情感力量能够影响学生的精神世界，激发他们对美好生活的向往与追求，从而形成积极向上的生活态度。同样地，当一段音乐的旋律在耳边回荡时，学生不仅体会到音符的和谐与美妙，还能通过旋律与节奏感受到艺术家所传递的情感，产生内心的共鸣。这种情感体验有助于调节学生的心理状态，释放压力，舒缓焦虑，使他们在情感的陶冶中获得内在的平静与满足。此外，情感性的美育不仅作用于个体，还能够通过集体的审美体验增进人与人之间的情感联系，营造积极、和谐的社会氛围。

美育的审美性强调培养个体对美的感知力、鉴赏力与创造力，涵盖了从艺术作品到自然景观，再到社会现象等多个领域。审美性赋予美育独特的教育功能，使其超越了其他教育形式，成为培养个体精神世界和文化素养的重要途径。在美育的过程中，个体通过对美的感知和理解，逐渐学会在日常生活中发现美、欣赏美，并在审美活动中形成独特的审美态度与价值观念。这种审美态度不仅体现在对艺术作品的鉴赏上，还反映在对自然之美、社会之美和人性之美的理解与认同。比如在面对壮丽的山川景色或精美的建筑艺术时，个体通过视觉与心灵的双重体验，感受到大自然与人类智慧的美好，进而产生敬畏之心与审美愉悦。这种对美的感知能力能够帮助个体在纷繁复杂的社会环境中保持一份审美的敏锐性与纯粹性，形成积极健康的审美追求。此外，审美性也要求个体将审美体验转化为创造美的能力，通过艺术实践与审美活动，在生活中不断寻求美、创造美，使审美成为一种内在的生活态度和精神追求。

美育的实践性强调个体在美的创造与体验中获得成长与发展。这种实践性体现在两个主要方面：一方面，美育通过艺术创作与技能训练，使个体在创造美的过程中激发自身的创造潜力与艺术表达能力。比如学生通过绘画、音乐、舞蹈等艺术实践活动，将个人的情感与审美理解转化为具体的艺术作品，在创作的过程中实现自我表达与内在情感的释放。这种创造过程不仅培养了学生的艺术技能，更提高了他们的创新思维与审美创造力；另一方面，美育通过审美体验让个体在与艺术作品、自然美和社会美的互动中深化对美的理解与感悟。审美体验并不仅仅是一种静态的欣赏过程，它是个体与美的双向互动，是一个不断理解、感受和思考的过程。比如学生在参观艺术展览或参加文化活动时，通过亲身体验感受艺术家所表达的情感与思想，进而在精神层面产生共鸣。这种审美体验的过程能够丰富个体的文化视野，提高其审美修养与文化自觉，使他们在美的熏陶中实现情感与精神的双重成长。美育的实践性使其不同于单纯的理论知识教育，它将美与生活、个体的实践体验紧密结合，使审美教育成为个体全面发展与自我实现的重要途径。

美育的综合性是一种跨学科、全方位的教育模式。美育不仅涵盖了艺术教育，还与哲学、美学、心理学、社会学等学科领域密切相关，体现了教育内容的多维度与教育方法的多样性。通过多学科的融合，美育能够在更广阔的视野中实现个体情感、认知、道德与审美能力的综合培养。比如在文学课程中融入美育内容，可以让学生通过文学作品的阅读与欣赏，体会文字的美感与思想的深度，从而培养他们的审美情趣与人文情怀。同时，美育还注重与德育、智育、体育等其他教育形式的协同发展，共同促进个体的全面素质提升。在德育方面，美育通过艺术作品与审美体验引导学生树立正确的价值观与道德观念，培养他们对真、善、美的追求；在智育方面，美育通过艺术欣赏与创作活动提升学生的观察力、想象力与创造力，促进他们思维能力的发展；在体育方面，美育可以通过舞蹈、戏剧等形式增强学生的身体协调性与表达能力，促进身心的健康发展。美育的综合性使其在教育体系中具有广泛的适应性与普及性，它不仅适用于艺术教育领域，还可以与其他学科相融合，形成跨学科的综合教育模式，从而实现个体素质的全面提升。

美育的情感性、审美性、实践性和综合性等特征共同构成了其独特的教育价值与意义。它不仅注重培养个体的审美素养与艺术表达能力，更关注情感的陶冶与精神境界的提升。美育通过艺术与审美活动引导个体在生活中发现美、欣赏美、创造美，激发他们对美好生活的向往与追求，最终实现健全人格的塑造与全面发展的目标。美育作为教育体系中的重要组成部分，在当代社会中扮演着不可或缺的角色，它不仅丰富了个体的精神文化生活，还为社会的和谐发展与文化进步注入了新的活力与动力。

二、美育的历史传承与文化根源

（一）西方文明中的美育历史传承

美育的历史可以追溯到人类文明发展的早期阶段，其萌芽体现在人类对自然美和艺术美的感知与表达中。早期的美育主要通过对自然和艺术的体验，形成个体对美的基本感知和理解。比如在原始社会,人们通过洞穴壁画、乐器和舞蹈表达对自然的崇敬与情感的寄托,这些艺术形式不仅满足了审美需求,也承载了教育的功能。随着社会的发展,美育逐渐成为文化传承的重要方式,与宗教仪式、伦理观念紧密结合,形成了具有教育意义的审美实践。在西方,古希腊被认为是美育思想的起源地之一。亚里士多德则从实践的角度阐述了艺术教育的功能,认为美育可以通过情感的宣泄和净化帮助个体获得心理平衡,为实现理性与情感的和谐奠定基础。

西方美育的发展历史与宗教和哲学有着紧密的联系,二者为美育的理论构建提供了丰富的思想资源。在西方,美育的理论最初受宗教影响较深,基督教将音乐和绘画视为与神灵沟通的媒介,强调艺术在精神净化和信仰传播中的作用。比如中世纪的教堂建筑和圣歌不仅具有浓厚的宗教色彩,还蕴含着深刻的美学价值,通过壮丽的建筑和庄严的音乐传递神圣感和和谐之美。文艺复兴时期,随着人文主义思想的兴起,美育逐渐摆脱了宗教的束缚,成为探索人性、自由与美的重要途径。这一时期的艺术作品不仅追求视觉上的美感,还关注人类情感与思想的表达,使美育的内涵更加丰富。

进入现代社会,美育逐渐从传统的艺术教育模式向更加多元化的教育形式转型。工业革命以来,科技与经济的快速发展改变了人类的生活方式,也对美育提出了新的要求。在西方,随着教育科学化的进程,美育被纳入了现代教育体系,成为培养学生综合素质的重要内容。德国教育家赫尔巴特提出了审美教育对人格发展的意义,强调通过审美体验可以实现情感、理性与意志的协调发展。

20世纪后期,随着社会文化的多元化和全球化的推进,美育的范围不断扩展,从传统的艺术课程延伸到跨学科的审美教育,包括自然美、社会美和科技美等多个领域。现代美育的另一个重要转型体现在教育目标的改变上。从传统以技能和知识传授为主的艺术教育模式,转向关注学生情感世界和审美素养的培养。美育不仅强调个体对美的感知与理解,还注重通过艺术与审美活动激发学生的创造力与文化意识。在信息化时代,美育利用数字技术和多媒体平台,使艺术教育的形式更加丰富多样,也使学生在更广阔的领域中感受到美的力量。美育在不同的历史阶段和文化背景下不断发展与演变,从最初的艺术欣赏到如今的多元化审美教育,其内涵愈加丰富,功能愈加完善。美育不仅促进了个体的审美成长,也推动了文化的传承与创新,成为人类社会发展的重要支柱。

(二)东方文明中的美育的起源与发展

东方文明中美育的起源可以追溯到中国传统文化教育中的礼乐教化思想,这是中国美育思想的早期体现,也是中华文明在教育与文化领域的重要特色之一。从春秋战国时期开始,以儒家为代表的思想体系便深入探讨了教育与艺术之间的关系,强调通过艺术教育来培养个体的情感陶冶与道德修养。在这种观念下,艺术不仅是一种审美体验的载体,更是教化人心、提升人格的实践方式。传统儒家文化的礼乐教育注重通过艺术的感化力,使个体在感受美的同时,塑造道德品质和高尚的精神境界,这种以艺术为载体的德育与美育的统一,成为中国古代美育思想的重要特征。

礼乐文化在传统社会中不仅体现了道德与艺术的结合,更是维系社会秩序与文化传承的重要纽带。礼仪作为社会规范的体现,展现了行为美与形式美的统一,而乐则通过旋律与节奏,传达了情感美与内心的和谐。礼乐教化思想认为,美的教育不仅可以培养个体的德行,还可以通过艺术的力量达到内心的升华,从而实现人与社会的和谐。这种教育理念对后世的美育发展产生了深远影响,为中国美育的形成奠定了思想基础。

到了近代,随着中国社会从封建制度向现代化转型,传统的礼乐文化面临着巨大的挑战与变革。西方的教育观念与科学技术逐渐传入中国,为中国的美育注入了新的理念与实践方法。在19世纪末和20世纪初,中国的教育改革逐渐兴起,现代化产业体系开始建立,美育作为教育的重要组成部分,也随之进入了一个新的发展阶段。这一时期的美育具有鲜明的过渡性特点,它既保留了传统文化中礼乐教化的精神,又吸收了西方现代美学思想和教育理念,为构建中国现代美育体系奠定了基础。在这一背景下,西方教育理念开始渗透到中国的高等教育中,美育的内容与形式也开始发生变化。许多早期的大学在课程设置中融入了艺术教育的内容,比如文学、音乐和绘画等艺术形式成为重要的教学内容。在北京大学等高等学府的推动下,艺术教育逐渐被视为提升学生文化素养和审美能力的重要手段。20世纪初,北京大学率先设立了艺术相关课程,鼓励学生通过学习诗歌、音乐、书画等艺术形式,培养审美能力和文化修养。学校还通过举办诗歌朗诵会、书画展览和音乐演奏等活动,为学生提供了艺术实践与交流的机会。这些活动不仅激发了学生的艺术兴趣,也为他们提供了审美能力与艺术创作的实际训练。

与此同时,随着教育改革的深入,美育在高校教育中的地位逐渐得到强化。清末的教育改革和民国时期的文化振兴运动进一步推动了美育的发展。比如在蔡元培担任北京大学校长期间,他提出"以美育代宗教"的教育主张,认为艺术教育可以培养学生高尚的情感和审美情趣,从而促进人格的全面发展。蔡元培的这一观点为美育的现代化奠定了理论基础,使其从传统礼乐教育的延续转变为更加适应现代社会需求的教育形式。在蔡元培的领导下,北京大学在课程体系中增加

第一章
大学生美育的理论基础与发展脉络

了许多艺术课程，同时鼓励学生参加文艺活动，通过多样化的艺术实践培养他们的审美能力和创造力。

中华人民共和国成立后，中国大学生美育的发展进入了一个全新的阶段。在社会主义建设的初期，国家将美育纳入教育体系的重要组成部分，并赋予其特定的时代使命。这一时期，大学美育的核心目标是通过艺术教育塑造新一代社会主义公民的价值观与审美观。美育被视为培养爱国主义精神、增强集体意识和推动社会主义文化建设的重要手段。政府高度重视通过艺术课程和课外活动，深化大学生对社会主义核心价值观的认同，同时提升他们的审美能力和文化素养。

20世纪50年代，中国大学美育以爱国主义教育为主线，通过革命题材的艺术创作与传播，在学生中培养对国家和社会的热爱之情。比如各大中院校组织学生参加文艺演出、音乐会、绘画展览等活动，激发他们对革命历史和英雄人物的敬仰之情。在这些活动中，革命歌曲成为重要的教学内容，《歌唱祖国》《黄河大合唱》等充满激情和力量的音乐作品广泛传唱，培养了学生对国家的深厚感情和对社会发展的责任意识。同时，校园内的革命主题戏剧表演和绘画创作，也成为学生参与集体活动的重要方式，通过这些艺术形式表达爱国情怀和对社会主义建设的支持。这一时期的美育不仅强调审美教育，还将其与思想政治教育紧密结合，使艺术成为宣传社会主义思想的重要工具。这一阶段的大学美育具有鲜明的时代特征，其目标明确地服务于社会主义文化建设的需要。通过艺术课程的学习和参与集体活动，学生在审美体验中逐步增强了对社会主义文化的认同感，同时形成了强烈的政治意识和集体观念。这种以社会主义意识形态为导向的美育实践，在培养学生情感共鸣的同时，也促进了校园文化的繁荣与发展。学校作为美育的重要阵地，不仅是艺术教育的实施者，也成为社会主义文化建设的重要推动力量。

随着改革开放的深入，中国大学生美育的理论与实践迎来了新的发展契机。社会经济的发展和思想文化的解放，使得教育领域重新审视美育的内涵与目标。教育界逐渐认识到，美育不仅仅是德育和智育的辅助形式，更是一种独立的教育类型，在培养学生全面素质方面具有不可替代的作用。这一时期，大学美育逐步向综合性、多元化方向发展，开始强调个性化教育与审美能力的培养。国家有关文件明确指出，美育是教育体系的重要组成部分，是培养学生全面发展的重要手段。这一政策的出台为大学美育的进一步普及与改革提供了政策支持，并推动了美育理论研究的深化。[1]高校纷纷将美育课程纳入教学计划，开设了音乐、美术、舞蹈等艺术类课程，为学生提供系统的艺术教育。这些课程的设置不仅帮助学生

---

[1] 冯素娟，朱庆友. 近现代我国高职职业精神教育课程的发展[J]. 科教导刊，2021（7）：11-12，29.

提升了艺术欣赏能力，还培养了他们的创新思维与审美素养。

高校的美育实践开始从传统课堂走向更为广泛的校园文化活动。各种形式的艺术节、音乐会、舞台剧表演、书画展览等活动层出不穷，为学生提供了丰富的艺术体验。这些活动不仅拓宽了学生的审美视野，还成为培养团队合作精神和增强社会责任感的重要载体。比如高校组织的音乐合唱团、舞蹈团以及戏剧社团，不仅为学生提供了展示艺术才能的平台，还通过集体艺术创作与表演，增强了学生的协作能力和文化自信心。此外，这一时期的美育改革注重理论与实践相结合，通过多样化的教学方式提升美育的效果。互动式教学、项目式学习以及艺术实践活动的引入，使得美育课堂更加生动有趣。教师通过带领学生参与艺术创作或分析经典艺术作品，引导他们在感知美、欣赏美的过程中，深化对艺术内涵的理解。同时，现代美育也开始强调学生的主体地位，鼓励他们在艺术学习中主动探索和表达自我。这种教学理念的转变，不仅增强了美育的吸引力，还激发了学生对艺术的兴趣与热情。

进入21世纪，随着中国社会经济的快速发展和文化多样性的日益丰富，大学生美育呈现出更加多样化的形式和内涵，成为培养学生综合素质的重要环节。现代美育逐渐突破了传统艺术课程的局限，不再仅仅关注技能传授，而是强调审美教育在全面素质教育中的作用，将其融入多个学科领域和校园文化建设中，构建起多层次、多元化的美育体系。通过这种方式，美育在提升学生审美能力的同时，也在塑造其价值观、创新力和人文精神方面发挥着积极作用。

在课程设置上，大学美育已不再仅局限于音乐、美术、舞蹈等传统艺术课程，而是通过与通识教育的结合，将美育扩展到文学、历史、哲学等更广泛的学科中。这样的跨学科融合不仅让学生在学习艺术时能够理解其文化与社会背景，也帮助他们在其他领域的学习中融入美学视角。比如在文学课程中，通过对经典作品美学思想的分析，学生能够深刻感受到文字所表达的情感和意境；在历史课程中，通过对文化遗产与艺术成就的解析，学生能够更直观地理解历史发展的审美意义与价值。这种学科间的渗透不仅拓宽了美育的边界，也培养了学生从多维度感知美、理解美的能力。

教学方式的改革进一步提升了大学美育的吸引力和实效性。传统的知识讲授方式逐渐让位于更注重参与性和互动性的教学模式，包括工作坊、艺术实践和项目式学习等形式。这些方法让学生能够亲身参与到艺术创作和美学研究的过程中，在实践中感悟美、创造美。比如北京大学和清华大学等高校开设了跨学科的艺术课程，鼓励学生从美学的角度探讨现代科技、设计和艺术的交叉领域。通过这些课程，学生不仅学到了艺术技巧，还锻炼了批判性思维和跨领域的创新能力。

第一章
大学生美育的理论基础与发展脉络

同时，高校还通过组织艺术展览、文化讲座和专业艺术家的工作坊，为学生创造了更多接触艺术、体验美的机会。这些教学改革的实施，使美育不再停留于理论层面，而是通过实践让学生真正感受到艺术的魅力。

校园文化活动在现代美育中扮演着不可或缺的角色，成为学生实践和展示艺术才华的重要平台。各类艺术节、音乐会、戏剧表演和书画比赛等活动，既丰富了校园生活，也为学生提供了表达和创造的空间。比如许多高校的艺术团体如合唱团、舞蹈团和戏剧社团，成为学生课余生活的重要组成部分。这些艺术团体不仅培养了学生的艺术表现力，还增强了团队合作意识，帮助他们在艺术实践中学会与他人沟通与协作。此外，一些高校还通过组织校外艺术交流活动，如参观博物馆、美术馆和历史遗址，进一步拓宽学生的艺术视野，深化他们对文化与美的理解。这些实践活动为美育的深入开展注入了更多活力，使学生能够从课堂延伸到社会，将所学知识与实际生活紧密结合。

21世纪以来，美育与信息技术的结合为大学美育的发展开辟了全新的方向。数字技术和虚拟现实等现代科技手段被广泛应用于美育教学，为学生带来了更加丰富和多样化的审美体验。比如一些高校利用虚拟展馆和在线艺术课程，打破了传统课堂的时空限制，让学生能够随时随地接触到艺术资源。通过虚拟现实技术，学生可以沉浸式地体验艺术作品的细节和环境，从而更深刻地感受到艺术的感染力和创造力。此外，数字艺术课程的开设也让学生掌握了更多现代化的艺术创作工具，培养了他们在科技与艺术交叉领域的创新能力。这些技术手段的应用，不仅提高了美育的教学效果，还为学生提供了更多表达和探索艺术的可能性。

东方文明中的美育的发展经历了从传统礼乐文化的起源，到现代教育体系的构建，再到21世纪多元化与信息化发展的过程。在这一过程中，美育不仅丰富了学生的审美能力与人文素养，还为社会文化的传承与创作做出了重要贡献。未来，中国大学生美育将在更加开放、多元和创新的教育环境中继续深化，为培养具有审美素养、创新精神和文化自信的全面发展人才提供坚实保障。

三、美育与其他教育形式的关系

（一）美育与德育的协同作用

美育与德育在教育体系中有着天然的联系，二者相辅相成、相互作用，共同服务于个体品德的塑造和人格的全面发展。美育通过艺术和审美活动，培养学生对美的感知、认同和理解，这种审美体验并非简单地停留在感官的愉悦层面，而是蕴含了丰富的道德情感和人文内涵。在美育的过程中，学生在欣赏、体验和创作美的过程中，往往会受到真、善、美等价值理念的熏陶与感染，逐渐形成正确的道德认知与行为准则，从而推动德育目标的实现。这种审美与道德的结合，使美育成为德育的重要补充和助力，体现了美育独特的教育价值。①

通过艺术作品和审美活动，美育为德育提供了更为生动、直观和情感化的教育路径。在欣赏经典艺术作品时，学生能够深刻感受到作品所蕴含的道德理念与人性关怀，进而实现情感共鸣与道德认知的内化。比如欣赏《蒙娜丽莎》，学生会被画面中蕴含的宁静、包容和温暖的情感所感染，进而反思生活中的善意与美好；阅读文学作品《悲惨世界》时，学生不仅可以感受到作品中对人性光辉的礼赞，还会在冉·阿让对善良和宽容的践行中汲取道德力量，培养对善良、公正、勇气等美德的认同。这种通过审美情感转化为道德意识的过程，使德育不再是单纯的说教，而是通过艺术感染和情感唤醒实现的潜移默化的影响，充分体现了美育对德育的独特支持和深远作用。

美育在培养学生道德情操的过程中，具有"润物无声"的教育效果。这种教育并非单一地灌输道德准则，而是通过美的力量触发学生内在的情感共鸣，使他们主动去理解、感悟并践行道德观念。在欣赏表现英雄主义的文学作品或影视作品时，学生能够从中感受到人性的伟大与崇高，体会到勇敢、担当、牺牲精神的道德力量。比如观看抗战题材的电影《英雄儿女》，学生不仅能被艺术作品的故事情节所打动，还能在情感的共鸣中深刻理解爱国主义精神，进而内化为自身的道德责任感与社会使命感。这种审美体验与道德教育的结合，使学生形成对社会责任、集体意识和个人品格的认同与践行，从而实现道德教育的目标。

德育在美育过程中也起着重要的价值引导作用。美育虽然强调审美体验与情感陶冶，但艺术作品与审美活动并非完全脱离社会价值观的影响。审美过程中的道德导向往往决定了个体的审美情趣与价值追求。比如在欣赏体现爱国主义或社会责任感的艺术作品时，作品本身所传达的道德理念和社会价值观对学生的情感和思想起到了积极的引导作用。在文学作品《雷锋日记》中，雷锋的无私奉献精神通过艺术化的文字表达，既具有审美价值，又承载了德育的教育功能，学生在阅读过程中能够逐渐形成正确的道德观念，激发为社会奉献的动力。同样，欣赏红色经典歌曲《没有共产党就没有新中国》，不仅让学生感受到音乐艺术的力量，还能够唤起他们的家国情怀和民族认同感。这种审美活动与德育内容的有机结合，使美育的情感教育与德育的价值引导相得益彰，共同促进学生世界观、人生观和价值观的健康发展。

---

① 刘建萍. 现代出版家李宣龚的情怀与担当[J]. 现代出版，2019(4)：94-96.

美育与德育的协同作用体现在对学生精神境界的共同提升上。德育注重道德规范的传授与道德行为的培养，而美育则通过艺术作品中的美好形象与情感表达，启迪学生的心灵，提升他们的精神境界。在德育引导下，美育为学生提供了追求真、善、美的审美体验，使他们能够通过对美的感悟，树立高尚的道德追求与人生理想。比如在学习传统文化中的诗词歌赋时，学生不仅能感受到诗词的艺术美，更能体会其中所蕴含的道德理想与人文情怀，激发对真、善、美的向往与追求。这种情感陶冶与道德教育的结合，使学生在人生道路上具备更强的精神动力与价值导向，推动他们在道德修养与人格塑造中实现自我完善。

美育与德育的融合还为培养全面发展的社会公民提供了保障。现代社会需要具有高度责任感、良好道德修养和审美素养的公民，美育与德育的协同发展为这一目标的实现提供了有效路径。美育通过艺术与审美教育帮助学生理解人类文明的美好与伟大，引导他们以审美的眼光看待生活、理解社会，培养他们的社会责任感与文化自觉意识。而德育则通过道德教育为美育提供价值方向，使学生能够在追求美的过程中坚守道德准则，避免审美价值的偏离。二者相辅相成，共同构建了学生健全的人格与正确的价值观，使他们能够成为有理想、有道德、有文化、有审美追求的新时代人才。

（二）美育与智育的互补关系

美育与智育是现代教育体系中不可或缺的两个组成部分，它们在教育目标和内容上各具特色，同时也体现出显著的互补性。智育主要侧重于知识的传授和能力的培养，尤其注重逻辑思维、分析能力、学术素养和科学探究能力的提升。而美育则更加注重情感的陶冶和审美体验，强调通过艺术与美的感知，培养学生的创造力、想象力以及人文精神。虽然二者在侧重点上有所不同，但这种差异并不意味着二者的对立，而是为教育实践提供了融合发展的可能性。通过美育与智育的有机结合，学生可以在理性思维与情感体验的交互过程中实现全面发展。

美育在智育中扮演着激发创造力与创新思维的重要角色。艺术与审美活动本质上是一种创造性实践，它不仅能够帮助学生培养对美的感知和鉴赏能力，更能激发他们的想象力和创造力。这种创造力并不仅局限于艺术领域，还可以迁移到科学研究、技术开发和问题解决等智育领域。比如音乐教育培养学生对节奏和结构的敏感性，这种敏锐的观察力和细致的思维方式，对数学、计算机编程等理科课程的学习具有积极的促进作用。同样，绘画、设计等艺术活动培养了学生的空间想象能力和创新意识，这种能力可以帮助他们在科学实验和技术发明中发现新的突破点，提供全新的视角与灵感。可以说，美育通过情感与想象力的培育为智育注入了创造的活力,打破了单纯依赖逻辑思维和知识传授的局限,促进了个体思维的多样性与创造力的全面发展。

智育对美育也提供了强有力的支持和补充,主要体现在为审美活动提供理论依据和实践指导上。在审美过程中,单纯的感性体验往往无法达到深刻的艺术理解与思想提升,而智育所培养的批判性思维、逻辑分析能力和学术素养恰好能够帮助学生更理性地认识和理解艺术作品的思想内涵与表现手法。比如在学习文学作品时,学生需要运用智育中所培养的逻辑思维与分析能力,深入剖析作品的主题、结构与人物形象,从而更全面地把握作品所表达的情感与文化意义。同样,在欣赏绘画或音乐作品时,智育的理论支持能够帮助学生理解作品背后的艺术手法、创作背景和美学思想,从而使审美体验更加理性化、系统化和深刻化。这种智育对美育的支撑,使学生能够在审美活动中实现感性与理性的结合,提升审美修养和艺术理解力。

美育与智育的结合不仅可以弥补单一教育形式的局限性,还能够实现理性与情感的高度协调与统一。在智育中,美育的情感陶冶和审美体验为学生的知识学习和能力发展提供了情绪调节与人文关怀,使枯燥的知识传授变得生动而富有活力。而在美育中,智育则为学生提供了理性分析的工具和科学方法,使他们能够更加全面、深入地理解艺术作品和审美体验。二者的融合不仅有助于培养学生的综合素质,还能够帮助他们在面对现实问题时具备更高的创造性解决能力和人文精神,推动他们实现全面而协调的发展。因此,美育与智育并不是割裂的教育形式,而是相互支撑、相互促进的统一整体。美育通过艺术与审美活动激发学生的创造力与情感体验,为智育提供了丰富的思维源泉与创新动力。而智育则通过理性思维与理论知识的传授,为美育活动提供了方法论的指导与深入理解的能力。在现代教育中,美育与智育的有机结合不仅有助于培养具备创新思维和实践能力的高素质人才,还能够引导学生在理性与感性、知识与情感、科学与艺术间找到平衡,最终实现自我完善与全面发展。

(三)美育与体育的协同发展

美育与体育虽然在内容和形式上有所不同,但在教育目标和实施方法上却存在许多共通之处,二者都旨在促进学生的全面发展,体现出身体与心灵的协调统一和相辅相成的重要关系。体育教育侧重于学生身体素质的提升,通过科学合理地锻炼使学生掌握健康的生活方式和运动习惯。而美育则通过艺术欣赏、审美体验和艺术实践活动,促进学生的情感平衡与心理健康,丰富他们的精神世界。二者结合不仅能够实现学生身心的同步发展,还为个体的素质提升和人生观的形成提供了坚实的基础。

美育可以通过丰富多彩的艺术活动，有效地促进学生身体素质的发展。舞蹈和戏剧是美育实践中典型的表现形式，这些艺术活动不仅要求学生具备一定的身体协调性和柔韧性，还需要他们通过肢体动作表达内心的情感与思想，从而达到情感宣泄和艺术表达的双重效果。在参与舞蹈练习的过程中，学生不仅能够塑造健康的体魄，锻炼肌肉力量与耐力，还能够培养良好的姿态与肢体表达能力，使他们在身体层面和艺术表现力上都得到提升。此外，戏剧表演也需要学生在舞台上进行大量的身体训练，如动作设计、站姿走位、面部表情的控制等，这些实践活动不仅提高了学生的身体素质，还塑造了他们的自信心和表现能力，帮助他们以更加开放的心态迎接生活中的挑战。

美育活动与体育实践在节奏感、韵律感等方面也存在天然的契合点。音乐作为美育的重要内容，可以与体育活动紧密结合，为运动提供强有力的情绪调节和氛围营造。比如在跑步、健身或团队运动中，配合节奏鲜明、旋律优美的音乐，能够帮助学生在运动中保持愉悦的情绪，缓解疲劳感，增强运动的趣味性和坚持度。此外，音乐的节奏感与体育动作的协调性高度契合，学生在感受音乐美的同时，也能够更好地掌握运动技巧，提高身体的灵活性和协调性。在这过程中，美育不仅丰富了体育活动的文化内涵，也通过审美体验激发了学生对运动的兴趣和热情，帮助他们养成良好的运动习惯。

体育教育对美育也起到了积极的支持作用，尤其是在身体素质训练和团队合作意识的培养上。体育注重通过体能训练提升学生的身体耐力与抗压能力，这种锻炼不仅帮助学生增强体魄，还培养了他们克服困难、坚持不懈的意志品质。这些品质在美育活动中同样具有重要的应用价值。比如在舞台表演或合唱团排练中，学生需要进行长时间的站立、动作训练和重复排练，良好的身体素质和毅力支撑显得尤为重要。此外，体育教育中所强调的团队协作精神与纪律性在美育活动中同样不可或缺。无论是在舞蹈表演、戏剧演出还是乐队合作中，团队成员间的默契配合和集体意识直接影响艺术作品的呈现效果。体育所培养的合作意识和集体荣誉感，有助于学生在美育活动中更好地理解团队的价值，提升整体的艺术表现力和完成度。

美育与体育的结合不仅促进了学生身体与情感的双重成长，还实现了精神层面的提升。体育锻炼帮助学生强健体魄，锻炼意志力，使他们具备健康的身体和积极向上的生活态度；美育则通过艺术活动培养学生的审美能力和情感表达，塑造丰富的精神世界，使他们拥有更加敏锐的情感体验和对生活的热爱。在二者的共同作用下，学生能够在身体、心理和精神层面实现全面发展，形成健康的生活观念与审美价值取向。因此，美育与体育虽然在表现形式上存在差异，但二者在培养学生综合素质方面具有互补性和融合性。体育的身体训练与美育的情感陶冶相结合，使学生既能通过锻炼强健体魄，又能通过艺术提升精神境界，最终实现身心健康与人格的全面发展。这种教育模式不仅丰富了现代教育的内涵，也为学生提供了更为广阔的发展空间，使他们能够在未来的学习和生活中具备更加积极向上的心态与综合能力。

（四）美育与劳动教育的融合

劳动教育是培养学生劳动技能和实践能力的重要形式，而美育则通过审美活动提升学生对劳动的理解和欣赏能力。二者的结合能够使劳动教育从单纯的技能训练提升为具有审美价值和文化意义的综合教育。

在劳动教育中融入美育，可以帮助学生在劳动实践中感受到美的存在。比如园艺劳动不仅能够锻炼学生的动手能力，还能通过对自然景观的设计与维护，激发他们对自然美的热爱。在手工制作中，学生通过对材料、色彩和结构的选择和搭配，不仅锻炼了手工技能，也培养了审美意识和艺术表达能力。美育通过艺术创作和设计活动提升学生对劳动的认同感和热情。比如陶艺、木工等艺术活动不仅具有劳动的实践性，还通过艺术作品的完成赋予劳动以美学意义，使学生在劳动中获得成就感和创造的愉悦。同时，劳动教育中的团队协作和责任意识也能够为美育活动提供支持，使学生在共同完成艺术项目时更好地理解团队精神和集体价值。通过美育与劳动教育的融合，学生能够在劳动中发现美、创造美，从而树立正确的劳动观念和价值观，使劳动成为一种具有审美价值和文化意义的教育活动。

美育与其他教育形式的关系是现代教育体系中的重要课题，它们之间的相互融合和协同发展能够更好地实现学生的全面培养和个性发展。美育通过情感陶冶、审美提升和创造力激发，为德育、智育、体育和劳动教育提供了独特的支持与补充，而这些教育形式也为美育的实践与发展创造了更广阔的空间。通过多维度的教育融合，学生不仅能够在"德智体美劳"各方面实现全面发展，还能在精神和文化层面达到更高的境界，成为具有审美修养、社会责任感和创新能力的全面发展人才。

第二节 美育的学科基础

一、美育的哲学基础与美学思想

(一)美育的哲学基础

美育的理论发展离不开哲学思想的支撑,尤其是西方哲学和中国哲学对美和艺术的深刻探讨,为美育提供了坚实的理论基础和价值导向。西方哲学的发展历程中,美的本质、艺术的意义以及审美体验的价值成为哲学家持续关注的命题。古希腊时期,哲学家柏拉图与亚里士多德率先从哲学的高度为美育奠定了思想基石。柏拉图认为,艺术和美育具有净化灵魂的功能,可以帮助人类从感性的世界过渡到理性的精神世界,从而达到对真理的认知与对善的追求。柏拉图将美视为一种"理念",认为美的教育可以培养人们高尚的品德,塑造理想的社会公民,具有道德与伦理的双重意义。在他的观念中,美不仅是外在形式的和谐,更是一种内在精神的完美体现,艺术作为美的重要载体,能够引导个体认识到宇宙的和谐秩序和道德法则,进而实现自我超越。与柏拉图不同,亚里士多德则从实践与经验的角度探讨了美的本质与教育意义。他在《诗学》中强调,艺术的本质在于"模仿",这种"模仿"并非简单复制现实,而是通过艺术形式揭示生活中潜在的规律与真理,从而实现对人类情感的净化与升华。这一观点被称为"净化说",即艺术可以宣泄和升华人的情感,使人们在审美活动中获得情感的平衡与心理的满足。亚里士多德的理论为美育赋予了实践性的价值,艺术教育不仅满足个体的审美需求,更能通过情感陶冶提升人的精神境界。

进入18世纪,德国古典哲学为美育提供了更加系统化的理论支持。康德在其《判断力批判》中提出,审美体验是一种"无功利的愉悦",强调审美活动超越了物质利益与实际用途,是人类自由精神的体现。康德认为,美育通过艺术与自然的欣赏,能够唤醒人的理性与情感的和谐统一,使个体在审美活动中获得自由和解放。康德的"审美自由"思想揭示了美育在培养个体自主精神与人格完善方面的重要作用,奠定了现代美育的价值理念。随后,黑格尔在《美学》一书中进一步将艺术与哲学结合起来,提出艺术是"绝对精神"的体现,是人类精神世界的具体表现形式。他认为,艺术通过审美创造将思想与情感外化为形象,具有深刻的文化内涵与历史意义。黑格尔的思想为美育赋予了更广阔的文化与历史视野,使美育在培养个体审美能力的同时,也承担起传承文化与塑造社会价值观的责任。

中国哲学同样为美育的发展提供了丰富的思想资源。中国古代思想家将美学与道德、社会秩序紧密联系在一起，形成了具有鲜明东方特色的美育观念。儒家思想中的"礼乐教化"是中国古代美育的典型体现。在孔子的思想中，美不仅是一种艺术的表现形式，更是一种道德境界与精神追求。儒家通过礼乐文化教育，使人们在艺术与美的熏陶中养成高尚的道德情操，塑造"君子人格"。道家哲学则强调美与自然的和谐统一，追求"道法自然"的审美境界。庄子提出"天地有大美而不言"，认为美是自然的体现，审美活动应当超越功利的束缚，通过与自然的对话实现心灵的宁静与自由。道家美学观为美育注入了超然物外、返璞归真的价值取向，使美育在情感陶冶的过程中更注重精神的自由与超越。此外，佛教传入中国后，其重视心灵净化与情感解脱的思想也对美育产生了深远影响，尤其在寺庙建筑、佛像雕塑和宗教音乐中，艺术与精神的结合体现了美育的情感升华与精神追求。

（二）美学思想对美育的理论支撑

美学作为专门研究美的本质、艺术的规律和审美活动的学科，为美育提供了重要的理论支撑与学科基础。美学思想的发展不仅拓展了美育的内涵，还丰富了美育的实践路径。自18世纪德国美学家鲍姆加登首次提出"美学"一词以来，美学逐渐发展为一门独立的学科，并在现代教育中扮演着不可或缺的角色。

在美育实践中，美学思想首先明确了美的本质与审美活动的特征，为美育确立了理论框架。美学认为，美是人类对客观世界的一种审视与创造，它既存在于自然界，又体现在社会与艺术之中。审美活动是人类在感知美的过程中实现情感表达与精神满足的途径，而艺术作为美的重要载体，承担着传递美的形式与内涵的重要功能。

美学思想还强调审美体验对个体情感与精神世界的重要作用。在审美活动中，个体通过感知艺术作品的形式美与内容美，能够获得情感的愉悦与精神的满足。这种审美体验不仅陶冶了人的情感，还通过情感共鸣与思想启迪促进个体的精神成长。此外，美学思想为美育实践提供了方法论指导，推动了美育内容与形式的多样化发展。在现代教育体系中，美学思想通过文学、音乐、绘画、舞蹈等多种艺术形式，将审美教育融入课程体系之中，形成了丰富的美育实践路径。美育不仅关注艺术技能的培养，更注重通过艺术与审美活动引导个体实现情感的共鸣与精神的升华，最终达到真、善、美的统一。

美育的哲学基础与美学思想共同构成了其理论支撑体系，揭示了美育的深刻内涵与广泛价值。哲学为美育提供了价值导向，强调美与真、善的统一性，赋予美育道德与精神追求的高度；美学则通过对美的本质、艺术规律与审美活动的研究，为美育确立了理论框架与实践路径。在二者的共同作用下，美育不仅成为培养个体审美能力的重要途径，更成为塑造人格、陶冶情操、传承文化与推动社会和谐发展的重要力量。

二、美育的社会学基础

社会学基础为美育提供了坚实的理论支撑，使其在促进个体与社会的关系协调、塑造社会价值观念、引导文化创新等方面发挥着重要作用。通过艺术与审美活动，美育不仅拉近了个人与社会之间的情感距离，还增强了个体对社会规范和价值的认同感，进而为社会结构的稳定和发展注入了积极的力量。

社会化是指个体在与社会环境的持续互动中，逐步内化社会规范、价值观念和行为模式的过程。作为情感教育的重要形式，美育通过艺术与审美活动帮助个体理解和适应社会规则，同时塑造积极的社会态度。在戏剧表演、合唱团活动或绘画比赛等艺术实践中，个体不仅通过参与和创作提升了自身的艺术修养，还在团队协作中学会了与他人沟通与合作的社会技能。比如戏剧表演需要参与者相互配合，从排练到最终呈现的每个环节都要求团队成员之间的协调与默契。这种协作的过程使学生认识到个体与集体之间的关系，培养了团队精神和责任意识。此外，合唱团活动通过合奏和声的练习，让参与者感受到音乐带来的情感共鸣，同时也增强了他们对集体的归属感和对社会规则的认同。这些艺术实践不仅丰富了学生的审美体验，还通过潜移默化的方式引导他们在社会中扮演积极的角色，形成正确的社会态度。

社会整合是指通过共同的价值观和文化纽带，将不同个体凝聚在一起，形成有序的社会关系。在这个过程中，美育通过艺术和审美体验传播了积极的社会价值观，增进了群体间的文化认同感和凝聚力。比如表现爱国主义精神的文学作品、电影和音乐通过形象化的艺术表达，将国家和民族的价值观传递给受众，唤起公众对共同文化的认同感和归属感。这种情感共鸣不仅可以增强社会团结，还能激发人们的社会责任感和历史使命感。以抗战题材的影片为例，其艺术化的叙事能够激励学生深入思考历史事件的意义，同时感受到艺术作品中所传递的信念与勇气，进而在情感层面加强对社会的责任意识和对集体价值的认同。

此外，美育在社会变迁与文化创新中的引导作用也不容忽视。在现代社会中，随着全球化进程的不断推进和文化多样化的深入发展，传统的社会结构和价值体系正在经历深刻的变革。面对这样的挑战，美育通过艺术创作与文化传播，帮助个体适应快速变化的社会环境，并在审美活动中培养对新文化现象的理解与包容。

比如现代艺术以其独特的表现形式和先锋性的思想内涵，展现了当代社会的多样性与复杂性。学生在欣赏这些艺术作品时，不仅能够直观感受到社会变化的脉络，还能通过作品的深层次内涵反思自己的文化认同与社会责任，从而培养文化适应能力和创新意识。

从社会学的视角出发，美育在教育和社会功能方面的价值不仅局限于个体审美能力的培养，还体现在其促进社会和谐、传播文化价值以及推动社会变迁等多方面的作用中。美育通过艺术与审美活动，加强了个人与社会之间的情感纽带，帮助学生在内化社会规范与价值观的同时，提升其社会责任感与文化认同感。此外，美育以其独特的方式推动了社会的整合与价值传播，为个体和群体之间的沟通与协作提供了桥梁。在快速变化的现代社会，美育通过引导个体适应社会变迁与文化创新，为社会的持续发展注入了积极的力量，也为文化的传承与发展提供了不竭的动力。美育因此成为一项具有深远社会意义的教育实践，是连接个体成长与社会进步的重要纽带。

三、美育的心理学基础

美育的心理学基础主要体现在对个体审美感知、情感体验、认知发展和心理健康的促进上。心理学研究表明，人类的审美活动不仅是简单的感官体验，更是一个复杂的心理过程，包括感知、情绪、认知和创造等多个层面。美育通过艺术和审美活动，能够深刻影响学生的情绪状态、情感表达和心理发展，进而促进个体的全面成长。

心理学家认为，审美活动是人类情感宣泄和心理平衡的重要途径。当个体面对自然美、艺术美和社会美时，感官系统首先产生对美的感知，进而激发内在的情感共鸣与情绪体验。这一过程有助于缓解心理压力，调节个体的情绪状态，使其获得情绪的宣泄与情感的抒发。比如学生在欣赏一首悠扬的音乐或观看一幅意境深远的画作时，能够通过艺术作品传达的美感与情感，与自身的情绪产生共鸣，达到心灵的放松与情绪的平衡。这种审美体验对个体心理健康的促进作用尤为显著，有助于缓解学习和生活带来的焦虑与压力，提升个体的心理韧性和抗压能力。

心理学研究表明，个体的认知发展不仅依赖于逻辑思维与语言能力，还与形象思维和情感体验密切相关。美育通过艺术活动和审美体验，引导学生在观察、理解和创造美的过程中锻炼形象思维与想象力。比如绘画教育要求学生通过色彩、线条和结构的组合，表达内心的情感与思想，这一过程不仅提升了学生的审美认知能力，还激发了他们的创造力与创新思维。同样，音乐教育通过节奏感、旋律与和声的训练，培养了学生的听觉敏感性与结构思维能力，为智育发展提供了有效的补充。心理学家皮亚杰提出的认知发展理论也强调,艺术教育与审美体验在儿童与青少年的认知发展中具有重要作用,能够促进个体的全面思维能力和创造力的发展。

美育在情绪疏导与个性发展中的作用也得到了心理学的有力支持。心理学家马斯洛的需要层次理论指出,个体在满足基本的生理需求与安全需求后,会追求情感满足与自我实现。美育通过艺术活动为个体提供了情感表达与自我实现的途径,有助于促进个体的个性发展与精神成长。在美育过程中,学生通过艺术创作与审美体验,能够更好地理解和表达内在情感,形成积极健康的情绪态度,促进自我意识的觉醒与个性的发展。例如,舞蹈和戏剧表演要求学生通过肢体动作和表情传达情感与思想,这不仅增强了他们的情绪表达能力,还帮助他们建立自信心与自我认同感。

四、美育的教育学基础

美育的教育学基础主要体现在美育的目标定位、教学方法与实践路径上。教育学作为研究教育现象与规律的学科,为美育提供了理论指导与方法支撑,使美育在现代教育体系中具有明确的目标与实践意义。

美育的教育学基础体现在其目标定位上。教育学家杜威提出的"教育即生活"的理念强调,教育应关注个体在现实生活中的情感体验与实践能力,而美育通过艺术与审美活动将情感教育与实践教育相结合,培养学生对生活美的理解与创造能力。在现代教育体系中,美育的目标定位更加强调审美教育与情感教育的统一,致力于通过美的教育培养学生的审美素养、创新思维与人文精神。比如通过绘画、音乐和文学课程,学生不仅掌握了艺术技能,还在艺术创作与欣赏中提升了对真、善、美的理解与追求。

美育的教育学基础体现在其教学方法的创新与实践路径的拓展上。传统教育注重知识的传授与技能的培养,而美育则通过审美体验与情感表达,培养学生的创造力与情感共鸣。这一过程需要打破传统的单向教学模式,采用互动式、体验式和实践式的教学方法。比如在美育课程中,教师可以通过艺术鉴赏、实践创作和情境体验等方式,引导学生在感受美、理解美和创造美的过程中实现审美素养与人文精神的提升。[①]此外,教育学家布鲁纳提出的"发现学习"理论也为美育教学提供了理论支持,强调学生在审美活动中通过主动观察、分析与创造发现美的规律与本质,从而培养他们的自主学习能力与创新精神。

---

① 曹之文. 以美育人,构建完善的学校美育体系对策探析 [J]. 美术教育研究,2020(6):136-137.

第三节　中国大学生美育的评价反馈体系

一、大学生美育评价体系

大学生美育的评价体系是衡量美育教学效果和学生审美能力发展的重要工具。科学、合理的评价体系能够全面反映学生在美育课程中的学习成果，并为高校改进美育教学提供依据。在构建大学生美育评价体系时，需要综合考虑学生的审美感知、艺术实践能力、文化认知与人文素养等多方面因素，使评价结果不仅关注结果导向，更注重过程性与发展性。

评价体系的目标应与美育的核心理念相契合。评价体系需要体现出对学生综合审美素质的全面考量。比如学生是否能够从多角度欣赏艺术作品，是否具备独立分析与表达审美观点的能力，以及是否能够通过艺术实践展现创造力和创新精神，这些都应成为评价的重要维度。同时，评价体系也应关注学生在学习过程中的情感投入和态度变化，通过对其学习态度和参与度的评估，反映其对美育课程的认可与接受程度。大学生美育评价应坚持定量与定性相结合的方法。定量评价主要通过测评工具和量化指标对学生的艺术技能、审美知识掌握情况进行评估，比如美术绘画的技巧评分、音乐演奏的节奏与表现力评价等。而定性评价则通过教师观察、学生自评和同伴互评等方式，综合分析学生在审美能力和情感认知上的进步。特别是定性评价可以更加灵活地捕捉学生在艺术体验中的细微变化，如情感共鸣的深度、审美兴趣的提升等，从而弥补单纯定量评价的局限性。

多元化的评价主体能够有效地提升美育评价的科学性与全面性。传统的评价主体多由教师单独承担，而现代美育评价体系更加注重多方参与，鼓励学生、教师以及社会专家共同参与评价。比如学生可以通过自评和互评的方式表达对自身艺术创作的理解与感受，而教师则负责从专业角度给予指导性评价。与此同时，引入社会专家参与评价，比如邀请艺术家或文化学者对学生的作品进行点评，不仅能够提升评价的权威性，还可以为学生提供更广阔的审美视野和艺术建议。

二、大学生美育反馈机制

反馈机制是大学生美育评价体系的重要组成部分，能够帮助学生及时了解自身在美育课程中的优点与不足，同时为高校优化美育教学提供数据支持。有效的反馈机制应以学生发展为中心，通过多样化的反馈方式和互动平台，实现师生之间的良性沟通与合作。反馈机制需要注重反馈内容的全面性与针对性。在评价之后，教师应通过详细的反馈内容向学生说明其表现的具体情况，包括审美能力的优势和需要改进的方面。比如对于一名参与戏剧表演的学生，教师可以从情感表达、舞台表现力以及合作能力等多个维度进行详细反馈。这种具体化的反馈能够帮助学生清晰地了解自身的表现，并针对性地制订改进计划。

反馈机制应体现过程性评价的特点，通过及时性反馈促进学生的持续进步。在美育课程中，学生的审美能力和艺术创作能力是逐步发展的，单次评价难以全面反映其成长轨迹。因此，教师应在课程的不同阶段设置定期反馈，通过阶段性评价帮助学生及时调整学习策略。比如在绘画课程中，教师可以通过周评或月评的形式，对学生作品的构图、色彩运用和创意表达等方面进行反馈，并引导学生在后续创作中尝试新的表现手法。互动性反馈能够增强学生对美育课程的参与感与主动性。在传统教学中，反馈往往是单向的，而现代反馈机制更加注重师生互动。比如教师可以通过课堂讨论、线上平台留言和个别辅导等形式，与学生深入交流其艺术创作的思路与感受。在这种互动中，学生不仅能够获取教师的专业建议，还能够通过表达自己的艺术理解与审美感受，提升对美育课程的参与热情与学习动力。

技术支持为现代美育反馈机制的实施提供了更多可能性。比如许多高校已经开始利用在线学习平台和教育管理系统，为学生提供实时反馈服务。学生可以通过平台上传自己的艺术作品，并获取教师的评分与评语。同时，平台还可以记录学生的学习轨迹，生成个性化的学习报告，使学生能够直观了解自己的学习进度和改进空间。这种数字化的反馈机制不仅提升了反馈的效率与精准性，还为大学美育教学的科学化管理提供了数据支持。反馈机制还应注重对美育评价结果的利用，推动教学质量的持续改进。通过对学生评价数据的分析，教师可以发现美育课程中的共性问题，比如某些艺术技能的薄弱环节或教学内容的不足之处，从而有针对性地调整教学计划。此外，高校管理层也可以根据评价数据制定更科学的美育发展战略，比如加强师资培训、优化课程设计或增设新的艺术实践项目。这种基于评价反馈的教学改进，不仅能够提升学生的学习效果，还可以促进大学美育教学的整体提升。

大学生美育的评价体系与反馈机制是推动美育教学质量提升的重要环节。在评价体系的构建中，需要综合考虑学生的审美能力、艺术实践和情感发展，以多元化的评价主体和多样化的评价方法确保评价的全面性与科学性。在反馈机制的设计与实施中，应以学生发展为中心，通过及时性、互动性和数字化的反馈方式，帮助学生明确改进方向，并推动美育教学的持续改进。通过科学合理的评价与反馈，大学美育不仅能够更有效地培养学生的审美素养，还可以为高校美育教学的改革与创新提供有力支持，从而进一步推动大学生全面发展目标的实现。

第二章
大学生美育的功能与价值

第一节　美育对大学生心理发展的作用

一、美育对情绪调节与心理健康的促进

（一）美育对情绪调节的作用

美育通过艺术与审美活动对大学生情绪的调节具有重要作用，在现代社会快节奏的生活和高强度的学习环境中，这一作用显得尤为突出。随着学业压力、就业竞争以及复杂人际关系的交织，情绪问题和心理困扰已逐渐成为大学生群体中的普遍现象。美育以艺术教育为核心，结合艺术创作、欣赏与参与活动，为学生提供了一个情感表达与调节的有效途径，帮助他们在心理上找到情绪的平衡点。

美育活动为学生提供了一种情绪释放的渠道，这是现代大学生在面对负面情绪时最为迫切的需求之一。在现实生活中，许多大学生因缺乏适当的情绪表达方式，导致压力和负面情绪在内心积累。而艺术活动以其开放性和非语言特性，成为学生表达情绪的一种自由形式。比如绘画作为一种直接的视觉表达方式，可以通过色彩的选择、线条的运用以及构图的安排，将学生内心复杂的情感外化为具体的艺术形态。在绘画过程中，学生可以用鲜艳的色彩宣泄愤怒，用柔和的线条传递平静，用强烈的对比表现内心的冲突，从而达到释放情绪的效果。同样地，音乐创作也为情绪表达提供了广阔的空间，学生可以通过创作旋律和编写歌词，将隐藏在内心深处的情感转化为听觉上的体验。在音乐的节奏和音符中，他们的焦虑、孤独甚至希望与热情都得以展现。此外，舞蹈通过身体语言的表现，让学生通过动作将情绪流动化，这种情绪与身体的双重释放，不仅缓解了心理压力，也带来了身体的愉悦与放松。这种以艺术为媒介的情绪释放途径，能有效地帮助学生纾解心理负担，改善情绪状态。

美育的意义不仅在于情绪的宣泄，更在于帮助学生提升情绪管理能力。在美育过程中，学生通过欣赏和实践艺术作品，学会了如何更深刻地感知、理解并调节自己的情绪。比如在音乐欣赏课上，学生不仅要聆听旋律的流动与和声的变化，还需要体会作品中情感的递进与高潮的释放。这种对音乐细节的感知与分析，培养了他们对情绪细腻变化的敏感度。在分析作品情感表达的过程中，学生能够将

这种艺术中的情绪体验内化为对自身情感的反思，从而更有效地应对生活中的情绪波动。绘画和摄影也是类似的过程，学生需要对作品中的光影变化、色彩对比以及内容表达进行解读，这种解读能力的培养，让学生在面对生活中的复杂情感时，能够更从容地辨识并管理情绪。比如当学生在日常生活中感受到压力时，可以通过绘制一幅充满希望色彩的画作来调整心态，或者通过摄影捕捉美好瞬间，将内心的不安转化为创造力的动力。

美育培养了学生以积极态度面对生活挑战的能力。在艺术创作中，学生常常需要面对技术上的难点或灵感枯竭的问题，而这种面对困境的过程实际上是他们练习情绪管理的机会。比如在完成一件复杂的艺术作品时，学生需要不断地尝试不同的创作方式，同时克服对失败的恐惧感和挫折感。这种创作过程中反复试错与调整的体验，不仅提升了他们在艺术领域的耐心与毅力，也让他们在面对生活中类似的挑战时更加自信。此外，在与他人共同参与艺术活动时，学生需要协调不同的意见与需求，这种团队合作的艺术实践，也在无形中锻炼了他们在人际关系中的情绪调控能力。

美育活动的价值还在于帮助学生建立积极的情绪循环。在现代生活中，负面情绪的蔓延往往会对学生的心理健康造成持续的负面影响，而美育通过艺术活动带来的愉悦感与满足感，可以打破这种消极循环。比如当学生完成一幅满意的作品或成功表演一场戏剧时，这种成就感会让他们的自信心得到极大提升，产生更多积极情绪。同时，这些情绪体验会激励学生继续参与艺术活动，从而形成一种正向反馈机制。通过这种循环，美育不仅改善了学生的情绪状态，还使他们更愿意尝试新事物，从而进一步扩展了个人成长的空间。

（二）美育对心理健康的促进

美育在促进大学生心理健康方面发挥着重要且独特的作用。心理健康是大学生正常生活和学习的基础，也是其全面发展的关键因素。美育通过艺术的感染力和审美活动的愉悦性，为学生提供了一种有效的心理支持方式，不仅帮助他们缓解心理压力，还能引导他们形成更加积极健康的心理状态。美育首先能够增强学生的自我认知能力，这是心理健康的重要基础。在艺术实践中，学生需要通过审视自己的情感、思维和表达方式，逐渐加深对自我身份的理解与接纳。比如在文学创作中，学生通过文字表达内心深处的情感和思想，这种创作过程不仅帮助他们梳理混乱的情绪，还让他们对自己的性格特征、兴趣爱好以及价值观有了更清晰的认识。绘画创作也具有类似的效果，当学生在画布上倾诉自己的所思所感时，他们能够通过色彩与构图重新审视自己的情感世界。这种深度的自我认知过程，

第二章
大学生美育的社会功能与价值

有助于学生理解自身的优点与不足，增强心理韧性，帮助他们在面对挫折和挑战时保持乐观积极的心态。

美育还在应对重大生活事件和心理创伤方面展现出了独特的疗愈作用。在人生中，大学生难免会遭遇突如其来的挫折或创伤性事件，这些事件往往会对他们的心理状态造成极大的冲击。而艺术，作为一种深具疗愈效果的形式，可以为这些学生提供情感宣泄与心理重建的机会。比如绘画治疗通过让学生用图像和色彩表达内心的痛苦与恐惧，使他们逐渐释放积压的情绪，重新找回内心的平衡。同样，音乐治疗通过旋律与节奏的变化，引导学生体验不同的情感状态，从而达到调节情绪、平复心灵的效果。这些艺术治疗方式已经被广泛应用于临床心理学领域，而在高校美育实践中，这些方法同样能够为面临心理困扰的学生提供帮助。学生在参与艺术活动的过程中，能够逐渐从创伤中恢复，并在艺术的陪伴下重新找到生活的希望与意义。

美育的作用还体现在其对学生心理压力的预防和缓解方面。现代大学生在学业、就业以及生活中面临多重压力，而艺术活动的参与能够帮助他们在压力中找到释放情绪和调整心态的出口。比如音乐欣赏可以通过旋律的起伏和节奏的变化带给学生放松的体验，使他们从紧张的学习中得到片刻解脱。绘画和手工制作则通过手脑并用的创作过程，让学生在专注于艺术作品时暂时忘却生活的烦恼，达到心理的平静和愉悦。这些艺术活动不仅能够改善学生的当下情绪，还能够培养他们在日常生活中运用艺术作为情绪调节工具的习惯。更为重要的是，美育在培养学生心理健康的长期能力方面具有重要意义。通过艺术活动，学生能够不断发展自身的情绪管理技能与应对能力，这种能力对于未来的个人成长与社会适应至关重要。比如在戏剧表演中，学生需要不断调整自己的情绪状态以适应角色的需求，这种过程让他们学会了如何在实际生活中灵活处理复杂的情感和人际关系。此外，美育活动中对创造性思维的鼓励，也让学生在面对人生中的困难时能够用更为开放和积极的态度寻找解决之道。

美育在情绪调节、心理健康促进以及心理韧性提升方面具有独特且不可替代的作用。通过艺术与审美活动，美育为大学生提供了情感表达与心理支持的渠道，使他们能够在面对学习和生活压力时保持心理平衡与健康。同时，美育的参与性和体验性还帮助学生建立积极的人际关系与社会连接感，为他们的全面发展和长远成长奠定了重要基础。未来，在大学美育实践中，应进一步探索多样化的艺术形式与教学方法，以更好地发挥美育在学生心理健康促进中的积极作用。

二、美育在情感表达与情感管理中的功能

(一)美育在情感表达中的意义

美育在情感表达中的意义不可忽视,尤其对于大学生群体而言,艺术与审美活动为他们提供了丰富的情感宣泄和表达方式,使他们能够将内心复杂的情绪通过艺术形式呈现出来。情感表达不仅是心理健康的重要组成部分,它还在学生的个人成长、社交互动和自我实现中扮演着至关重要的角色。现代社会对大学生的学业、就业、社交以及未来规划等多方面的压力,常常让他们面临心理负担和情感困扰,而许多学生在面对这些压力时,往往难以找到合适的方式来表达或疏导内心的情感。美育通过提供艺术创作与欣赏的途径,打破了情感表达的局限性,给学生提供了一个自由、灵活的出口,让他们可以通过艺术创作以非语言的形式表达复杂的内心世界。

对于大学生而言,情感表达是维系心理健康的一个重要组成部分。许多学生在日常生活中常常面临无法通过语言准确传达内心感受的困境,尤其是在情绪波动较大或遇到心理困扰时,语言往往显得苍白无力。而艺术的非语言特性提供了一个独特的表达渠道。通过音乐、绘画、戏剧等艺术形式,学生可以将内心的喜怒哀乐、迷茫焦虑、孤独无助等复杂情绪转化为具体的艺术作品。比如音乐创作便是这种情感表达的重要途径之一。学生在创作音乐时,可以通过旋律的高低起伏、节奏的快慢变化,以及和声的搭配,传达出内心的情感波动。在一个复杂的音符结构和旋律中,每处变化都可以反映出学生对某一情感的认知与体验,而这些音乐元素便成为他们情感的外化。通过音乐,学生不仅能够有效地释放自身的情绪,还能够通过这种形式与他人产生情感共鸣,从而得到情感上的支持与疏解。

绘画和书法等视觉艺术形式同样为大学生的情感表达提供了广阔的空间。在绘画创作中,学生可以通过色彩的选择、构图的设计以及画面中的细节处理,传递出内心的感受。比如鲜艳的颜色常常能够表达出一种积极向上的情感,如希望、快乐与热情;而阴沉的色调或模糊的笔触则能够体现出悲伤、失落或思考的情绪。绘画作品中的每一笔每一划都能成为一种隐喻,使得观者能够从画作中感受到创作者的情感波动。此外,学生在绘画的过程中,不仅仅是在创作一幅作品,实际上,他们也在与自己的内心对话。每次作画都为他们提供了一个审视自身情感的机会,使他们可以在创造的过程中重新审视自己的情感状态。这种情感的外化不仅让学生得以表达,也有助于他们更好地认识和理解自己。

书法作为中国传统的艺术形式,也为情感表达提供了另一种途径。书法的魅

第二章
大学生美育的社会功能与价值

力不仅在于其形式的美,更在于字体、笔触和结构的流动性所能传达的情感。比如学生通过行书或草书的挥洒,能够表达内心的激情与冲动;通过楷书的工整严谨,能够反映出安定与平和的心境。书法中,笔锋的轻重、线条的粗细、布局的疏密,都能够表现出书写者的情感状态。学生在挥毫泼墨的过程中,书写的不仅仅是文字,更是在用自己的笔触与情感的流动进行心灵的表达与宣泄。对于那些性格内向或习惯将情感藏在心中的学生,书法成为一种直接的情感释放和认知工具。通过笔墨纸砚,他们能够在静心书写的过程中,将内心的喜悦、愤怒、忧虑甚至疲惫都转化为线条的流动与形态的表达。

这些艺术形式的共同特点在于它们能够突破语言的局限,让学生以一种更为直观、感性的方式与自己的情感对话。而这种与自我情感的对话,不仅有助于学生认识和理解自己,更能够增强他们的情感调控能力。通过不断地艺术创作,学生可以从创作的过程里获得情感的释放与心理的调节,进而提升自我接纳的能力。在情感表达的过程中,学生逐渐学会与自己内心的情感对接,不再回避或压抑情感的存在,而是以一种更加健康、积极的态度去面对并调节自己的情绪。

更为重要的是,艺术不仅仅是情感表达的工具,它本身也具有疗愈作用。在美育过程中,学生通过参与各种艺术活动,如合唱、舞蹈、绘画等,不仅可以表达内心的情感,还能通过艺术带来的愉悦感受获得情感上的疗愈。尤其是集体艺术活动,如音乐会、舞蹈表演和戏剧排练等,不仅提供了情感表达的机会,还能增强团队成员之间的情感共鸣,使学生在共情和互动中感受到归属感和支持感。比如合唱团的排练不仅是对音乐技能的训练,更是成员间情感共振的过程。每个人通过共同的歌声把自己的情感融入其中,彼此间的情感链接和互动,会带来一种集体的情感释放与升华。这种情感上的共鸣不仅使学生在创作中得到表达,更帮助他们在集体中找到自我认同和心理慰藉。

通过这些艺术实践,学生不仅能够将难以言说的情感外化和表达,还能通过创造和体验重新认识自己,促进自我接纳与情感的调节。美育通过提供多样的情感表达方式,让学生在艺术的陪伴下释放内心的情感,理解和接纳自身的情感状态,同时促进其心理健康和个人成长。随着美育的进一步普及,大学生群体将能够通过艺术为内心的情感找到更多出口,从而实现自我修养与心理调节的良性循环,最终促进其身心的和谐发展。

(二)美育在情感管理中的作用

美育在大学生的情感管理中发挥着极其重要的作用。情感管理涉及个体如何有效地识别、理解和应对各种情绪反应,是心理健康和社会适应性的重要基础。

在现代社会中，尤其是对于大学生群体来说，由于面临着学业、就业、家庭和人际关系等多方面的压力，如何有效地管理情绪，调节负面情绪，是保持心理健康和实现个人发展的关键。美育通过艺术教育和审美体验，帮助学生培养情感的感知与调节能力，使他们能够在复杂的生活环境中更从容地应对情绪的挑战。

美育通过审美活动显著提升学生的情感觉察力。艺术欣赏不仅仅是对美的感知，更是情感洞察的过程。在欣赏艺术作品的过程中，学生不仅被作品的外在形式吸引，更需要敏锐地捕捉作品中蕴含的情感内涵。比如在欣赏一幅油画时，学生需要注意画面中的色彩搭配、人物的表情和姿态，这些细节能够传递出艺术家想要表达的情感。再比如，温暖的黄色和橙色可能传递着温情与阳光，冷蓝和灰色则可能表现出孤独或忧郁。通过对这些情感细节的观察和分析，学生能够更准确地识别艺术作品中的情感层次，同时也提高了对自己情绪变化的觉察能力。这种审美中的情感觉察能力帮助学生在面对自己的情绪时，能够更敏锐地捕捉到情绪的微小波动，从而对情绪变化作出及时的反应和调整。在日常生活中，学生可以通过这种情感觉察力识别自己内心的情感状态，如压力、焦虑或愉悦等，并更清楚地了解这些情绪的来源，为后续的情感管理奠定坚实基础。

在音乐和舞蹈等艺术活动中，情感管理也得到了充分体现。音乐不仅是感官的享受，它本身具有强大的情感管理功能。音乐的节奏、旋律、和声等元素通过激发听者的情感反应，帮助学生在情绪高涨或情感低落时找到情感的出口。比如在聆听轻柔的古典音乐时，学生能够通过音符的流动感受到平静与放松；而在快速节奏的音乐中，学生则能够通过节奏的变化感受到激情与动力。这种通过音乐的情感引导，帮助学生在面对紧张、焦虑或疲惫等情绪时，通过音乐的调节作用逐渐恢复平衡。

舞蹈作为一种身体表达的艺术形式，在情感管理中同样具有重要作用。学生在参与舞蹈时，需要配合音乐的节奏，通过身体的律动将情感与动作结合，从而实现情绪的宣泄与调节。比如在进行现代舞或拉丁舞的训练中，学生的身体在节奏和动作中逐渐得到释放，使他们能够有效地减轻焦虑感或消除紧张情绪。舞蹈中的每一个动作、每一次转身和每一个跳跃，都是情感的表达与调整。通过这样的身体表达，学生不仅能够感受到情绪的流动和释放，还能够通过艺术的形式调节内心的情感波动。舞蹈的节奏感和动作的协调性对情绪的调节作用是直观且有效的，能帮助学生从内到外地释放积压的压力，并通过身体的运动逐步恢复情绪的平衡。

美育通过这些艺术形式的实践，不仅让学生在情感表达上获得了有效的途径，也通过艺术的力量为他们提供了情感管理的工具。学生通过参与艺术创作、

第二章 大学生美育的社会功能与价值

欣赏和表演等活动,学会了如何感知、表达和调节自己的情绪。艺术的魅力不仅在于它能够让学生表达自我,还在于它能够帮助学生在面对复杂的情感问题时,找到合适的方式进行调节与管理。这种情感管理的能力,不仅让学生在日常生活中能够更好地应对情绪的挑战,也为他们提供了心理健康和社会适应的重要保障。

(三)美育在促进情感共鸣中的价值

美育在促进情感共鸣方面的作用是其核心价值之一,尤其在大学生的成长过程中,情感共鸣不仅能深化他们的情感表达能力,还能增强他们与他人之间的情感连接,进而推动社会认同感和集体归属感的构建。在艺术创作与欣赏过程中,学生通过对艺术作品情感内核的感知,与创作者、观众以及艺术作品本身建立起深层的情感联系。这种情感的互动不仅能够帮助学生实现自我情感的表达,也能够提升他们与他人之间的情感交流能力,进而促进其社会化和情感成熟。

美育通过艺术活动促进了学生的情感共鸣能力。在合唱团、交响乐团等集体艺术表演中,学生通过集体参与和共同创作,不仅感受到了艺术的美,还在合作中体验到集体的情感共振。比如在合唱团的演出中,所有成员都需要在同一个节奏和旋律的引领下,传递出统一的情感信息,这种集体的情感表达形成了强烈的共同体验。每一位合唱团成员在同一个音符和旋律中投入自己的情感,彼此之间通过音乐互相连接,从而形成了一个情感凝聚体。这种情感上的共鸣不仅强化了团体成员间的联系,还为他们提供了一个心灵上的归属感,使学生感受到集体的温暖与支持。通过共同的艺术体验,学生的情感被激发和提升,他们的认同感和凝聚力得到了增强,这种情感的交流超越了语言和文化的限制,使学生间建立起深刻的情感纽带。

同样,在戏剧表演中,演员通过对角色的情感变化进行塑造,不仅在台上表达自己的情感,还通过与观众间的互动引发共鸣。当演员在舞台上呈现复杂的情感波动时,观众通过其表演中的肢体语言、面部表情以及台词的发音,逐渐感同身受。这种情感的互动使得演员和观众之间形成了一种特殊的联系,观众通过艺术作品的呈现理解并感受到了角色的内心世界。在这一过程中,观众不仅是被动的接受者,他们的情感也被激发,与演员的情感产生共鸣,从而体验到艺术作品所传达的深层次情感。这种情感共鸣的过程实际上是一种双向的情感交流,它既帮助演员通过表达情感达成自我认同,也使得观众在欣赏艺术时体验到与他人情感的共鸣。这种互动不仅提升了观众对作品的理解和欣赏能力,还加深了他们对作品情感内涵的感知,增强了他们对艺术的热爱与追求。

美育促进情感共鸣的价值还体现在文化认同与社会归属感的构建上。在现代社会中，大学生面临着快速变化的社会环境和多元化的文化背景，这使得他们在成长过程中往往存在文化认同感的模糊和社会归属感的缺失。而艺术活动作为文化表达的重要形式，为学生提供了一个与他人共享情感的空间。比如在表现爱国主义或社会责任感的艺术作品中，学生通过参与创作、欣赏或表演，逐步加深了对自己文化背景的认同。尤其是当学生通过合唱、舞蹈和戏剧等集体艺术形式来表达共同的社会价值时，他们能够更深刻地体验到集体认同感，并感受到文化归属的力量。在这些活动中，艺术不仅仅是一种情感表达的方式，更是集体合作和文化认同的纽带。通过艺术的力量，学生在与他人共同创作和分享的过程中，逐步加深了对自己所处社会和文化背景的认同感。

艺术活动中的情感共鸣不仅有助于提升学生的社会归属感，还有助于增强他们的心理韧性和适应力。美育通过集体艺术活动为他们提供了一个情感支持的平台，让他们在与他人的情感互动中获得力量。当学生通过艺术活动和其他人建立情感连接时，他们能够感受到他人对自己的理解与支持，从而增强自己的情感管理能力。这种情感的共振和互相支持，使得学生能够在困难面前更加坚韧，乐观地应对生活中的各种挑战。

通过艺术作品，学生能够接触到不同的文化背景、历史情境和社会问题，从而拓宽他们的视野，增进他们对多元文化的理解与尊重。比如通过观看和参与反映社会变革和人文关怀的艺术作品，学生可以感同身受，体验到社会中弱势群体的困境与奋斗，这不仅让他们对社会问题产生关注和思考，也进一步增强了他们的社会责任感和人文情怀。在这些艺术作品的影响下，学生的情感得到了拓展与升华，他们逐渐形成了对社会和人类的深刻认知，从而增强了集体归属感和社会认同感。

美育在情感表达与情感管理中的功能具有多层次、多角度的意义。它不仅通过艺术为学生提供了丰富的情感表达方式，还帮助他们提高情感觉察力与调节能力，同时通过促进情感共鸣与提供心理支持，为学生的情感发展和心理健康奠定了重要基础。在未来的美育实践中，应更加注重多样化的艺术形式和体验性教学方式，以充分发挥美育在情感教育中的潜力，为学生的全面发展提供更广阔的支持平台。

三、美育对大学生心理素质提升的影响

心理素质指的是个体在面对环境压力、生活挑战和情绪波动时，展现出的适应力、承受力和自我调节能力。通过艺术创作、欣赏和参与，学生能够在美育的浸润中获得心理素质的提升，增强应对生活和学业中各种挑战的能力。

第二章
大学生美育的社会功能与价值

（一）美育对心理韧性的提升

心理韧性是个体在面对压力、挫折或危机时能够保持积极心态、灵活应对并从困境中恢复的能力。美育通过多样的艺术形式和审美体验，帮助学生在面对外部压力时，不仅能够及时调节情绪，更能够增强他们的自我恢复和适应能力，从而提升心理韧性。

艺术创作本身具有挑战性，能够帮助学生在解决问题的过程中培养坚韧不拔的精神。艺术创作是一个不断试探、调整、修改的过程，它鼓励学生在创作中不断追求完美，并从过程中学习应对挑战。无论是绘画、雕塑，还是音乐演奏，艺术活动都需要学生付出大量时间和精力，特别是在创作过程中，经常会遇到各种技术或艺术上的困难。这些困难不仅考验学生的技巧，也考验他们面对挫折时的心理素质。比如在绘画过程中，学生可能会遇到色彩不搭配、构图不平衡的问题，在这些时刻，他们必须耐心地进行调整，直到达到理想的效果。每次的失败与成功，都是对学生心理素质的锻炼。学生通过不断地修正与调整，学会了如何应对失败和从中汲取经验，从而增强他们面对挫折时的韧性和心理适应能力。在完成一件艺术作品时，学生不仅体验到创作的成就感，还收获了应对困境和解决问题的信心，这种过程中的坚持与韧性正是心理素质提升的重要体现。

艺术活动中的反复练习和技巧提升也帮助学生发展耐心与恒心。许多艺术形式，如乐器演奏、舞蹈训练和歌唱等，都需要长期的技巧积累与反复练习。尤其是在学习一项新的艺术技能时，学生会面临技术的瓶颈和高强度的训练，反复地练习和调整常常伴随着困难和挫折。以学习乐器为例，学生在初学阶段，可能会遇到指法不熟练、节奏掌握不准确等技术问题，而这些问题往往需要长时间的练习和调适才能解决。在这一过程中，学生需要不断尝试、坚持不懈，才能在技术上取得进步。这种反复练习的过程，不仅帮助学生掌握艺术技巧，更重要的是，培养了他们面对困难时的耐力和持之以恒的态度。在遇到瓶颈和挑战时，学生要学会保持平稳的心态，逐步克服问题。这种耐心和恒心在生活中同样适用，学生在学术研究、就业准备、职业发展等方面遇到的困难，往往也需要通过反复努力和调整来解决。艺术活动所培养的这些品质，能够帮助学生在面对生活中的压力时，保持镇定，迎难而上，增强心理韧性。

（二）美育对自我效能感的增强

自我效能感是个体对自己完成特定任务或应对挑战的能力所持有的信心，它直接影响个体在面对生活中的各种问题时所做的选择、投入的努力以及最终的应对方式。在大学生的成长过程中，自我效能感的构建对于他们的学业成绩、职业发展以及社会适应等方面都至关重要。大学生在面临未来的多重挑战时，拥有较强的自我效能感将帮助他们更积极地迎接困难，增强解决问题的信心和能力。美育通过艺术创作和参与活动，能够在多个层面增强学生的自我效能感，使他们在面对各种困难时能够更加自信、勇敢地处理挑战。

美育对自我效能感的增强，首先体现在学生通过艺术创作和表现中获得成就感的过程。在艺术创作的过程中，学生需要投入大量的精力与时间，并不断进行尝试、改进与调整。艺术活动中的这些努力不仅体现在技术的提升上，更重要的是，学生在创作中体会到了自己的进步与成长，这种进步所带来的成就感直接增强了他们对自我能力的认知。当学生学习一项新技能，如乐器演奏或舞蹈技巧时，他们往往从最基础的知识入手，逐步掌握并完成更高难度的任务。每当他们成功演奏一首完整的曲目，或完成一段复杂的舞蹈动作时，都会感受到强烈的自豪感与满足感。这些成功体验让学生意识到，通过不断努力和坚持，他们可以克服困难，完成看似不可能的任务。这种在艺术活动中的成就体验，极大地增强了学生的自信心，让他们对自己的能力产生了更加积极的评价，进而形成了更加坚定的自我效能感。

美育活动中，学生在展示自己创作的作品或在公众表演中的成功体验，也是自我效能感提升的关键因素。通过艺术作品的创作和展示，学生不仅能够得到他人的反馈和认可，更重要的是，这些活动使学生在展示自我的过程中体验到积极的情感反馈。在参与集体艺术活动、作品展览或舞台表演时，学生会通过与他人的互动，获得外部世界对自己创作和表现的评价。这种评价通常不仅来源于教师和同学的肯定，还包括观众或评审对作品的反馈。学生在看到自己作品受到好评，或在演出中获得观众的掌声时，能够感受到自己价值的实现，这种肯定和认同增强了他们对自己能力的信心。此外，学生也能在这些活动中从他人的作品和表现中获得启发和激励，促使他们继续努力、不断提高。这种来自外界的积极反馈，增强了学生的自我效能感，并激励他们更加勇敢地面对生活中的挑战和困难。

不仅如此，艺术活动中的不断尝试和实践本身，也能够帮助学生在不断地失败与成功中积累经验，增强其心理上的应对能力。学习艺术往往是一个反复修正、不断尝试的过程。学生在创作的过程中会面临很多失败和瓶颈，这时候他们需要克服挫折、总结经验并继续前进。比如在学习乐器时，学生可能会在演奏中不断出错，或者在初期阶段由于技巧不熟练而无法顺利完成某一曲目。这些失败可能会让学生感到沮丧，但通过不断的努力和调整，最终克服难题并完成演奏，学生会体验到一种从失败到成功的满足感，这种经历使他们意识到，无论面对什么困难，只要坚持不懈并不断调整自己的方式，最终都会克服挑战。正是在这种过程中，学生逐渐建立起了面对未来挑战时所需要的自信和决心，而这种自信正是自我效能感的重要表现。

美育不仅仅在艺术创作中提升自我效能感，它也通过培养学生的综合能力来增强其自我效能感。在美育活动中，学生不仅仅学习艺术技能，更多的是在这个过程中培养了自我管理、团队协作和解决问题的能力。例如，在参与合唱团、舞蹈团或戏剧表演等集体艺术活动时，学生不仅要发挥自己的艺术才华，还要与他人协作共同完成一个艺术作品。在集体艺术活动中，学生需要与其他成员共同协调工作、互相帮助、克服困难，并通过合作来提升整个团队的表现。这种团队合作的过程，不仅让学生体验到集体创作的乐趣，更让他们在合作中提高了沟通和解决问题的能力。学生从中感受到，不仅自己的努力能够得到体现，整个团队的协作也同样对成果的达成起到了关键作用。这种从集体活动中获得的自我效能感，不仅增强了他们的社会适应能力，也让他们在面对其他生活挑战时更加从容和自信。

通过美育，学生还学会了如何将艺术活动中的成功体验迁移到其他生活领域。艺术创作和展示过程中的自我肯定和成就感能够激励学生在学术、职业和个人生活中展现出更强的自信和勇气。比如学生在艺术活动中的成功经历，使他们在面对学业挑战时，也能相信自己有足够的能力克服困难。在面对职业生涯中的竞争时，他们更容易保持积极的心态，不畏惧困难和挑战。这种自信的积累和心理韧性的培养，能帮助学生在今后的职业和社会生活中，充分发挥自己的潜力，迎接更加复杂和严峻的挑战。

总之，美育对大学生心理素质的提升起到了全方位的促进作用。通过增强心理韧性、自我效能感等方面的能力，美育不仅帮助学生更好地应对情感困扰，还为他们的学业、社交和未来职业发展提供了强有力的心理支持。随着美育在高校教育中的进一步推广和深化，大学生的心理素质将得到更好地培养，进而为他们的个人成长和社会适应打下坚实基础。

第二节　美育对大学生认知能力的提升

一、美育对批判性思维的塑造

批判性思维是指个体能够系统地分析、评价和反思信息、观点或假设的能力，并能够根据理性思考作出独立的判断。它是大学生认知能力的重要组成部分，对于提升学生的分析能力、解决问题的能力和创新能力有着不可或缺的作用。批判性思维的培养不仅能帮助学生有效地应对学术挑战，还能增强他们在复杂社会环境中的判断力与决策能力。而美育，作为通过艺术和审美活动培养情感、认知与创造力的教育形式，能够在培养学生批判性思维方面发挥重要作用。

美育通过艺术作品的欣赏和解读，激发学生对信息的深层次思考，帮助学生培养批判性思维的基础能力。艺术作品不仅仅是感官的享受，更是思想和情感的载体。每件艺术作品都包含着创作者的思维方式、情感诉求和文化背景，学生在欣赏艺术作品时，常常需要去解读其背后的深层意义。通过艺术作品，学生学会了如何从多角度、多层次去审视和解构信息。比如在欣赏一幅绘画时，学生不仅要观察其色彩、构图和技法，更要从作品所表达的主题、历史背景和社会意义等方面进行思考。这种思考过程激发了学生的批判性反思能力，使他们能够对艺术作品背后的信息、创作者的意图和所蕴含的社会文化价值进行深度分析和评价。在这种艺术欣赏的过程中，学生学会了如何提出问题并寻找答案。他们不仅停留在表面，更多的是去追问作品的象征意义和潜在的社会文化含义。这种思维方式是批判性思维的基础。通过分析和讨论艺术作品，学生能够学会在不同的情境下理性地思考，主动挑战传统观点，提出自己的见解，并对自己和他人的观点进行反思。这种批判性思维的培养，帮助学生在面对现实生活中的复杂问题时，能够从不同的角度审视并作出独立判断。

美育通过艺术创作，尤其是创作过程中的试错和反思，进一步塑造学生的批判性思维。艺术创作不是一蹴而就的，它通常伴随着不断地调整、修正和反思。在创作的过程中，学生需要不断评估自己的表现，反思自己的创意是否达到了预期的效果，并根据自己的思考进行改进。这种自我评估和修正的过程，培养了学生批判性思维的能力。比如在学习绘画时，学生往往需要经过多次草图、修改和调整，才能最终完成一幅作品。在这个过程中，他们不断反思自己的创作思路、技巧的使用以及作品的表达效果，既要关注细节的处理，也要站在全局的角度看待作品的整体效果。艺术创作中的反思过程，使学生学会了如何进行自我批评和自我修正，培养了他们从不同视角思考和评估问题的能力。

艺术创作中的"实验性"特点使学生能够在创新和探索中培养批判性思维。在艺术创作中，学生往往需要尝试新的形式和表现手法，这一过程本身就是对现有艺术框架的挑战。比如现代艺术作品中常常打破传统的表现方式，运用抽象、极简等手法来表达作者的独特思维。在创作过程中，学生往往需要从不同的角度探索创新的可能性。这种不断挑战自我、尝试新思维的过程，促使学生发展出独立的批判性思维能力。通过这种创新性创作，学生不仅学会了如何推陈出新，更能够学会如何对现有的知识和方法进行批判、质疑和重构，从而培养出独立思考的能力。

在美育的教学实践中，教师的引导同样在批判性思维的培养中起着至关重要的作用。教师在教学过程中，不仅要传授艺术的技巧和理论，更应鼓励学生质疑，主动参与讨论和辩论，形成多元化的思维方式。比如在艺术史的学习中，教师可以引导学生分析和讨论不同历史时期的艺术作品，探讨不同艺术流派、创作背景与社会变革之间的关系。在这个过程中，教师通过启发式教学，引导学生从多个视角去看待艺术作品，培养他们批判性思维的深度和广度。通过教师的引导，学生能够形成更加理性、全面和批判性的视野，在面对社会和文化中的问题时，能够站在不同的立场上进行分析与判断。

美育通过艺术创作与艺术欣赏两种途径，帮助学生在审视世界、表达思想和创新思维的过程中培养批判性思维。在艺术创作中，学生通过反复试探和调整，不断挑战自我，发展出解决问题的能力；在艺术欣赏中，他们则通过解读和分析艺术作品的深层次含义，学会了如何从多个维度进行思考，进而提高了对外部信息的分析和批判能力。通过这两种途径，学生不仅能够在艺术中发现美、表达情感，还能在思维方式上得到锤炼，培养出批判性、独立的思考模式。

批判性思维在当代社会中具有广泛的应用，它不仅是学术研究中必不可少的工具，也是学生应对复杂社会环境、解决实际问题的关键能力。美育通过艺术的多维体验，帮助学生形成独立思考的能力，培养他们对现有观念和知识体系的质疑精神，并激发他们创新性地解决问题的能力。在未来的社会中，这种批判性思维的培养将帮助学生更好地应对变化无常的社会环境，具备处理复杂问题的能力，并能够在各种挑战中保持理性和冷静。美育对批判性思维的塑造是一个复杂且渐进的过程。在艺术欣赏中，学生学会了多角度地分析和评价艺术作品，培养了对外部信息的敏感性和批判性；在艺术创作中，学生则通过不断的尝试和反思，提升了自我评估与自我批判的能力。通过这些途径，学生逐渐形成了独立、批判的思维方式，这不仅对他们的学术生涯至关重要，更对他们的社会适应和未来发展起到了积极的推动作用。

二、美育在分析能力培养中的作用

分析能力是指个体对复杂信息进行拆解、解构、理解及评估的能力，是现代社会中不可或缺的一种认知能力。对于大学生而言，分析能力的培养不仅能帮助他们更好地理解学术知识，也能在解决实际问题时，提升其思维的深度和广度。美育作为一种通过艺术与审美活动来提高学生认知能力的教育形式，其对大学生分析能力的提升具有独特而深远的影响。美育通过艺术创作与欣赏的多元途径，促使学生在参与艺术活动的过程中培养出更加精细的思维方式和更强的逻辑推理能力，从而有助于提升他们的分析能力。

（一）美育在艺术欣赏中的分析能力培养

美育通过艺术欣赏，能够帮助学生提升对信息的辨识、分类、比较、对比和评估的能力，这些能力直接影响学生的分析能力。在欣赏一件艺术作品时，学生并不是单纯地感受其美感，而是需要对作品的各个组成部分进行细致的分析。比如在欣赏一幅画时，学生需要关注画面的色彩、构图、光影的处理以及人物的表情等细节，分析这些元素如何共同传递出艺术家的情感和思想。通过这种审美分析，学生能够逐步培养起对艺术作品的深入理解和对细节的敏锐洞察力，从而提升他们的综合分析能力。

艺术作品往往包含着多层次的意义和复杂的情感表达，欣赏艺术作品时，学生不仅要理解其表面呈现的美感，还需要深入探究其中所蕴含的思想性、历史性和文化背景。比如在欣赏一幅历史画作时，学生不仅需要分析画作中人物的动态和姿态，还要理解画作所反映的历史事件、时代背景和社会意义。这种多维度的分析训练，使得学生不仅能够识别作品中的感官元素，还能够对作品进行批判性思考和深层次的剖析，从而提高了他们的分析能力。在艺术欣赏过程中，学生逐渐学会了如何从多个维度去观察、理解和评价一个艺术作品。这种思维方式的训练对于学生分析能力的提升至关重要，特别是在面对学术研究中的复杂问题时，学生能够将这种跨学科、多维度的思维方式应用到对问题的分析中，从而提升其分析深度和判断的准确性。

（二）美育在艺术创作中的分析能力培养

除了艺术欣赏，艺术创作本身对分析能力的提升也起着至关重要的作用。在艺术创作过程中，学生不仅需要解决技术性问题，还需要进行大量的思维分析。这一过程的核心是通过理性思维将情感表达转化为具象的艺术作品。无论是绘画、雕塑，还是音乐创作，学生在创作过程中都需要对自己的作品进行持续地思考与分析，以确保作品的每个细节都能够表达出预期的情感或思想。

以绘画创作为例，在创作一幅画时，学生需要分析不同元素间的关系，如色彩与构图、空间与光影等。这些元素间的相互作用和统一性，直接影响作品的表现力和视觉冲击力。学生在创作过程中需要不断地评估、调整自己的构思和技法，从而不断优化作品。在这一过程中，学生不仅锻炼了自己的技术能力，更重要的是，培养了他们从整体和局部、具体和抽象、感性和理性等多维度去分析问题的能力。通过不断地分析和调整，学生逐渐形成了较为复杂的思维模式，这种能力也能够迁移到其他领域，帮助学生更加高效地分析学术问题、社会问题以及生活中的复杂情境。

音乐创作同样具有类似的分析需求。在创作音乐时，学生需要对旋律、和声、节奏、音色等各个要素进行分析与组合，确保每一个音符、每一个节奏都能恰到好处地表达情感和思想。这一过程中，学生不仅要考虑技术层面的问题，还要分析音乐的情感走向与表现力。在不同风格和形式的音乐创作中，学生还需要分析各种音乐元素如何相互融合，如何通过节奏和旋律的变化来传递情感的波动和起伏。通过这种系统地思考与分析，学生在创作过程中逐步提高了自己的逻辑分析能力、综合判断能力和创新能力。艺术创作中的这些分析过程不仅帮助学生提高了艺术技巧，也使他们的分析能力得到了极大地提升。学生逐渐学会在创作的同时，进行不断地自我反思，评估作品的结构、形式与内容的合理性与协调性，从而在不断修正和完善的过程中提升了分析问题的能力。这种能力的培养，对于学生在面对学术、职业乃至日常生活中的复杂问题时，具有重要的帮助作用。

（三）美育在跨学科分析中的作用

美育不仅能够提升学生在艺术领域的分析能力，还能够帮助学生在跨学科的学习和生活中增强分析能力。在现代社会中，许多问题都呈现出复杂性与多样性，单一学科的思维方式往往难以应对这些复杂的挑战。因此，跨学科的思维方式和分析能力变得尤为重要。美育通过将艺术与其他学科进行结合，培养了学生在跨学科情境中进行分析的能力。

在大学的课程设置中，艺术与其他学科的结合越来越成为一种趋势。比如在文学课程中融入美学元素，或在哲学课程中加入艺术作品的分析，这种跨学科的结合能够帮助学生在不同领域中进行综合思考和分析。美育通过艺术创作与欣赏的多维度思考，帮助学生培养了跨学科分析的能力。当学生在文学、历史、哲学等学科中遇到问题时，他们能够借助在美育中培养的思维方式，从艺术、社会、文化等多角度进行分析，从而获得更加全面和深刻的理解。比如学习一部文学作品时，学生不仅要分析文字的层次和情节的结构，还需要关注作品中的文化背景、社会背景和历史背景。这种从多学科、多视角进行分析的方式，能够拓宽学生的思维框架，提升他们的综合分析能力。美育通过这种艺术与学科的结合，帮助学生打破学科间的界限，培养了他们在复杂问题面前进行全面分析的能力。

三、美育对大学生创造性思维的激发

创造性思维是个体在面对问题时，能够突破传统框架、打破常规思维模式，提出新颖、独特的解决方案的能力。它是创新、进步和社会变革的源泉，是推动社会发展的重要动力。对于大学生而言，创造性思维的培养不仅关乎他们的学术研究和职业发展，也关系到他们的个人成长和在未来复杂多变的社会环境中的适应能力。美育通过艺术创作、艺术欣赏和审美体验，能够显著激发大学生的创造性思维，帮助他们在日常生活、学术探讨和职业发展中提出新颖的观点，解决复杂的实际问题。

（一）美育通过艺术创作激发创造性思维

艺术创作是激发创造性思维的一个重要途径。在艺术创作过程中，学生不仅要学习如何运用艺术技巧和形式，更需要将自己的思想、情感和观察转化为具体的作品。在这一过程中，学生需要不断尝试新的表现形式、打破传统思维方式，探索未曾涉足的创作领域。艺术创作的独特性和多样性本身就为学生提供了无限的可能性，激发了他们的创新潜力。

传统的艺术创作要求学生遵循一定的技法和形式，但现代艺术创作则强调突破和创新。在现代艺术中，学生需要思考如何使用抽象表现、极简艺术或其他非传统的方式来传达情感和思想。在这个过程中，学生不断尝试新的创作形式，突破固有的艺术框架，提出独特的创作理念。正是这种创造性探索和实践，推动了他们创造性思维的进一步发展。此外，艺术创作中的问题解决也是创造性思维的重要体现。比如在雕塑创作中，学生在面对材质的选择、比例的调整、形态的塑造时，需要进行反复地思考和试探，寻找最合适的表现方式。每一个创作步骤都充满了挑战，学生不仅要通过不断的实验来发现问题，还要通过创新的思维解决这些问题。这种从不同角度出发进行反思、调整和创新的过程，极大地激发了学生的创造性思维，使他们在艺术创作中获得自我突破和进步。

（二）美育通过艺术欣赏激发创造性思维

除了艺术创作，艺术欣赏也在激发创造性思维方面起着重要作用。艺术欣赏不仅仅是对美的享受，更是对艺术作品背后思想、情感和文化背景的深刻理解。在欣赏艺术作品时，学生需要对作品的形式、色彩、构图、主题等元素进行分析和反思，并思考这些元素如何协同作用，传递出特定的情感和思想。这一过程要求学生不断挑战传统的审美观念，开拓新的思维方式。以欣赏一幅经典油画为例，学生在欣赏时需要从多个角度去解读画作背后的意图、表现手法和艺术家的情

感。比如学生可能需要思考为什么艺术家选择这种色调，如何通过光线和阴影的变化来增强作品的深度，如何通过人物的肢体语言和面部表情表达特定的情感。这种多层次的分析和解读，使学生不仅从感官上享受艺术的美感，还能从思维层面深入思考艺术作品所蕴含的创新性理念。

美育中的艺术欣赏往往让学生从作品中感受到艺术家对世界的独特视角和思考方式。这种感知不仅帮助学生扩展自己的艺术视野，更激发了他们在其他领域的创新思维。比如学生在欣赏现代艺术作品时，可能会被作品中的非传统表现手法所震撼，这些作品往往突破了传统艺术的束缚，采用极简、抽象或非具象的方式表达情感和思想。这种创新的艺术形式使学生意识到，创新不仅仅体现在某个领域，它可以超越传统的框架，成为打破常规的突破口。这种在艺术欣赏中培养出的创新思维，将有助于学生在学术研究、职业生涯及日常生活中，敢于提出新的想法和解决方案。

（三）美育通过跨学科融合激发创造性思维

美育不仅限于艺术领域，它与其他学科的融合同样能极大地激发学生的创造性思维。在现代教育体系中，跨学科的学习和思维方式逐渐受到重视。美育正是通过将艺术与文学、哲学、历史、科学等领域相结合，促使学生在多学科的交融中激发创新灵感，推动创造性思维的发展。比如在文学课程中融入艺术元素，学生不仅可以欣赏诗歌、小说中的艺术性表达，还可以通过对这些艺术作品的分析，感知其中的艺术思想和情感。这种跨学科的整合，使学生能够将艺术创作中的思维方式运用到其他学科的学习中。学生在分析文学作品时，不再仅仅从语言学的角度进行研究，而是尝试从美学、社会学等多个角度去理解作品背后的深层次含义。这种跨学科的分析方式，不仅激发了学生对文学的创新理解，也让他们在其他领域中能够提出新颖的视角和解决方案。

艺术与科学、技术的结合也是创造性思维的重要推动力。近年来，许多大学和科研机构开始重视艺术与科技的融合，探索通过艺术的手段来激发科技创新。比如一些设计专业的学生不仅要学习工程技术知识，还要通过美术、视觉艺术和用户体验设计等方面的学习，将艺术思维融入产品的创新设计中。这种跨学科的学习方式使学生能够从艺术的角度看待技术问题，从技术的角度思考艺术创作的可能性。通过艺术与科学、技术的融合，学生能够提出更加创新的想法，推动跨领域的创新发展。

（四）美育通过情感与思维的结合激发创造性思维

美育不仅仅通过理性思考和分析来激发创造性思维，它还通过情感的激发和体验，让学生的思维更加灵活和创新。在艺术创作中，学生往往在情感的驱动下进行思考和探索，而情感的投入往往能够推动他们突破思维的局限，进行更具创意的表达。比如音乐创作和表演通常依赖于情感的表达，学生在演奏音乐时，不仅是在传递技术性的音符，更是在通过音乐表达自己的情感世界。这种情感与思维的结合，让学生的创作不再是机械的技巧重复，而是具有独特个性的艺术作品。情感和思维的结合能够帮助学生释放创造潜能。当学生全身心投入艺术创作或欣赏的过程中时，他们往往能从感性的体验中获得灵感，并将这种灵感转化为理性思考。这种从情感到理性，再从理性到情感的循环过程，能够促进学生思维的开放性和创新性。通过美育，学生能够体验到情感与理性结合的创造性思维过程，从而在解决实际问题时，能够将理性分析与感性判断结合起来，提出更加新颖和独特的解决方案。

美育在激发大学生创造性思维方面具有深远的影响。通过艺术创作和艺术欣赏，学生能够在感官、情感和理性思维的多重作用下，激发创新的潜力。美育通过培养学生从不同视角进行分析的能力、鼓励他们突破常规思维的框架、推动跨学科的融合学习，进一步激发了学生的创造性思维。同时，艺术中的情感表达与理性思维的结合，使学生的创新思维更加灵活多变，并能在多样化的领域中找到独特的解决方案。在未来的教育中，我们应当更加重视美育对学生创造性思维的培养，鼓励学生在艺术中找到创新的灵感，并将这些灵感应用到更广阔的学术和社会生活中。

四、美育对解决问题的能力与多维思维的提升

解决问题的能力和多维思维是当代大学生必备的核心能力之一。[1] 在面对复杂的学术研究、职业挑战以及日常生活中的各种问题时，大学生需要具备分析、判断和创新的能力，而美育作为一种培养学生情感、思维和创新能力的教育形式，在解决问题能力和多维思维的培养方面起到了不可忽视的作用。美育通过艺术创作和艺术欣赏，促使学生从不同的角度思考问题，激发他们的创造力和想象力，从而在面对实际问题时，能够更加灵活、高效地提出解决方案。

（一）美育培养解决问题的能力

艺术创作本身就是一个解决问题的过程。在创作过程中，学生不断地面对各种技术性和创意性的问题，需要通过不断地思考、实践和调整来寻找最佳的解决

---

[1] 叶林雅，卜梦然.高校英语教学中跨文化交际与文化身份的交融[J].英语广场，2022(29)：71-73.

方案。无论是绘画、雕塑、音乐创作,还是其他艺术形式,都要求学生在创造过程中反复解决实际问题。比如在进行绘画创作时,学生往往需要思考如何运用色彩、构图以及光影等元素来表达特定的主题或情感。当学生遇到画面不协调、比例失调或色彩不合适等问题时,他们需要运用已有的艺术理论和技巧,调整自己的创作,直至解决这些问题并最终完成作品。这个过程不仅仅是技巧的学习,更是解决问题能力的锻炼。艺术创作中的问题往往具有开放性和多样性,学生需要根据创作目标和个人风格找到合适的解决方案。比如在雕塑创作中,学生需要考虑材质的选择、形状的塑造、空间的设计等多个因素,这些因素不仅涉及技术层面的掌握,还需要学生对创作过程中可能出现的各种问题进行预见和调整。艺术创作的这种探索性质要求学生有较强的创新思维能力,也促使他们在面对问题时更加灵活、多元地寻求解决方法。因此,艺术创作过程中学生的解决问题能力得到全面锻炼,这种能力不仅限于艺术领域,还能够迁移到其他领域,帮助学生更好地应对学术研究、职业发展等方面的挑战。

(二)美育促进多维思维的培养

多维思维是指在思考和解决问题时,能够从多个角度、不同层次、不同维度进行分析和评价。美育通过艺术创作与艺术欣赏,能够促进学生在认知和思维上的多维度发展。艺术作品往往蕴含着丰富的信息和多层次的意义,学生在面对这些作品时,需要从多个维度去解读和理解。比如在欣赏一幅抽象画时,学生不仅要关注画面本身的形式美和色彩美,还需要深入思考画作背后可能包含的社会、文化和历史信息。这种从多个维度进行的思考和分析,能够帮助学生在面对学术研究和实际问题时,做到全面而深入地思考。

艺术创作同样有助于学生培养多维思维。在艺术创作中,学生不仅要考虑作品的美学价值,还需要考虑作品的社会意义、情感表达和历史背景等多个因素。通过在创作中平衡这些不同维度的因素,学生逐渐学会如何在复杂的情境中找到平衡,如何在多重视角下提出创意和解决方案。比如在进行一件雕塑创作时,学生需要同时考虑艺术作品的形式、空间结构、材料选择以及作品所要表达的情感或思想。这种多维度的思考方式,帮助学生在艺术创作中形成更加开放的思维,培养他们在面对实际问题时能够从多个角度去思考和解决问题。

美育通过艺术的多元性和跨学科性,帮助学生在学术学习、职业发展和日常生活中,培养了更加多维、全面的思维方式。在多学科交融的背景下,学生可以将艺术中的创造性思维和多维度思考方式应用到其他学科中,进行跨领域的知识融合和创新。比如在科技创新中,工程师或设计师可以借鉴艺术中的形式美和创新性理念，在产品设计、空间布局和用户体验中融入更多创造性元素，从而提升产品的艺术价值和功能性。这种艺术与科学、技术的跨界融合，促进了学生多维思维的培养，也推动了他们在面对复杂问题时的创新能力。

（三）美育在生活问题解决中的应用

美育通过艺术的多维度体验，帮助学生在日常生活中提高解决问题的能力。日常生活中的许多问题，如时间管理、人际关系、情绪调节等，往往需要学生具备创新的思维和灵活的解决方案。美育通过艺术活动中的情感表达、情绪调节和思维反思，为学生提供了解决这些问题的新视角和新方法。比如在面对学业压力时，学生往往需要寻找到有效的情绪调节方法。美育中的艺术创作和欣赏可以作为情绪调节的有效途径，帮助学生通过艺术活动表达内心的焦虑和不安，从而缓解压力并激发创意思维。学生在创作和欣赏中不断发现和解决情感问题，也能够从中获取灵感和动力，找到应对学业和生活压力的新方式。在人际交往中，艺术活动同样有助于培养学生的沟通能力和合作能力。

美育对大学生解决问题能力和多维思维的培养起到了显著的作用。通过艺术创作与欣赏，学生不仅学会了如何分析、解决艺术创作中的问题，还通过艺术活动中不断试探、调整的过程，培养了他们在面对学术、职业及日常生活中复杂问题时的解决能力。美育不仅提升了学生的分析思维和批判性思维，还促进了他们从多角度、多层次进行问题分析的能力，使他们能够更好地适应社会的变化和复杂的环境。

第三节 美育对大学生品格与价值观塑造的影响

一、美育在道德素养与伦理观念培养中的作用

美育不仅仅是培养学生的艺术修养，它同样对大学生的道德素养和伦理观念的塑造具有重要作用。美育通过艺术创作与欣赏，使学生在感知、情感和理性层面不断提高，帮助他们形成健全的道德观念和正确的伦理价值观。艺术作品不仅能够为学生提供情感的共鸣，还能够影响学生的道德判断，帮助他们树立追求真、善、美的价值标准。通过美育的熏陶，学生逐渐在艺术的体验中感受到道德的力量，培养出较强的社会责任感和集体主义精神，这对他们日后在社会生活中的行为选择和伦理判断起到了深远的影响。

艺术作品是人类情感与思想的结晶，它不仅仅反映了作者个人的情感世界，

还传递着特定的社会、文化和道德价值观。美育通过艺术作品的欣赏，使学生接触到丰富的道德情感与伦理思想。在欣赏文学、绘画、音乐、戏剧等艺术作品时，学生通过对作品的分析与感受，能够体验到作品所传递的道德力量和伦理情感。比如许多经典文学作品通过描绘人类命运的悲欢离合，揭示了深刻的道德主题，如正义、善良、勇气、忠诚和牺牲等。学生通过阅读这些作品，不仅能够感知到作品的艺术美感，更能够深入理解作品中所蕴含的道德哲理和伦理价值。比如莎士比亚的《哈姆雷特》讲述了关于复仇与宽恕、道德选择和责任承担的主题，作品中的人物性格复杂，行为动机深刻，学生通过分析这些人物的选择和行为，能够体会到关于伦理判断和道德抉择的深刻思考。这些道德命题不仅对学生的道德感知和行为方式产生影响，也为他们提供了进行自我反思和自我教育的机会。

通过艺术作品的欣赏，学生能够在理解作品的过程中深化自己的道德认知。比如在欣赏一幅表现社会正义或反映人性光辉的画作时，学生不仅能够体验到艺术的美感，还能够感受到其中所传递的社会责任感和道德立场。艺术作品通过情感的力量引发学生对道德行为的认同，使他们在面对社会问题时，能够更加关注社会伦理和道德价值。

美育通过情感的共鸣与道德认知的结合，帮助学生塑造品格。艺术作品往往具有情感的力量，能够唤起人们内心的共鸣，使学生在欣赏作品的过程中感受到伦理与道德的引导。通过这种情感上的共鸣，学生能够更加深刻地理解和感受到道德行为和伦理观念的价值，从而在个人品格的塑造过程中，感受到内心的道德规范和社会责任感。比如在观看一部反映英雄主义精神的电影时，学生可能会因为主人公坚守道德信仰、敢于牺牲自我而产生强烈的情感共鸣。这种情感共鸣使学生不仅在情感上对主人公产生认同，还在理性上对其道德行为进行评判和反思。通过情感的共鸣，学生能够更好地理解道德行为的内涵，体会到善恶是非的基本标准。通过这种情感体验，学生逐渐树立起自己的道德观念和伦理信仰，进而在自己的生活中践行这些道德价值观。

美育对道德素养与伦理观念的塑造不仅仅体现在艺术作品的情感感染上，还通过艺术教育中的启发与反思，促使学生自觉地进行伦理自省。在美育活动中，学生通过创作和欣赏的双重参与，能够更好地理解道德规范和伦理标准对个体行为的影响。在艺术创作过程中，学生常常需要面对道德判断的问题。比如在创作一部表现社会问题的作品时，学生需要思考自己所表达的观点是否符合社会伦理，是否能够传达正义、善良等道德价值。通过这种创作过程中的伦理思考，学生能够形成自己的伦理判断力，提升他们在面对道德困境时作出正确选择的能力。美育的批判性思维培养也在伦理教育中起到了重要作用。艺术作品通常会呈现出对社会伦理和道德问题的深刻探讨，学生在欣赏这些作品时，不仅要感受到作品的美学价值，还需要对作品所反映的道德问题进行思考与反思。通过对作品中人物命运和道德抉择的分析，学生能够更好地理解伦理道德的复杂性和多样性。比如在欣赏一部描写社会不公的影片时，学生可能会思考影片中人物所做的道德选择，并反思自己在类似情境中的道德判断。这种批判性思维的培养，不仅提高了学生对伦理问题的敏感性，还帮助他们在面对复杂的社会问题时，能够从道德的角度作出更为理性的判断。

美育在道德素养与伦理观念培养中的作用是全方位的。通过艺术作品的情感感染和道德引导，学生能够在艺术的熏陶下形成正确的道德认知和伦理判断；通过艺术创作和欣赏中的批判性思维训练，学生能够更加理性地思考和评判道德问题；通过艺术作品的社会价值观传递，学生能够增强社会责任感，培养成为社会有益的公民。美育不仅通过丰富的艺术形式提升大学生的道德素养，还为他们提供了道德认知和伦理判断的框架，帮助他们在面对复杂的社会情境时，能够作出符合道德规范和伦理要求的选择。

二、美育对社会责任感与集体主义精神的塑造

在当代社会，社会责任感与集体主义精神是大学生应当具备的重要品格特质。它不仅是个体在社会中履行职责的基本要求，也是推动社会和谐与进步的力量源泉。美育作为通过艺术形式和审美活动塑造大学生思想与行为的重要手段，其对大学生社会责任感与集体主义精神的培养具有深远影响。通过艺术创作与欣赏，美育促使学生在情感上产生对社会的认同，在理性上理解集体的意义，从而激发他们参与社会和集体活动的热情与责任心。美育不仅帮助学生在个体行为中树立责任感，还通过集体艺术活动的参与，培养他们的团队合作意识和集体主义精神，进而推动学生在社会中积极履行责任、贡献力量。

（一）美育激发社会责任感

美育通过艺术活动促进学生的社会责任感培养，帮助他们更加明确自己在社会中的角色与责任。艺术作品往往不仅仅表现个体情感，它们还反映社会问题、历史背景和人类共同的情感体验，给人以深刻的社会启示。通过欣赏这些作品，学生能够感知到社会变革、文化传承和人类命运等问题，从而激发对社会的关怀与责任感。比如许多艺术作品通过描绘贫困、战争、环境污染等社会问题，引发观众对社会不公与弱势群体的关注，使学生意识到自己作为社会一员，应当为推动社会进步和解决社会问题贡献力量。比如学生在观看或阅读反映社会正义与人

道主义的艺术作品时,如《雷锋的故事》《白毛女》等,能够感受到作品中人物为社会与他人奉献的精神。这些作品通过生动的艺术形式,塑造了具有崇高道德情操和社会责任感的人物形象,使学生在情感上与这些人物产生共鸣,并从中汲取激励,激发他们为社会贡献力量的愿望。在欣赏这些艺术作品的过程中,学生不仅受到感动,更加明确了自己作为社会成员的责任。这种情感上的认同和思想上的反思,使得学生的社会责任感得到了强化,他们意识到,作为未来社会的主力军,自己有责任去改善社会、服务社会、担当起推动社会发展的使命。

美育通过艺术作品的力量促使学生反思自己与社会的关系,帮助他们意识到社会发展不仅仅依赖于政府和社会组织的力量,更多地需要每个个体的共同努力。比如环保艺术作品通过表现生态破坏与环境污染问题,引发学生对自然环境保护的思考,使他们在日常生活中更加关注环境问题,增强了环境保护的社会责任感。艺术作品的社会启发作用促使学生认识到他们的行为对社会的影响,进而激发起他们为社会更好发展的责任感。

(二)美育增强团队意识与集体主义精神

集体主义精神是指个人利益与集体利益的统一,强调个体在集体中的责任和义务。美育通过组织学生参与集体艺术活动,帮助他们在合作与分享中增强集体主义精神。艺术活动本身就是一个集体参与和共同创造的过程,学生通过集体艺术活动,培养了与他人合作的能力,增强了集体意识和团队精神。在合唱、舞蹈、戏剧等集体艺术活动中,学生需要与他人紧密配合,协调一致,才能呈现出最完美的艺术作品。在这个过程中,学生学会了为集体目标而努力,理解到个人与集体的关系,深刻认识到集体成功的重要性。比如合唱团或乐队的表演要求每个成员严格按照指挥的节奏和乐谱进行配合,个人的表现必须服从整体的要求。通过这种艺术创作与表演的集体性,学生不仅提升了自己的艺术技巧,还增强了对集体的认同感与责任感。在集体表演过程中,学生意识到,个人的努力离不开集体的支持,集体的成功离不开每个人的共同奋斗。通过在这种合作性强的艺术活动中获得的经验,学生更加理解集体主义精神,学会在日常生活和工作中与他人和谐相处、互相支持、共同进步。

在参与艺术创作与表演的过程中,学生不仅锻炼了集体合作的能力,还提高了自己在团队中的沟通与协调能力。团队合作并不仅仅体现在工作任务的分配上,还体现在艺术创作中如何协调每个成员的想法与行动。比如在排练话剧时,学生不仅要与其他演员合作,还要与导演、舞美、灯光等团队成员密切沟通,确保每一项工作都能够顺利完成。通过这种集体协作的艺术活动,学生逐渐意识到,在团队中每个人都扮演着至关重要的角色，集体的力量远远大于个体的力量。艺术活动中的这种集体主义精神的培养，使学生在现实生活中更加注重团队合作，理解集体责任与个人责任的统一。

（三）美育促进学生的公益精神

美育不仅通过艺术创作和集体活动增强学生的社会责任感和集体主义精神，还通过艺术作品和活动激发学生的公益精神。在现代社会，公益活动成为每个公民应尽的责任，大学生作为未来的社会中坚力量，积极参与公益事业，推动社会发展，已成为一种社会期望。美育通过艺术作品的展示与创作，引导学生关注社会公益事业，促进他们在行动上去服务他人、回馈社会。许多艺术作品反映了贫困、灾难等问题，学生通过对这些作品的欣赏和分析，能够意识到自己在社会中的责任。比如学生通过观看关于扶贫、环境保护、志愿者活动等题材的电影或纪录片，能够深刻感受到艺术作品所揭示的社会问题，并激发他们参与公益活动的兴趣和责任感。美育通过艺术作品传递的社会价值观，使学生能够关注社会弱势群体的困境，并促使他们在实际生活中采取行动，如参加志愿者服务、进行捐赠、参与社会实践等，以实际行动回馈社会。

学校通过组织社会服务活动，如艺术义卖、社区文化活动等，为学生提供了参与公益的机会。在这些活动中，学生不仅能够发挥自己的艺术特长，还能在为社会服务的过程中，培养出更强的社会责任感和集体主义精神。比如通过组织义卖活动，学生不仅能够通过自己的艺术作品帮助贫困地区的孩子们，还能够体会到帮助他人所带来的满足感和成就感。这种通过美育培养的公益精神，使学生在未来的社会生活中，能够自觉地为他人和社会提供帮助，发挥更大的社会价值。

美育在塑造社会责任感与集体主义精神方面的作用不仅仅体现在艺术活动中，它同样体现在日常教学和学校文化的营造中。美育通过培养学生的审美情感，帮助他们认识到艺术与社会、集体、个人之间的紧密关系。美育课程不仅仅是艺术技巧的传授，更是对学生价值观的塑造。在这种过程中，教师通过艺术作品的展示、讨论和分析，引导学生树立正确的社会观和人生观，增强他们对社会的认同感、责任感和对集体的归属感。

美育课程的设计不仅考虑到学生的艺术修养，更注重其价值观的引导和品格的塑造。通过美育，学生学会了尊重他人、关心社会、承担责任和为集体服务。艺术作品所传递的社会责任感和集体主义精神，帮助学生将个人的成长与社会的进步紧密联系起来，从而激发他们为社会作出贡献的动力。在美育的熏陶下，学生不仅在艺术创作中获得了自我表现的机会，也在集体艺术活动中培养了团队协作的能力，这为他们日后在社会中担任领导角色、参与社会管理和为社会服务奠定了坚实的基础。

三、美育对个人品格与社会道德行为的促进

在大学生的成长过程中，个人品格的塑造和社会道德行为的培养是至关重要的。大学生不仅是知识的接受者和技术的学习者，更是社会公民、家庭成员和未来社会的建设者。因此，如何培养学生的道德认知和社会责任感，如何帮助他们形成健全的个人品格，成为教育中不可忽视的任务。美育作为通过艺术和审美活动提升学生的认知、情感和行为的教育形式，对个人品格与社会道德行为的促进发挥着积极作用。通过艺术作品的感染、艺术创作中的体验以及集体艺术活动中的实践，学生不仅提升了审美能力，更培养了责任心、道德感与集体主义精神，进而推动他们在日常生活中作出符合社会道德的行为选择。

（一）美育促进品格塑造

艺术作品往往具有强烈的情感表达和道德启示，通过欣赏这些作品，学生能够在情感上产生共鸣，从而影响他们的品格塑造。许多经典的艺术作品，尤其是文学、音乐、电影和戏剧，往往通过展示人物的道德抉择和行为后果，向学生传递重要的道德信息。这些作品不仅通过故事情节打动观众的心灵，还通过人物的善恶、正义与非正义、牺牲与自私等行为选择引发观众对道德问题的深刻思考。比如《悲惨世界》中的冉·阿让通过宽容、牺牲和对正义的坚持，为学生展现了一个伟大的道德人格，激励学生在面对困境时，保持对社会和他人的责任感和宽容心。通过这种情感上的共鸣，学生逐渐形成对善恶、美丑、公正与不公的道德认知，从而在生活中将这些伦理标准转化为行为准则。

美育通过艺术作品向学生传递社会价值和道德信仰，帮助学生在思想和情感层面形成积极向上的价值观。比如许多反映社会公义与人道主义的艺术作品能够引发学生对社会正义和个人行为后果的反思。通过对这些艺术作品的分析和讨论，学生能够意识到自己的行为不仅对自己有影响，更对他人和社会产生深远的作用。

（二）美育促进品格发展

艺术创作不仅是情感和思想的表达，更是个体自我反思和品格塑造的过程。在艺术创作中，学生往往需要对自己的情感、思想和社会责任进行深入地思考与反省，从而达到情感的释放和道德价值的体现。美育鼓励学生通过艺术创作反思自己的内心世界，并将这些反思转化为艺术作品的形式，从而加深他们对自己品

格的认知与评价。比如在进行绘画或雕塑创作时，学生不仅仅是在运用技巧和表现形式，更多的是在通过作品表达自己的思考与态度。艺术创作中的每一次构思和调整，都充满了道德思考。

艺术创作中的自我表达和道德反思，是个体品格形成的关键环节。通过艺术创作，学生不仅提高了艺术技巧，更在不断地思考和实践中，逐步形成了正确的道德观念，并将其转化为实际行动。艺术创作成为学生对社会、他人以及自己的一种道德表达，使他们在日常生活中能够更加坚定地遵循道德规范，并在遇到道德抉择时作出符合社会期望的选择。

（三）美育增强社会道德行为

集体艺术活动不仅是个体艺术发展的平台，更是促进学生道德行为养成的有效途径。集体艺术活动要求学生在团队合作中发挥自己的艺术才能，同时与他人共同完成任务，这一过程中充满了协作、责任和奉献精神。通过参与集体艺术活动，学生能够在团队中体验到个人与集体之间的关系，学习如何在集体中承担责任、履行义务，并与他人共同达成目标。这种集体合作的经验不仅增强了学生的道德认知，更加深了他们对社会和他人责任的认知，从而培养了他们的社会道德行为。比如在参加合唱团、舞蹈团或戏剧社团的活动时，学生需要与其他成员共同完成表演任务，这不仅要求他们在艺术技巧上进行精心配合，更要求他们在道德上具备团队合作精神。在集体活动中，每个成员都需要为集体的成功贡献自己的力量，并且遵循集体规则与团队精神。这种集体艺术活动中的责任感与集体主义精神，不仅帮助学生提升了艺术表现力，还促进了他们在团队中合作的道德行为，进一步塑造了他们的社会道德观。

美育中的集体艺术活动能够使学生深刻感受到个人与集体之间的紧密联系，在实现集体目标的过程中，他们需要与他人共同努力，学会关心他人、尊重他人、帮助他人。这种集体主义精神和团队合作意识，不仅在艺术活动中得到体现，也能够迁移到学生的社会生活中，帮助他们在面对集体与社会问题时，能够作出符合道德标准的行为决策。通过集体艺术活动，学生逐渐意识到个人行为对集体的影响，并能够在集体中承担起应尽的责任，推动集体和社会的共同进步。

美育不仅通过艺术创作和艺术欣赏培养学生的道德素养，它还通过教育实践和日常活动，在学生中推广社会道德行为。在美育的教育过程中，教师不仅是艺术技巧的传授者，也是学生道德意识的引导者。通过美育的教学，教师能够帮助学生理解艺术作品中的道德价值，激发他们对社会和集体的责任感，并通过艺术形式帮助他们落实到实际生活中。比如在课堂上，教师可以引导学生通过讨论艺术作品中的道德问题，如正义与非正义、牺牲与自私等，帮助学生理解这些问题的复杂性以及对社会行为的影响。通过教师的启发，学生能够更加深刻地理解社会道德行为的内涵，并通过分析艺术作品中人物的道德选择，帮助学生形成正确的道德判断标准。教师通过美育的引导，帮助学生将道德认知转化为社会行为，在学生日常生活中形成良好的道德习惯和行为规范。此外，学校通过组织艺术展览、公益活动等，提供了学生参与社会道德行为的机会。在这些活动中，学生不仅展示自己的艺术才华，还能够通过艺术作品的义卖、公益表演等形式回馈社会。通过这些活动，学生不仅在艺术上获得了认同感，更在实践中体验到了社会道德行为的实际意义。这些美育实践活动为学生提供了展示自我和服务他人的平台，进一步强化了他们的社会责任感和道德行为的落实。

第四节 美育对大学生创新思维与创造力的促进

一、美育在艺术创作与创新过程中的作用

创新思维和创造力是当代大学生在学术研究、职业发展乃至个人成长中必备的重要能力。美育作为一种通过艺术教育和审美活动激发学生创造性潜能的教育形式，对于培养学生的创新思维和创造力具有重要作用。艺术创作不仅是自我表达的过程，也是创新思维训练的有效途径。在美育的过程中，学生通过艺术创作，能够培养自己的想象力、批判性思维、解决问题的能力以及跨学科的思维方式，进而提升他们的创新能力。通过艺术创作中的自由表达、技巧突破、形式探索和情感表达，学生在创新的过程中锻炼了自己的创造性思维，并在艺术创作的成功与失败中积累了创新经验。

（一）美育通过艺术创作激发创造性思维

艺术创作是创新的源泉，它要求创作者突破常规的思维模式，寻找新颖的表达方式。通过艺术创作，学生能够在实际操作中培养解决问题的能力和创造性思维。在绘画、雕塑、音乐、舞蹈等艺术形式的创作过程中，学生必须不断地思考、调整、试探和修正，从而激发他们的创新潜力。艺术创作过程中对于形式、色彩、节奏、结构等元素的反复思考和实验，不仅仅是对技巧的锻炼，更是对学生创新思维的锤炼。比如在绘画创作中，学生不仅要考虑如何运用色彩和构图，还要思考如何通过这些形式表现自己的思想和情感。在这一过程中，学生可能会遇到如何突破传统绘画技巧、如何创新表现方式等问题。艺术创作的这些挑战，要求学

生跳出传统的框架，寻求独特的创作路径和解决方案。通过这种"突破"的过程，学生不仅提高了艺术表现技巧，还激发了自己的创新能力和思维方式。

在音乐创作中，学生通过自由创作或即兴演奏，能够培养他们的音乐感知和创新表达能力。比如在编曲时，学生需要考虑如何运用不同的音符、和声、节奏和旋律构建一个既有逻辑性又富有表现力的作品。这个过程要求学生不断思考、不断尝试、不断调整，最终产生独特的创意。通过这种创作，学生锻炼了在有限的框架内寻求创新的能力，培养了他们面对挑战时能够大胆尝试和敢于冒险的创新思维。艺术创作的一个核心特点就是其高度的开放性和多样性。创作者在创作过程中必须不断寻找独特的表达方式，面对各种可能的选择，作出决策。这一过程本身就是一个创造性的思维过程，它帮助学生学会如何从多个视角出发，寻找不同的解决方案，培养了他们灵活应变、突破常规的能力。

（二）美育通过创作中的"失败"与"反思"培养创新能力

艺术创作中充满了不确定性和挑战，而"失败"和"反思"是创新过程中不可避免的部分。学生在艺术创作过程中，往往会遇到自己的预想与现实间的差距，作品的效果可能未达到最初的构思或标准。然而，这种"失败"恰恰是培养创新思维和创造力的契机。美育通过艺术创作中的不断尝试与失败，促使学生从失败中汲取经验，进行深刻的反思，从而改进创作思路和方法，最终实现突破。比如在创作音乐或舞蹈时，学生可能会遇到旋律不和谐、舞蹈动作不流畅等问题。在这种情况下，学生需要反思自己的创作过程，找到问题的根源，尝试不同的表达方式或技术手段。通过不断修正，学生学会了如何面对创作中的"障碍"，并从中获得了新的灵感和创造性的解决方案。艺术创作中的这种反复尝试与调整，促使学生更加理解"失败"背后蕴含的意义，即它是通向成功的必要过程，是创造性思维中不可或缺的一部分。

美育中的"失败"不仅仅是技术层面的困难，更涉及思维方式和表达形式的探索。在创作中，学生有时会在某个创作理念上陷入瓶颈，无法突破常规的思维框架。这时候，学生需要反思自己的思维定式，寻找新的视角或新的创作方法。这种反思的过程本身就是对学生创造性思维的挑战和锻炼，它迫使学生跳出思维的舒适区，尝试新的思考路径，培养他们不断探索、不断突破的创新能力。通过不断反思和调整，学生逐渐学会了如何从失败中汲取经验，如何调整自己的思维方式和创作思路，最终形成了一种创新的、不断追求突破的态度。这种创新精神在艺术创作中得到了深刻地体现，并通过美育课程中的锤炼，成为学生日后面对挑战时的核心竞争力。

（三）美育通过跨学科融合促进创新思维

美育不仅仅局限于单一的艺术领域，它还通过艺术与其他学科的融合，促进学生的创新思维发展。现代教育越来越强调跨学科的整合，认为不同领域的知识与技能融合有助于激发创新思维。美育通过将艺术与文学、哲学、科学、技术等学科相结合，推动学生在不同学科间进行创新性思维的迁移和拓展。比如在一些高校中，设计学科已经不再单纯关注技术与功能，还融入了艺术的表达和美学的理念。设计专业的学生不仅要学会产品的功能设计，还要在艺术审美的层面进行思考，通过艺术的手段将设计理念与现实需求结合。这种跨学科的艺术教育不仅使学生的创新思维得到拓展，也促使他们理解艺术与其他学科之间的互动关系，培养了他们在多学科环境下进行创新的能力。

同样，艺术与科学、技术的融合也推动了创新思维的发展。比如虚拟现实、数字艺术和交互式艺术等新兴艺术形式，正是艺术与现代科技融合的产物。在这一过程中，学生不仅学习艺术创作技巧，还需要理解技术的应用和设计的逻辑，培养了他们跨学科思考问题的能力。美育通过促进这种跨学科的思维方式，帮助学生在艺术创作的同时，将科学、技术与艺术结合起来，从而推动了更为创新的解决方案的出现。美育与跨学科的结合不仅有助于学生在创作过程中灵活运用不同领域的知识，还激发了学生在跨领域创新中的潜力。通过将艺术与其他学科的思想碰撞，学生能够在艺术创作中获得更多的灵感，在解决学术或社会问题时，能够提供更加创新的思路和方法。

（四）美育通过自由创作激发学生的个性

美育中的艺术创作强调自由表达和个性化发展，这对于学生创新思维的激发和培养具有重要意义。在艺术创作中，学生没有固定的框架或标准，他们可以根据自己的兴趣、感受和思考自由地进行创作。这种自由创作的环境，使学生能够充分发挥想象力，打破常规的思维限制，产生具有个性化和创新性的作品。通过艺术创作，学生不仅学会了技术技巧，更重要的是，培养了独立思考的能力。在创作过程中，学生需要不断提出问题、探索答案，最终形成独立的创作思路。比如在绘画创作中，学生可能会受到传统绘画技法的影响，但他们可以根据自己的创意将这些技法与现代审美结合，形成自己独特的风格。在这一过程中，学生不仅提升了艺术创作能力，还通过自我思考和反省，培养了独立思考和创新的能力。

自由创作不仅仅是在技巧上的表现，它更是一种思维方式的培养。在创作的过程中，学生往往会面临如何表达个人思想、情感和价值观的难题。这时候，学生需要依靠独立思考，寻找最适合自己风格的表现方式，并在此过程中逐步培养出创新性的创作理念。这种通过自由创作所形成的独立思考能力，正是推动学生创新思维和创造力发展的核心动力。美育通过艺术创作与艺术欣赏，极大地促进了大学生创新思维的培养。艺术创作通过实践中的不断试探、失败与反思，激发了学生的创造力和问题解决能力；跨学科的艺术教育促进了学生的多维思考，使他们能够在不同领域进行创新；自由创作的过程培养了学生独立思考的能力，推动了他们突破常规、创新表达的潜力。美育不仅仅是技能的传授，更重要的是，通过艺术的多样性和开放性，培养学生的创新精神和创造性思维，为他们未来的学术研究、职业生涯以及个人发展提供了坚实的创新能力基础。

二、美育对跨学科创新与思维整合的影响

在当今复杂多变的社会中，创新不仅仅依赖于单一学科的知识积累，更依赖于跨学科的融合和思维整合。随着全球化和信息化的快速发展，社会对创新型人才的需求日益增加，特别是那些能够跨越学科界限，灵活应用多领域知识的复合型人才。美育通过促进艺术与其他学科的交汇，增强了大学生的跨学科思维能力，帮助他们在不同学科之间找到联系，进行跨学科创新和思维整合。艺术不仅激发学生的创意思维，还促使他们从多角度、多层次解决问题，在复杂的现实挑战中找到创新的解决方案。因此，美育在培养跨学科创新和思维整合的能力方面，发挥了至关重要的作用。

（一）美育通过艺术与科学的结合促进跨学科思维

艺术与科学看似是两个独立的领域，但随着社会的进步和科技的发展，它们之间的界限逐渐模糊，二者的融合推动了创新的边界拓展。美育通过将艺术与科学的元素相结合，促使学生从艺术的视角审视科学问题，从科学的角度思考艺术创作，从而培养他们跨学科的思维模式。艺术和科学的结合不仅能够帮助学生发掘新的创作灵感，也能够推动技术的革新和艺术表现形式的突破。比如现代设计领域就是艺术与科学交融的典范。在工业设计、建筑设计、视觉艺术和产品设计等领域，艺术与科学、技术的结合已经成为常态。美育通过为学生提供艺术的基础和美学的思维方式，使他们能够在面对科学和技术挑战时，将艺术的创新性和灵活性融入解决方案中，从而推动跨学科创新。学生通过学习艺术的表达方式和科学的技术手段，能够在设计过程中找到最优的结合点，将艺术的形式美和科学的功能性完美融合，从而创造出既美观又实用的设计作品。

此外，艺术和科技的结合在数字艺术、虚拟现实、交互设计等领域也得到了广泛应用。随着数字技术的发展，艺术家和科学家通过跨学科的合作，创造出了许多新型的艺术作品，如通过虚拟现实技术实现的沉浸式艺术体验，通过3D打印技术实现的立体艺术作品等。这些作品不仅展示了艺术与科技的结合，也展示了跨学科思维的重要性。美育在这一过程中通过提供艺术创作的基础，激发学生探索艺术与科技结合的兴趣，并培养他们运用不同学科知识进行创新的能力。

（二）美育推动艺术与社会科学、哲学的融合

美育不仅促进艺术与科技的结合，还推动了艺术与社会科学、哲学的融合。社会科学和哲学关注的是人类行为、社会结构、价值观念等抽象的领域，而艺术则是一种直观的表达方式，通过艺术作品，学生能够深刻理解社会和哲学的核心概念。通过美育的艺术教育，学生能够在创作过程中将这些社会科学和哲学的思考融入艺术作品中，形成独特的跨学科表达方式。比如许多艺术家在创作时，结合社会学、政治学等学科的知识，创作出反映社会问题、表达哲学思考的作品。通过分析这些作品，学生能够更好地理解社会结构、政治制度、文化认同等社会科学问题，并从艺术的角度进行反思。在这一过程中，学生学会了如何将社会科学的理论与艺术的表达方式结合，创造出既有思想深度又具有艺术美感的作品。这种跨学科融合不仅丰富了学生的学科知识，也增强了他们在面对复杂社会问题时的创新能力和思维整合能力。

美育还通过艺术与哲学的结合，引导学生思考人类存在的意义、生命的价值和社会的伦理问题。许多艺术作品通过表现人类的苦难与坚韧、自由与压迫、幸福与痛苦等哲学命题，引发学生对这些问题的深刻反思。比如通过欣赏个体抗争与人道主义精神的作品，学生能够从哲学的角度探讨社会伦理与道德问题，同时也能够从艺术的形式中找到解决社会问题的灵感。艺术与哲学的结合，促进了学生跨学科的思维方式，使他们在面对复杂的社会和人生问题时，能够从多维度、多角度进行思考，提出创新的观点和解决方案。

（三）美育促进跨学科创新的合作与实践

美育通过鼓励跨学科的合作与实践，为学生提供了一个多元化的创新平台。在艺术创作中，学生往往需要结合其他学科的知识，如历史、文学、社会学、心理学等，来进行创作和表达。比如历史类艺术作品不仅要求学生了解历史背景，还要求他们在艺术表达中准确传达历史事件的情感和思想；在舞台剧创作中，学生需要结合心理学和社会学的知识，塑造人物的复杂情感和行为模式，以使剧本更加具有现实意义和艺术表现力。通过跨学科的合作与实践，学生能够接触到更多的知识领域，拓宽他们的思维视野。许多高校已经开始注重跨学科课程的设置，通过艺术与其他学科的结合，培养学生在多个领域的创新能力。比如一些艺术设

计课程不仅教授设计技巧，还涉及心理学、人类学、社会学等学科的内容，使学生能够从不同角度去理解用户需求、文化背景和社会环境，从而创造出具有社会价值和文化深度的设计作品。

许多高校还鼓励学生参与跨学科的艺术实践项目，如艺术与科技的合作、艺术与企业的跨界合作等。通过这些合作，学生不仅能够将自己所学的艺术知识应用到实际项目中，还能够与其他学科的专家进行合作，共同解决实际问题。这种跨学科的实践活动，不仅提高了学生的创新能力，还培养了他们团队合作和多学科思维的能力。

（四）美育通过跨文化艺术交流促进全球视野与跨学科思维

随着全球化进程的加速，跨文化交流变得日益重要。美育通过促进跨文化艺术交流，不仅拓宽了学生的国际视野，还培养了他们在全球化背景下进行跨学科思维和创新的能力。通过欣赏和创作不同文化背景下的艺术作品，学生能够理解不同文化中的思想观念、社会结构和价值体系，从而增强他们的跨文化理解能力和国际化视野。在跨文化艺术交流中，学生不仅能够学习到其他文化的艺术技巧和表现形式，还能够在艺术创作中融合不同文化的元素，产生新的创意。比如在某些国际艺术交流项目中，学生通过与来自不同文化背景的艺术家合作，共同创作艺术作品，这种跨文化的合作不仅增强了学生的创新意识，也帮助他们理解如何将不同文化的艺术形式融合，创造出具有特殊意义的作品。这种跨文化的艺术交流和创作实践，不仅提升了学生的跨学科创新能力，还增强了他们在全球化社会中进行多元文化交流和创新思维的能力。

美育通过跨文化艺术交流，不仅促进了学生的文化认同感，也培养了他们面对全球性问题时的创新思维和跨学科的解决方案。比如随着全球气候变化和环境保护问题的日益严重，许多国际艺术项目开始关注环保主题，艺术家通过跨文化合作，运用不同艺术形式传播环保理念，推动社会的可持续发展。通过参与这些跨文化艺术项目，学生能够在艺术创作中融合环境保护、社会责任等多学科的知识，提出创新的艺术表达和解决方案。

美育在促进大学生跨学科创新与思维整合方面发挥着重要作用。通过艺术与科学、社会学、哲学等学科的结合，美育不仅拓宽了学生的思维视野，还激发了他们的跨学科创新能力。美育通过鼓励学生参与跨学科的合作与实践，促进了他们的团队合作精神和多学科思维方式。此外，跨文化艺术交流进一步推动了学生的全球视野和跨文化理解能力，使他们能够在多元化的环境中提出创新的解决方案。美育通过这些多维度的培养，帮助学生在面对复杂的社会问题时，能够从多个角度、多学科进行思考,为全球创新和社会发展提供创造力。

三、美育如何培养大学生的独立思考与创新能力

在当今高度竞争的社会中,创新能力与独立思考成为大学生在学术、职业乃至个人生活中不可或缺的核心素质。大学教育不仅要传授知识,更应培养学生自主学习、独立思考、解决问题和创新的能力。而美育作为一贯注重培养学生审美能力、艺术素养和情感智力的教育形式,其独特的教育功能有助于激发学生的创造力,提升其独立思考和创新能力。通过艺术创作、艺术欣赏和跨学科的艺术实践,美育不仅拓展了学生的思维边界,还培养了他们在面对复杂问题时敢于挑战现有认知框架、寻求新颖解决方案的能力。

艺术创作是美育中最直接的形式之一,它要求学生在创作过程中进行深刻地思考、表达与反思。艺术创作不仅仅是技巧的训练,更是一个全方位激发独立思考的过程。在这一过程中,学生通过自我表达、情感疏导和思想碰撞,形成独立的思维方式,并学会在艺术作品中寻找新的可能性,突破常规,创造出独特的艺术形式和内容。艺术创作的自由性要求学生主动思考、提出问题并寻找解决方案。不同于学术领域中的标准化答案,艺术创作并没有固定的答案。每件作品的完成,都依赖于创作者的独立思考和创新能力。比如绘画创作要求学生选择合适的主题、构图和色彩,而这些选择往往基于对社会现象、自然世界、内心感受等方面的深入思考。在创作过程中,学生不断提出问题,如"我如何通过这一笔触表达情感?""在色彩的搭配中,我如何突破传统的规律?"这些思考不断激发学生的创造性思维,促使他们在面临创作难题时不拘泥于传统的艺术表现,而是勇于探索和创新。

此外,艺术创作过程中的"失败"与"修正"是独立思考的重要组成部分。在创作过程中,学生可能会遇到创作灵感枯竭、表现手法受限等问题。在这些困难面前,学生必须自主思考如何克服瓶颈,如何打破固有的表达模式,找到新的艺术表达方式。这一过程中的反思与调整培养了学生的独立思考能力,使他们能够在面对问题时不依赖外界的帮助,而是依靠自己的思维能力进行解决。艺术创作的自由性、开放性和灵活性,不仅拓宽了学生的思维视野,还使他们逐渐养成独立思考的习惯。通过不断地创作实践,学生学会了如何通过独立思考去打破既定框架,培养出更加开放和灵活的思维方式。

艺术创作和艺术欣赏不仅仅是技术和理论的训练,更是情感和思想的表达过程。在美育的过程中,学生通过艺术作品表达自己的内心世界、情感诉求和思想认知。这种表达过程促使学生进行自我反思和自我认知,从而提高独立思考的能

力。在创作中，学生通过艺术形式释放内心的情感，表达个人对社会、人生和世界的理解。无论是通过绘画表达对生活的热爱，还是通过诗歌描绘内心的孤独，艺术创作都使学生与自己内心深处的思想和情感建立了更加紧密的联系。这种自我表达的过程促使学生从自己的内心出发，思考自己的观点、感受和价值观，从而在情感上和理性上都形成了更加独立的思考方式。

艺术创作和欣赏中的情感表达不仅仅局限于个体的内心世界，它还推动学生对社会和他人进行更深层次的反思。在欣赏作品时，学生通过作品的情感共鸣，能够反思社会问题、文化现象和人类存在的意义。在这个过程中，学生学会了如何独立思考社会问题，并通过自己的艺术创作进行回应和表达。这种思考和表达的过程，不仅提升了学生的创新能力，也增强了他们在面对社会问题时，能够提出独立见解和创新解决方案的能力。

第三章
大学生美育的理论模型与实施

第一节 大学生美育的核心要素与目标

一、大学生美育的核心要素

大学生美育的第一核心要素是艺术教育及审美能力的提升。艺术教育是培养学生审美素养、情感表达及创新能力的基础。通过系统的艺术课程和实践活动，学生不仅能提升对美的感知力，还能够在创作和欣赏的过程中获得更深入的情感体验和认知。艺术教育的目标不仅是技能的训练，更是培养学生的艺术鉴赏力和创造性思维。无论是音乐、绘画、舞蹈、戏剧，还是文学等艺术形式，都会通过感性和理性的结合，帮助学生形成独特的审美视角和艺术表达方式。艺术教育的多样性和包容性，使学生在多种艺术形式中发现自我表达的方式，并通过艺术实践提升自我认知。通过艺术教育，学生能够学会如何欣赏艺术作品背后的情感与思想，提升他们的审美鉴赏力。同时，艺术创作的过程也培养了学生的创新思维，艺术教育的核心任务之一就是激发学生的想象力和创造力，让他们通过艺术创作来表达自己的内心世界和社会关怀，从而使审美能力不仅局限于视觉或听觉的体验，而是拓展为对文化、历史、社会乃至人类精神的深刻理解。中央美术学院的"跨学科艺术实践课程"，通过将绘画、数字媒体与社会设计结合，为学生提供了系统化的艺术教育平台。在这一课程中，学生不仅学习艺术创作的技术，还通过项目制学习模式，结合社会现实问题进行创作。比如一组学生以城市环境保护为主题，利用数字媒体技术制作了一组装置艺术作品，通过视觉与互动体验引发公众对绿色城市发展的关注。在创作过程中，学生不仅提升了对美的感知和表现能力，还通过与城市规划专家和环保学者的对话，拓展了对艺术社会功能的认知。这种跨学科的艺术实践不仅培养了学生的艺术鉴赏力和创新思维，还帮助他们通过艺术语言表达社会关怀与人类精神的深层次理解。这一案例充分展示了艺术教育如何通过多样性与跨学科的融合，激发学生的创造力和责任意识，提升审美能力与社会意识的综合素质。

情感教育是大学生美育的第二个核心要素，它强调学生情感的培养与表达。大学生在青春期逐渐成熟的情感世界，往往充满了复杂的情绪体验，如何管理、表达和调节这些情感，直接影响到学生的心理健康、人际关系和社会适应能力。美育通过艺术创作和艺术欣赏提供了丰富的情感表达平台。在绘画、舞蹈、戏剧等艺术活动中，学生不仅能够通过艺术的形式表达自己的情感，还能够在集体创作和表演中与他人建立情感共鸣，增强情感交流的能力。艺术创作是情感表达的载体，而艺术欣赏则是情感共鸣的源泉。通过对艺术作品的细致解读，学生能够更好地理解和感知作品中所蕴含的情感内涵，并通过这种方式认识自己的情感，增强情感调节能力。通过情感教育，学生学会如何在社会交往中更好地表达和调节自己的情感。情感教育不仅提升了学生的情感认知能力，还帮助他们增强了处理情感冲突的能力。通过美育，学生学会了如何将复杂的情感通过艺术的方式转化为表达和交流，从而更健康、积极地应对生活中的各种情感挑战。北京大学的"艺术与情感工作坊"是一个优秀的实践案例。该工作坊通过戏剧表演、音乐创作和绘画艺术，帮助学生探索和表达自己的情感。学生在戏剧表演环节中，通过角色扮演体验不同的情感状态，比如愤怒、悲伤和喜悦，从而学会如何更好地管理和调节自己的情绪。在音乐创作活动中，学生通过创作旋律和歌词，将复杂的内心感受转化为有形的艺术表达。在绘画环节，学生利用色彩和线条表现情感波动，通过创作和分享作品，与他人建立情感共鸣。工作坊的开放和互动式氛围，不仅提升了学生的情感表达能力，还帮助他们在集体中找到情感支持和归属感。这一实践有效地证明了美育在情感教育中的独特价值，既提升了学生的情感调节能力，也促进了他们的心理健康和社会适应能力。

创新能力是大学生美育的第三个核心要素。现代社会要求每个人都具备创新精神和思辨性思维，以应对快速变化的社会和职业环境。美育通过艺术创作和跨学科的艺术教育，培养学生的创造性思维、独立思考和问题解决能力，使他们能够在面对问题时，提出新颖的解决方案，推动社会的进步与发展。艺术创作本身具有高度的创造性，学生在创作过程中往往会打破常规，尝试新颖的表现手法，寻找独特的艺术表达方式。这种创作过程帮助学生培养了创新意识和思辨性思维，使他们在面对各种挑战时，能够灵活应对、不断突破，从而提升了他们在学术、职业和社会生活中的创新能力。思辨性思维是创新能力的前提，它要求学生不仅能接受信息，更能够分析、评估和探究信息的有效性和真实性。美育通过艺术欣赏和创作，培养学生的思辨性思维，使他们在欣赏艺术作品时，能够从不同的视角理解其内涵，形成独立的判断力。在这个过程中，学生学会如何对艺术作品进行思辨性分析，进而将这种思辨性思维延伸到社会现象、文化背景甚至自我反思的层面，提升他们的综合素养。清华大学的"艺术与创新实验室"是培养大学生创新能力的典范。实验室以跨学科艺术创作为核心，通过将艺术与科技相结合，

第三章
大学生美育的理论模型与实施

鼓励学生在实践中探索创新可能性。在一个项目中，学生团队结合人工智能技术与传统绘画，创作了一系列以动态数据为基础的交互式艺术作品。这些作品不仅具有视觉美感，还能通过实时数据的变化表达社会现象，比如城市交通流量或环境污染情况。在创作过程中，学生需要将艺术表现与技术逻辑融合，通过不断尝试和调整解决创作中出现的各种问题。这种高度开放的创作环境，不仅锻炼了学生的创新思维和问题解决能力，还培养了他们跨领域合作的意识和能力。实验室的实践充分展示了美育在培养思辨性思维和创造性能力方面的重要作用，为学生在未来职业和社会环境中的竞争力提供了有力支持。

道德素养与社会责任感是大学生美育中的另一个核心要素。美育通过艺术作品的欣赏与创作，帮助学生形成积极的价值观和社会责任感。在许多经典的艺术作品中，蕴含着深刻的道德教育和社会剖析，学生通过对这些作品的理解，不仅能加深对社会问题的认知，还能够受到道德精神的熏陶，树立正确的世界观和人生观。美育中的艺术作品常常反映出对社会现实等问题的关注。学生在欣赏这些作品时，能够从艺术家的创作中感受到强烈的社会责任感，这种感召力培养了学生的社会责任感，使他们意识到自己作为社会一员的责任与义务。此外，通过艺术创作，学生能够表达对社会问题的关注，进一步加深他们对社会责任的认知。通过美育，学生能够理解并承担起文化传承的责任，明白自己的艺术创作不仅是个人情感的表达，也是对社会、历史和文化的贡献。通过艺术作品，学生不仅能够表达对美好生活的向往，也能通过作品反映社会现实，推动社会的进步。南京艺术学院的"社会主题艺术创作展"是一项深入践行美育理念的典型实践案例。在这一活动中，学校鼓励学生以环境保护、社会公平、扶贫等社会热点为创作主题，结合绘画、雕塑、装置艺术等多种艺术形式，表达对社会现实问题的思考与关怀。通过艺术创作，学生不仅能够将个人情感与社会责任感融入作品中，还可以在与公众的互动中获得更深刻的反馈。比如一位学生通过作品《消失的河流》展现了环境污染对家乡生态的破坏，该作品不仅引起了观众对环境问题的关注，还在校内外广泛传播，引发了社会层面的讨论与反思。这种创作活动使学生在完成艺术作品的同时，切身体会到艺术作为社会变迁工具的重要性，从而增强了其社会责任感和道德素养。这一案例表明，美育不仅是个人审美能力的培养，更是激发社会责任感、推动文化传播的重要途径。南京艺术学院的这一实践，为高校美育教育提供了宝贵的经验和参考。

随着全球化进程的加速，文化认同与全球视野的拓展成为大学生美育的核心要素之一。大学生不仅要了解和认同自己的传统文化，还应具备更广阔的国际视野和跨文化理解能力。美育作为文化认同与全球视野融合的重要途径，帮助学生在继承和发扬本土文化的同时，也能接纳和理解其他文化形式，形成跨文化的理解力和包容力。美育通过艺术的交流与创作，推动学生了解不同国家和民族的艺术形式与文化背景，帮助他们形成多元文化的认知和全球视野。艺术作品承载着各国文化的精髓，通过欣赏和创作，学生能够深入理解这些文化的内涵，并在此基础上发展出对全球多样文化的尊重和包容。通过跨文化的艺术交流，学生不仅能增强对本民族文化的认同感，还能在全球化的背景下，增强自己的文化适应力和国际化思维。复旦大学的"全球艺术文化交流计划"是一个培养学生文化认同与全球视野的典型实践案例。该计划邀请来自世界各地的艺术家和学者，与学生共同开展艺术创作和文化探讨。在一次活动中，复旦大学的学生与非洲艺术家合作，通过传统非洲木雕和中国水墨画的融合，创作了一系列反映文化交融主题的艺术作品。学生不仅学习了非洲艺术的独特技法，还通过与艺术家的深入交流，了解了非洲文化的历史与社会背景。这种跨文化的艺术创作，不仅增强了学生对自身文化的认同感，也开阔了他们的国际视野和跨文化理解能力。这一案例充分体现了美育在推动文化包容与国际化思维发展中的重要作用，为学生在全球化时代的成长与竞争力提升提供了宝贵的实践经验。

　　美育对学生的社会适应能力和人际交往能力的提升，亦是其核心要素之一。在艺术创作和欣赏过程中，学生不仅仅是在提升自己的艺术技巧和审美能力，更重要的是，通过这些活动增强与他人合作、沟通与协作的能力。比如在合唱团、舞蹈团、戏剧社等集体艺术活动中，学生需要与他人密切配合，互相协作，这种集体创作的经验使他们在团队中学会如何倾听、理解、包容和协作。这种人际交往能力的培养，不仅能够帮助学生在大学生活中适应集体生活，也能够为将来进入社会后的人际交往奠定基础。通过与他人共同参与艺术活动，学生能够增强自信心，提高自我表达能力，改进人际交往技巧。上海戏剧学院的"校园戏剧节"是提升学生社会适应和人际交往能力的典型实践案例。在这一活动中，学生以团队形式合作完成剧本创作、角色分配、排练和舞台表演。每个团队成员都需要在协作中发挥自己的优势，同时倾听并尊重他人的意见，以确保整部戏剧的成功呈现。在一次经典戏剧改编中，学生不仅需要理解原作的深刻内涵，还要通过分工合作设计舞台、服装和道具，并在排练中不断调整和完善表现形式。这一过程帮助学生学会在团队中表达自己的想法，同时理解并接受他人的观点，从而提升了他们的沟通能力与协作意识。通过戏剧节的参与，学生的自信心与人际交往能力得到了显著提高，同时也更好地适应了多样化的集体生活和社会环境。这一实践充分展示了美育在培养学生社会适应力和团队合作能力中的重要作用。

二、大学生美育教育的目标设定

大学生美育教育作为培养学生全面素质、提升综合能力的重要组成部分，既有学术层面的教育目标，也有情感、道德和社会责任感的培养目标。在快速发展的现代社会，大学生面临着来自学业、就业、生活等多方面的挑战，因此，大学生美育的目标设定需要与时代需求相结合，关注学生在认知、情感、社会适应及创新能力等方面的全面发展。美育不仅仅是艺术教育，它还包括审美素养、情感调节、人际交往、创新思维以及社会责任感等多维度的目标，以帮助学生在日常生活和未来职业中应对复杂的环境与挑战。

大学生美育教育的首要目标之一是提升学生的审美素养与艺术鉴赏能力。审美素养不仅仅是对美的感知和欣赏能力，更重要的是，通过艺术教育，培养学生对美的理解和表达能力。这一目标的实现能够帮助学生从艺术作品中获取感官上的愉悦，也能促进他们对艺术背后所传达的情感、思想和文化内涵的深刻理解。审美素养的提升是一个逐渐积累的过程。首先，通过艺术课程的学习，如音乐、舞蹈、绘画、戏剧等，学生能够接触到不同形式的艺术作品，逐步提高他们的审美水平。在学习过程中，学生不仅能够培养对艺术作品的感性认知，还能通过理论学习对艺术的本质、历史背景及其文化内涵进行深入了解。其次，艺术鉴赏能力的提升可以帮助学生在日常生活中发现美，感知生活中的美好，从而在生活中更加注重审美，提高他们的艺术修养和人文素养。除了艺术课程外，大学生美育还应包括跨学科的艺术教育，将文学、历史、哲学等学科与艺术教育结合起来。通过对文学作品的阅读与分析，学生能够从另一个角度理解艺术和美的关系，并通过对艺术创作背景的了解，拓宽他们的文化视野，进一步提升审美素养。

情感是人类行为和思想的驱动力，情感认知和表达能力是大学生美育教育中的另一个核心目标。美育通过艺术创作和艺术欣赏为学生提供了情感表达的机会和途径，有助于学生理解和调节自己的情感，促进他们在情感表达和情感管理上的成长。大学生正处于青春期，正是情感成长与发展的关键时期。通过美育，学生能够学会如何识别、表达和调节自己的情感。比如在音乐创作或舞蹈表演中，学生可以通过节奏、旋律、肢体动作等形式表达情感，释放内心的压力和焦虑。在绘画和书法创作中，学生通过色彩和笔触的变化传递情感，体验从创作中获得的情感释放。这些活动帮助学生更加清晰地认识到自己的情感状态，并学会如何通过艺术的方式进行情感调节。此外，情感认知和表达的培养也有助于学生在社会生活中建立起健康的人际关系。通过艺术活动，学生不仅能够更好地了解自己，还能学习如何与他人沟通和分享情感。在集体艺术活动中，学生通过团队合作与互动，建立了情感的连接，增强了情感共鸣和社会适应能力，这为学生的情感成长和心理健康提供了支持。

思辨性思维与创新思维能力是现代社会对大学生提出的核心要求之一。美育通过艺术创作、艺术欣赏和跨学科的学习，为学生提供了思辨性思维和创新思维的培养平台。这一目标的设定有助于学生形成独立思考的能力，使他们在面对问题时能够提出新颖的解决方案，并通过创新的方式表达思想，推动社会发展。艺术教育本身具有极强的创新性。在艺术创作过程中，学生需要突破常规的思维方式，进行自由地探索与尝试。每件艺术作品的创作，都需要学生在有限的材料和空间内进行创造性表达，解决问题并作出艺术性的选择。这一过程培养了学生的创新思维，使他们能够在面对生活和学术中的挑战时，敢于提出创新的观点和独特的解决方案。此外，美育还通过艺术的思辨性分析，培养学生的思辨性思维。在艺术欣赏中，学生不仅要学会感知艺术作品的美感，还需要分析其背后的社会文化背景、思想价值和艺术表达的方式。通过对艺术作品的深入分析，学生能够培养出思辨性思维的能力，不仅能够评判艺术作品的优劣，还能够在更广泛的社会、文化和历史背景下进行思辨性分析。这种思辨性思维的培养不仅帮助学生拓宽视野，还促使他们形成独立的价值判断和社会责任感。

集体主义精神的培养是大学生美育教育中的重要目标之一。美育通过艺术创作和欣赏，帮助学生理解和承担社会责任，推动他们关心社会问题，并通过实际行动为社会进步贡献力量。美育通过艺术作品展示社会问题和文化价值，激发学生对社会的关注。比如许多艺术作品反映社会的弱势群体、环境污染、贫困等问题，激发学生对社会现象的思考和反思。通过学习这些艺术作品，学生能够更清楚地认识到自己作为社会一员的责任，培养他们的社会责任感。此外，艺术创作和集体艺术活动本身就强调集体主义精神，学生在创作和表演过程中，必须协作、沟通和共享资源，这培养了他们团队合作意识和集体荣誉感。美育通过艺术创作和艺术活动的社会性，让学生在美学享受中理解艺术的社会功能和责任，从而激发他们积极参与社会服务和社会创新的动力。通过这些教育活动，学生不仅能够提升个人的艺术素养，更能够树立正确的价值观和道德观，进而形成积极向上的社会责任感和集体主义精神。

在全球化日益加深的今天，大学生不仅要了解和传承自己的文化，还要具备跨文化的理解与沟通能力。美育通过艺术交流和跨文化的艺术体验，帮助学生理解和尊重不同文化，提升他们的全球视野和国际化思维。艺术具有全球性和跨文化的特性，它能够超越语言的障碍，直接触动人类的情感和心灵。在大学生美育的教育过程中，通过艺术的全球交流，学生能够接触到不同国家和地区的艺术形式，学习并欣赏世界各地的文化表现。通过这种跨文化的艺术教育，学生不仅能够丰富自己的文化背景和认知，也能够在多元文化的碰撞中形成对文化差异的尊重和包容。此外，艺术作品往往是时代精神的载体，它们不仅反映了创作者的情感，也体现了特定历史时期的社会状况和文化思想。通过欣赏和创作这些作品，学生能够更好地理解不同历史时期的文化背景和人类情感，从而帮助他们在全球化的背景下形成跨文化的沟通与理解能力，增强全球视野。

大学生美育的最终目标是通过多维度的艺术教育，提升学生的综合素质，使他们在社会、学术和职业等各个方面能够更好地适应挑战。美育不仅注重学生的艺术素养培养，还要帮助他们发展创新思维、提高情感认知能力、提升社会责任感，从而为学生的全面发展奠定基础。通过美育，学生能够在情感、认知、道德和社会适应等方面得到全面提升，成为具有高尚人格、创新思维和社会责任感的现代公民。在这一过程中，艺术教育成为综合素质教育的重要平台，帮助学生实现思想、情感、社会责任和文化创新等多方面的协调发展。

大学生美育的目标设定是一个多层次、多维度的系统工程。它不仅关注学生的艺术素养提升，还致力于情感、创新、社会责任感等方面的全面发展。在美育的框架下，学生能够提高审美鉴赏能力、情感表达能力、创新思维和社会适应能力，进而塑造高尚的人格，承担起社会责任，为社会进步作出贡献。在全球化的背景下，大学生美育还强调跨文化理解与全球视野的拓展，帮助学生在多元文化的交流与碰撞中找到自己的文化定位，成为具备国际化思维的现代公民。

第二节 大学生美育框架的建构

一、大学生美育的实施框架

大学生美育的实施框架应当是一个全面、多维且灵活的体系，能够在艺术教育、情感培养、社会责任感与创新能力等方面发挥重要作用。在全球化、信息化迅速发展的当下，大学生美育的实施框架需要与时俱进，确保能够有效地服务于学生的全面素质发展，帮助他们更好地适应社会变化和文化多样性。美育不仅仅是艺术技巧的传授，它还涉及情感体验、审美能力、文化传承与创新等方面的培养。因此，大学生美育的实施框架应该从多角度、多层次地进行设计与实施，确保每个层面都能够有效地促进学生的成长与发展。

大学生美育的实施框架需要通过具体的课程体系来实现，这个课程体系应当覆盖艺术理论学习、艺术创作、艺术欣赏等多个方面。课程内容的设计需要根据学生的实际需求和社会的发展要求，进行合理地安排和调整。艺术基础课程是大学生美育的基础，它为学生提供艺术素养的初步训练。这些课程通常包括音乐、绘画、舞蹈、戏剧、文学等多个学科，帮助学生在广泛的艺术形式中找到自己的兴趣和方向。比如大学生可以通过音乐欣赏课程了解不同的音乐风格，通过绘画和雕塑课程提高自己的视觉艺术表达能力，或通过戏剧课程培养表演技巧和情感表达能力。随着社会的发展，单一艺术形式的学习已经难以满足学生的全面发展需求。因此，大学生美育的课程体系应当更多地引入跨学科课程，促进艺术与其他学科的结合。比如可以设置"艺术与科技结合"的课程，探讨如何将现代科技与艺术创作结合，培养学生在数字艺术、虚拟现实等领域的创新思维；也可以开设"艺术与哲学""艺术与社会学"的课程，引导学生从哲学和社会学的角度理解艺术的社会功能和文化价值。

美育不仅仅是理论学习，更重要的是，通过实践让学生真正体会艺术的魅力和创造的过程。大学生美育的课程体系应当注重实践性课程的设置，比如艺术创作工作坊、剧团排练、艺术展览组织等，这些课程让学生通过亲身参与艺术创作和演出，增强对艺术的认知与理解，并培养他们的团队合作能力和解决问题的能力。为了确保美育课程的有效实施，大学生美育教育的实施框架中应当包含科学的评价体系与反馈机制。评价不仅仅是对学生艺术技巧的评定，更重要的是关注学生在情感表达、创新思维、社会责任感等方面的综合发展。通过多元化的评价方式，包括自我评价、同伴评价和教师评价等，帮助学生全面了解自己在艺术创作、情感调节、社会适应等方面的进步和不足，从而实现个性化的发展。

通过组织学生参与社会服务和公益艺术活动，能够让学生在艺术创作和实践中增强社会责任感。比如可以组织学生参与社会问题的艺术展览，或通过戏剧、舞蹈等艺术形式表达对社会问题的关注。这样的活动不仅增强了学生的艺术创造力，也帮助他们理解艺术与社会的关系，激发他们的社会责任感。随着全球化进程的推进，跨文化交流越来越重要。美育应当通过国际艺术交流、海外艺术展览、文化沙龙等活动，促进学生与世界各国文化的接触。通过跨文化艺术交流，学生能够提高他们的跨文化理解和沟通能力，并能在全球化的语境下展示自己的艺术创造力。这种文化交流不仅丰富了学生的艺术视野，也促进了他们的社会适应能力和国际化思维。校园文化活动为学生提供了一个展示自我的平台，也是美育的重要实践环节。通过艺术节、文化节、音乐会、书法比赛等活动，学生能够在参与的过程中感受艺术的魅力，激发他们的创作灵感。校园文化活动还能够加强学生与教师之间的互动，增强校园内的文化氛围，促进学生的社交能力和团队合作精神。

美育的成功实施离不开专业化的美育教师团队和良好的教学质量保障体系。教师不仅是艺术技能的传授者，更是学生情感认知、创新能力和社会责任感培养的引导者。因此，培养一支具有高水平和综合素质的美育教师队伍，成为美育教育实施框架中的关键要素之一。美育教师应当具备扎实的艺术理论基础和丰富的艺术实践经验。学校应定期为美育教师提供专业培训，帮助他们提升教学方法和艺术素养，使其能够更加有效地指导学生进行艺术创作与欣赏。此外，教师还应当具备跨学科的素养，能够将艺术与其他学科结合起来，培养学生的跨学科思维和综合能力。为了确保大学生美育课程的教学质量，学校应当建立严格的教学质量评估体系，定期对美育课程进行评估和反馈。评估内容应包括课程内容、教学方法、学生的艺术素养提升、情感教育的效果等多个维度。同时，学校还应鼓励教师进行教学创新和研究，不断提高教学水平和教学质量。

大学生美育的评估与反馈机制应当是一个动态的、多层次的过程。评估不仅仅是对学生艺术创作技能的评定，还应关注学生的情感表达、创新能力、社会责任感等方面的成长。因此，评估体系应当注重综合性、多元性和实时性，确保学生的全面发展能够得到有效地反馈。

评估方式应当包括自我评估、同伴评估和教师评估等多种形式。自我评估帮助学生反思自己的艺术创作和情感发展过程；同伴评估鼓励学生间的互动和相互学习；教师评估则提供专业的指导和建议。通过这些评估，学生能够全面了解自己在美育过程中的进步和不足，进而调整自己的学习方法和艺术创作方式。

大学生美育的实施框架是一个多层次、多维度的教育体系，涉及艺术教育、情感培养、创新思维和社会责任感等多个方面。通过课程设计、社会实践、文化交流、教师专业化等手段，确保学生在艺术创作、情感表达、社会适应等方面得到全面发展。美育教育的目标不仅仅是传授艺术技巧，更重要的是，通过艺术教育培养学生的综合素质，为他们未来的学术、职业和社会生活奠定坚实的基础。在这个框架中，学生的个性化发展和创新思维将得到最大的发挥，他们将在多样化的美育活动中找到自己的方向，成为具有创造力和社会责任感的现代公民。

二、大学美育课程体系的整体构建与优化

大学美育课程体系的整体构建与优化是美育教育实现其目标的核心途径之一。美育课程不仅要关注学生艺术技能的培养，还要在培养学生审美能力、情感认知、创新思维和社会责任感等方面发挥重要作用。随着社会需求的变化和教育理念的更新，大学美育课程体系需要更加多样化、系统化，并能够应对不同学生群体的多元需求。因此，大学美育课程体系的构建必须立足当代大学生的特点，紧密结合现代社会的变化和文化发展趋势，不断优化与创新。

大学美育课程体系的设计应当遵循几个基本原则，这些原则有助于构建一个多元、互动且与社会需求紧密对接的课程体系。美育课程应从多维度培养学生的艺术素养和人文素质，不仅局限于某一艺术形式，而是通过综合性课程设置，让学生接触到多样的艺术形式，从而提升他们的审美与创造能力。通过跨学科的课程设计，学生能够全面理解艺术的多维度内涵，培养他们的综合素质。美育课程不仅要有理论学习，还要加强实践环节，鼓励学生通过艺术创作和参与文化活动的方式，激发其创新思维。艺术创作和表现不仅有助于学生表达情感，也有助于培养他们的创新能力和思辨性思维。大学美育课程体系应当兼顾全体学生和个体差异，提供灵活、多样化的学习内容和选择机会。不同背景、不同兴趣的学生可以选择适合自己的课程或方向，从而实现个性化发展。同时，课程设置应具有适应性，根据时代和社会需求的变化，不断调整和优化课程内容和教学方式。大学美育课程体系应当关注社会责任感和文化认同的培养。艺术不仅是个人情感和思想的表达，它还承载着丰富的社会价值和文化意义。课程设计应注重将社会责任感和文化认同融入艺术教育的内容中，使学生通过艺术学习，能够感知社会变化和文化多样性，培养出关心社会、参与社会的责任感。

大学美育课程体系的构成应包括基础课程、跨学科课程、实践课程、文化传承与创新课程等多个组成部分。基础艺术课程是美育课程体系的核心部分，旨在培养学生的基本艺术技能和艺术鉴赏能力。包括音乐、绘画、舞蹈、戏剧、摄影、电影等多种艺术形式课程。基础艺术课程应当注重学生对不同艺术形式的学习和欣赏，帮助他们培养感知美、理解美、创造美的能力。比如音乐课程不仅教授音乐的基本理论与技巧，还要引导学生欣赏和理解不同类型的音乐作品，提升他们的艺术审美能力。大学美育课程体系应当设计跨学科课程，融合文学、哲学、历史、社会学等学科内容，以提高学生的综合思维能力。通过跨学科的学习，学生能够更全面地理解艺术的社会功能和文化价值。

艺术实践课程能够帮助学生通过创作活动提升自己的艺术技能，同时培养他们的思辨性思维和创新意识。艺术创作课程包括绘画创作、音乐演奏、舞蹈编排、戏剧表演等，学生通过这些课程的实践，能够深入体验艺术创作的过程，并通过创作表达自己独特的思想和情感。文化传承与创新课程是美育课程体系的重要组成部分，旨在通过艺术教育，帮助学生理解和传承传统文化，同时激发他们的文化创新意识。文化传承课程可以通过传统艺术形式，如中国书法、京剧、民间艺术等，帮助学生理解中华文化的精神和美学价值；文化创新课程则通过现代艺术创作的实验，鼓励学生将传统文化与现代社会需求相结合，推动文化的创新性发展。通过这些课程，学生不仅能够继承传统艺术，还能够在创新中推动文化的发展。社会实践与艺术活动是美育课程中不可或缺的一部分。通过社会实践，学生能够将课堂上学到的艺术理论和技能运用到实际中，参与到社会文化活动和公益项目中去。这些实践活动不仅能够提升学生的社会责任感和社会适应能力，还能够帮助他们在实践中锤炼自己的艺术技能，促进他们的艺术成长。例如，可以组织学生参与社区艺术活动、公益艺术展览、文化遗产保护等项目，让学生在实践中领悟艺术的社会功能。

随着社会和教育环境的变化，大学美育课程体系需要不断优化，以适应学生需求、时代发展和社会变革。美育课程的优化策略应从课程内容、教学方法、教学资源和评估体系等方面进行深入调整和改进。大学美育课程内容应随时代发展不断更新，注重跨学科融合，贴合社会需求。比如随着数字化技术和虚拟现实技术的发展，可以引入"数字艺术""虚拟艺术"课程，培养学生在新兴领域中的艺术创作和创新能力。此外，课程内容应更多地关注社会热点问题，如环境保护、社会公平、文化多样性等，通过艺术创作表达对社会问题的关注，培养学生的社会责任感。

随着教育技术的发展，传统的教学方法已不能完全满足学生的学习需求。大学美育的教学方法应注重创新，采用更为互动和参与感强的方式。比如可以通过"工作坊"形式，鼓励学生参与到艺术创作的实践中，让他们在实践中学习和成长；可以通过项目式学习，将艺术创作与社会实践结合起来，让学生在实际项目中提升艺术技能和创新思维。同时，翻转课堂、混合式教学等现代教学模式也应纳入美育课程的教学方法中，使学生能够更加主动地学习艺术，提升他们的创造性思维和思辨性思维。为了提高美育课程的教学质量，学校应加强艺术教育资源的优化与整合。这包括师资力量的提升、艺术设备的完善、跨学科课程的整合等。教师队伍的建设至关重要，学校应定期为美育教师提供培训和进修机会，提升他们的教学能力和艺术素养；艺术设备的完善能够为学生提供更好的创作条件，尤其是对于现代艺术创作的技术支持；跨学科课程的整合能够为学生提供更加广泛的学习内容，使他们在艺术学习中能够获得跨学科的视野和思维模式。大学美育课程的评估应当更加多元化，关注学生在艺术创作、情感表达、社会责任感等方面的成长。评估方式可以结合自我评估、同行评估和教师评估等多种形式，以全面了解学生在美育过程中的进步和不足。同时，评估应当关注过程评价与结果评价相结合，注重学生在创作过程中的思考与探索，激发学生的创作动力。

第三节　跨学科融合美育课堂的创新

一、跨学科课程设计的理念与方法

跨学科课程设计是现代教育发展的重要趋势之一，特别是在大学生美育教育中，跨学科的课程设计能够打破学科间的边界，促进学生知识的综合应用和创新思维的提升。通过跨学科课程的设计，学生不仅能够在美育中获得艺术知识和技能，还能够将这些知识与其他学科的内容相结合，形成更为全面、系统的知识结构，进而提升他们的综合素质和创新能力。在大学生美育教育中，跨学科课程的设计和实施具有重要意义，它不仅能够丰富艺术教育的内容，还能帮助学生拓宽思维视野，增强解决复杂问题的能力。

跨学科课程设计在美育中的运用，要求在艺术与其他学科之间建立紧密的联系。通过对传统学科框架的重新审视和融合，跨学科课程能够为学生提供一个多维度的学习平台，使他们能够从多个角度和层面理解艺术、感知艺术，并通过艺术的方式表达复杂的思想与情感。因此，跨学科课程设计不仅仅是学科内容的叠加，更是思想、方法、视角等多个维度的交融与创新。

（一）跨学科课程设计的基本理念

跨学科课程设计的基本理念在于打破传统学科的界限，融合不同学科的知识和方法，形成一个综合性的学习体系。美育课程的跨学科设计，必须考虑到学生的兴趣、社会的需求以及时代的发展，使课程内容和形式能够满足学生的全面发展需求。

1. 整合知识与方法论

跨学科课程的设计要求将不同学科的知识、技能和方法有效整合，而不仅仅是将多个学科的内容并列呈现。艺术课程与哲学、历史、社会学、科技等学科的结合，不仅仅是学科知识的结合，更是方法论和思维方式的融合。比如在"艺术与哲学"的课程中，学生不仅需要了解艺术作品的美学价值，还要通过哲学的视角分析艺术作品中的伦理、社会和历史背景，从而提升他们的思辨性思维和综合分析能力。

2. 理论与实践的结合

跨学科课程设计还要求理论与实践紧密结合。艺术创作不仅仅是一个技能训练的过程，它还是一个思考、探索和实践的过程。在跨学科课程设计中，教师可以通过将艺术创作与社会实践结合的方式，促进学生将学到的理论知识应用于现实世界中。比如"艺术与社会"课程可以让学生通过艺术创作来表达他们对社会问题的关注，同时在实践中体验社会文化背景的影响，从而培养学生的社会责任感和人文关怀。

3. 多元化的教学形式

跨学科课程设计还要求采用多元化的教学形式，强调学生主动参与和互动。除了传统的课堂讲授，教师还可以通过项目式学习、案例分析、讨论会、艺术展示等方式，让学生在实践中运用所学的知识，进一步激发他们的创造力和解决问题的能力。通过小组合作、团队讨论和跨学科协作，学生能够拓宽视野，培养团队合作精神和沟通能力。

4. 以学生为中心的教育模式

跨学科课程设计的一个重要理念是以学生为中心，注重学生自主学习和个性化发展。在跨学科课程中，学生不仅是知识的接受者，更是知识的创造者和参与者。教师在设计课程时，应当关注学生的兴趣和需求，为他们提供多种选择和灵活的学习方式，让学生能够在跨学科的框架下找到适合自己的学习路径。通过这种方式，学生能够在多学科的互动和碰撞中，激发创新思维，提升综合能力。

（二）跨学科课程设计的方法

跨学科课程的设计方法要求教学内容、目标、方法和评估等各个环节紧密配合，确保学生能够在跨学科的学习中获得全面发展。

1. 主题式课程设计

主题式课程设计是一种将多个学科内容围绕一个共同主题进行整合的设计方法。比如，设计一门"文化与艺术"课程，围绕"文化认同与艺术表现"这一主题，将历史、社会学、文学和艺术等学科内容结合起来，探讨文化如何影响艺术创作，艺术如何反映社会文化变化。在这个过程中，学生不仅能够了解艺术的基本理论，还能够通过跨学科的学习，深入思考艺术作品所体现的文化背景、历史价值和社会影响。

2. 项目式学习

项目式学习是跨学科课程设计中的一种有效方法，它通过让学生参与实际项目，促使学生将所学的知识应用于实际问题的解决中。在项目式学习中，学生通常需要在跨学科的团队中合作，完成某一具体任务或解决某一实际问题。比如设计一项"艺术与科技创新"项目，让学生通过科技手段进行艺术创作，探索现代技术与艺术结合的可能性。通过这种方式，学生不仅能够提升艺术创作技能，还能够增强创新能力，培养思辨性思维和跨学科合作的能力。

3.案例分析与反思式学习

案例分析是一种通过具体案例来探讨学科间联系的方法。教师通过引导学生分析具有艺术性、历史性或社会性的重要案例，帮助学生理解跨学科的知识如何在现实世界中得到应用。比如在"艺术与社会变革"课程中，可以通过分析艺术在历史变革中的作用，讨论艺术如何反映社会问题、推动社会变革。通过分析案例，学生能够更好地理解艺术在不同社会背景中的功能与价值，从而增强思辨性思维能力。

4.反向设计法

反向设计法是一种从学生最终应达到的学习目标出发，设计课程内容和教学活动的方法。在跨学科课程设计中，教师应先确定课程的最终目标，即学生需要掌握的知识、技能和能力，然后根据这些目标设计课程的内容、教学活动和评估方法。反向设计法能够确保课程目标的实现，使学生能够通过多维度的学习，最终获得综合能力的提升。

5.协作与互动式学习

跨学科课程设计强调学生的互动和协作。通过小组合作、团队讨论等形式，学生能够共同研究和解决问题，分享各自的见解和观点。在合作中，学生不仅能够提升自身的艺术能力，还能够提高人际沟通和团队合作的技能。比如艺术类课程可以通过学生间的艺术创作合作，促进跨学科的合作与思维碰撞，让学生从他人视角中获得新的灵感和见解，进一步激发创新思维。

（三）跨学科课程设计的实施策略

跨学科课程设计的成功实施需要教师、课程内容和教学方法的有效配合。在实施过程中，学校和教师应采取一系列策略，以确保跨学科课程的顺利开展。

1.教师团队的合作

跨学科课程的实施需要多个学科的教师密切合作。在课程设计和教学过程中，教师应当共同商讨课程目标、教学方法和评估方式，确保课程内容的连贯性和学科间的有机衔接。此外，教师还应定期进行跨学科的教学研讨与交流，分享教学经验和心得，提升跨学科教学的效果。

2.课程资源的整合与优化

跨学科课程需要充分利用学校的资源，包括图书馆、实验室、艺术工作室等。学校应当根据课程的需求，合理配置教学资源，并为教师和学生提供足够的支持。此外，学校还可以通过与外部机构的合作，拓展学生的学习资源和实践机会。比如邀请外部专家举办讲座、组织学生参观艺术展览、开展社会服务项目等。

3. 学生自主学习的鼓励

在跨学科课程中，学生的自主学习能力非常重要。教师应鼓励学生通过查阅文献、在线学习、参与社交平台讨论等方式，拓宽自己的知识面，并自主探讨艺术与其他学科的结合点。学生的自主学习能力可以通过教师的引导、学术资源的提供和学习平台的建设得到有效提升。

4. 评估与反馈的灵活性

跨学科课程的评估应具有灵活性和多样性，能够综合评价学生的知识掌握情况、创造性思维、合作精神等多方面能力。评估方式可以包括期末考试、项目报告、同行评审、课堂展示等。此外，教师应定期为学生提供反馈，帮助学生明确自己的优点和不足，及时调整学习方向。

跨学科课程设计在大学生美育教育中的运用，打破了传统学科框架的局限，帮助学生在艺术创作与其他学科的结合中，培养综合能力和创新思维。通过多元化的教学方法、灵活的课程设置和丰富的实践活动，学生能够在跨学科的学习中，全面提升自身的艺术素养、情感认知、创新能力和社会责任感。跨学科课程设计不仅为学生提供了一个广阔的知识平台，也促进了他们的全面发展，为他们的未来学术研究和职业生涯奠定坚实的基础。

二、跨学科美育教学的挑战与机遇

跨学科美育教学虽然有着广泛的前景，但其实施过程中面临不少挑战。教育理念的转变、课程内容的整合、师资力量的不足等因素，都可能影响跨学科美育教学模式的顺利实施。跨学科美育教学涉及多个学科内容的融合，但在实际操作中，课程内容的整合往往是一个复杂的过程。不同学科间的知识体系和教学目标存在较大的差异，使得跨学科课程的设计与实施面临较高的难度。比如艺术与科技、文学与美学等学科间在教学方法、知识框架和思维模式上的差异，可能导致课程内容的难以统一，影响学生对知识的理解与掌握。

跨学科美育教学需要各学科教师的紧密合作，这对教师团队的协作能力提出了较高的要求。在实际教学中，许多高校的美育教师往往只具备单一学科的专业背景，缺乏跨学科的视野和教学经验。如何打破学科壁垒，实现艺术与其他学科间的有效合作，成为教师团队面临的重要问题。教师不仅需要具备各自学科的教学能力，还需具有跨学科的知识储备和创新思维，以实现对学生全面发展的培养。对于大学生来说，跨学科美育教学要求他们具备较高的学习能力和较强的跨学科思维能力。然而，不同学科的教学方法和学习方式可能使一些学生感到困惑，尤其是那些来自不同学科背景的学生，他们可能在面对艺术与科学、文学与美学的结合时产生学习障碍。因此，如何帮助学生有效适应跨学科的学习模式，提高他们的学习兴趣和参与度，是跨学科美育教学中的一大挑战。

跨学科美育教学的评估体系还不完善，现有的评价体系往往局限于单一学科的标准，无法有效地衡量学生在跨学科教育中的综合能力。由于跨学科课程内容的复杂性和多样性，如何建立一个合理、全面的评估体系，对学生的创新能力、情感表达能力、思辨性思维等多方面素质进行综合评价，仍然是教学实践中的难点。

尽管跨学科美育教学面临诸多挑战，但随着教育体系的不断创新和社会对综合型人才需求的增长，跨学科美育教学也带来了前所未有的机遇。随着全球化与信息化的推进，现代社会对创新型人才的需求愈发迫切。传统的学科教育模式往往注重专业技能的培养，而跨学科美育教学可以通过将艺术与科技、文学与社会学等学科相结合，培养学生的创新能力、思辨性思维和综合解决问题的能力。[1]通过跨学科的教育，学生能够获得更广阔的视野，更好地适应未来社会的需求。艺术与其他学科的融合为学生提供了新的创作空间和思维方式，促进他们从多维度思考问题，增强他们的创新潜力。跨学科美育教学有助于整合和利用丰富的教学资源。在数字化时代，技术手段的不断更新使得艺术创作的形式和表达方式变得更加多样，跨学科的结合为艺术创作提供了更丰富的表现空间。比如数字艺术、虚拟现实、人工智能等新技术的应用，能够为美育课程提供新的教学内容和创作平台，使得传统的艺术创作方式焕发新生。同时，这也激励艺术学科与其他学科间的互动，推动艺术学科与科技、哲学、社会学等学科的深度融合。

为了更好地应对跨学科美育教学的挑战，同时抓住其中的机遇，学校和教师应当设计灵活、开放的课程体系，允许学生根据个人兴趣和需求选择跨学科的学习路径。课程设置可以根据时代发展、技术进步以及学生兴趣的变化进行动态调整。通过引入项目式学习、实践教学、案例分析等多种教学方法，促进学生在跨学科的环境中积极参与、合作与创新，提升他们的综合素质。跨学科美育教学需要有效的资源整合与共享。学校可以通过跨学科课程平台的建设，促进各学科之间的协作与互动，建立跨学科的教学资源库。通过与社会机构、企业、艺术团体的合作，学生可以获得更多的实践机会和创作资源。此外，学校还应当加强校际合作，拓展跨学科的交流渠道，为学生提供更多的学习与创作机会。为了确保跨学科美育教学的质量，学校应当建立科学、完善的评估与反馈机制。评估不仅要

---

[1] 王军，周扬.基于STEAM教育理念的小学美术玩教具设计研究[J].美术教育研究，2023(1)：139-141.

关注学生的艺术创作能力，还要重视他们在跨学科学习中的创新性、团队合作和社会责任感等方面的表现。通过多元化的评价方式，帮助学生全面认识自身的优点和不足，激发他们不断改进和进步。

　　跨学科美育教学在现代大学生教育中具有重要的意义。尽管其实施过程中存在着一定的挑战，如课程整合、师资建设、学生适应等问题，但其带来的机遇和潜力无疑是巨大的。通过创新的教学模式、灵活的课程体系和跨学科的合作，跨学科美育教学不仅能够提升学生的创新思维和综合素质，还能培养他们的思辨性思维和社会责任感，为他们未来的职业生涯和社会发展打下坚实的基础。在跨学科美育教学的探索过程中，我们应充分认识到其挑战，并在实践中不断寻找创新的路径，推动教育理念的更新和教育体系的发展。

第四章
大学生美育的课程设计

第一节 美育课程的设计理念与实践指导

一、美育课程设计的基本原则

美育课程设计是高等教育中非常重要的组成部分，其主要目的是通过艺术教育来提升学生的审美能力、创新能力、社会责任感等综合素质。在大学生的美育教育中，课程设计不仅要注重艺术技能的培养，还应融入思想、情感、文化和人文精神的传递。因此，美育课程设计的基本原则应当充分体现综合性、实践性、创新性和包容性，以确保课程内容的全面性、教学过程的有效性和学生素质的综合提升。

（一）以学生为中心的教学原则

美育课程设计应当以学生为中心，注重学生个性化需求和兴趣的培养。在传统的教学模式中，教师往往是知识的传递者，而学生则是被动的接受者。然而，现代教育理念强调学生主体性的重要性，尤其是在美育领域，学生的个性化发展显得尤为重要。学生的艺术兴趣、情感需求、认知水平以及性格特点各不相同，这要求美育课程不仅要关注学生的艺术技能提升，还要根据学生的兴趣和需求提供灵活的课程内容和教学方式。

在美育课程设计中，教师的角色应当从传统的"讲授者"转变为"引导者"和"协作者"。教师应通过设计多元化的教学内容和灵活的教学方法，激发学生的自主学习兴趣，帮助学生发掘和发展自身的艺术潜力。通过课堂讨论、案例分析、小组合作、项目制学习等方式，教师应当鼓励学生参与课程内容的设计和实践活动，提升学生的艺术鉴赏力、创造力和思辨性思维。

（二）全面性与综合性原则

美育课程设计必须具有全面性和综合性，涵盖艺术的多个方面，包括艺术技能、艺术历史、艺术哲学、艺术实践等。这不仅有助于学生的艺术能力培养，还能提升学生的综合素养，使他们从多角度理解和欣赏艺术。在美育课程的设计中，应充分考虑艺术的多样性，既要关注视觉艺术，如绘画、雕塑、设计等，也要涵盖听觉艺术，如音乐、戏剧等，甚至包括表演艺术、文学艺术等领域。

综合性原则的核心在于整合不同学科的内容，融合美学、社会学、心理学等多学科的知识体系，形成一个系统而全面的美育框架。比如艺术课程不仅仅教授技能，更要让学生理解艺术的社会功能与文化意义，帮助他们理解艺术如何反映时代精神，如何与社会变革、文化认同等方面产生互动。通过这样全面和综合的教学，学生能够更深刻地理解艺术的多维度属性，从而更好地感知美、创作美和评价美。

（三）实践性与创新性原则

艺术教育具有鲜明的实践性，理论与实践相结合是美育课程设计的重要原则。美育课程的核心任务之一是帮助学生通过艺术创作和艺术实践，提升他们的艺术技能和创新能力。因此，课程设计应当充分注重实践环节，让学生在动手创作中实现理论知识的内化和能力的提升。通过艺术创作，学生不仅能够提升自己的技艺水平，更能在实践中发现问题、解决问题，培养自己的创新能力。

创新性原则强调艺术教育不仅要传授传统的艺术知识和技能，还应鼓励学生进行艺术的创新和突破。在美育课程的设计中，应充分考虑创新的需求，激发学生的创作灵感和创造力。比如教师可以通过引导学生进行跨学科的艺术创作，或结合当代艺术的趋势和前沿技术，鼓励学生大胆尝试新颖的艺术形式，如数字艺术、虚拟现实艺术、装置艺术等。通过创新性的艺术教育，学生能够在美术创作中不断突破传统界限，拓宽艺术创作的思维和表达方式。

（四）多元化与包容性原则

美育课程设计应当具备多元化和包容性，尊重学生的多样性，满足不同学生的需求。学生的文化背景、艺术兴趣、学习方式、认知差异等方面存在较大差异，这要求美育课程在内容和形式上具有包容性。课程内容应涵盖不同艺术风格、艺术形式和艺术思想，为学生提供广阔的学习空间。比如美育课程可以设计包括传统艺术、现代艺术、当代艺术等不同艺术流派的教学内容，使学生了解艺术发展的历史脉络和不同文化中的艺术表现。同时，课程内容应涵盖多元的艺术形式，满足学生不同的兴趣需求。通过这种多元化的课程设置，学生能够在多样化的艺术学习中，发现自己的兴趣点，提升自己的艺术能力和创意思维。

美育课程设计的基本原则是多维度的，其核心目标是培养学生的艺术素养、创新能力、社会责任感和文化认同感。通过遵循以学生为中心、综合性与全面性、实践性与创新性、文化认同与社会责任感、多元化与包容性等原则，大学生美育课程能够实现艺术教育与学生全面发展的有机结合。有效的课程评估与反馈机制，能够帮助学生在美育过程中不断成长和进步。随着教育模式和社会需求的变化，美育课程设计还需不断优化与调整，确保其能够满足学生的多元化需求，并为社会培养出更多具有创造力和社会责任感的现代公民。

二、美育课程的学生需求分析

在大学生美育的课程设计中，了解学生的需求是至关重要的。学生的需求不仅仅体现在他们对艺术的兴趣和学习期望上，还涉及他们在情感、认知、文化等方面的多维度需求。美育课程作为培养学生艺术素养、创新能力、社会责任感和文化认同感的关键环节，其设计必须从学生的实际需求出发，针对他们的兴趣、背景、心理发展等进行精细化的设计。通过深入了解学生的需求，教师可以制订更加符合学生实际的教学计划，确保美育课程能够达到预期的教育目标。学生需求分析涉及多个层面，包括情感需求、艺术能力需求、心理发展需求、文化认同需求等。为了实现对学生需求的全面了解，课程设计应当结合这些维度，探索适合学生的教学方法和内容。

（一）学生的艺术兴趣与艺术技能需求

艺术兴趣和艺术技能是美育课程设计中最为基础的需求之一。不同的学生在艺术学习中的兴趣存在较大差异，有些学生可能对视觉艺术感兴趣，而有些学生则更倾向于表演艺术。有些学生可能已经具备一定的艺术技能，而有些学生则完全是从零开始，这就要求美育课程在设计时需要充分考虑到学生艺术兴趣和艺术技能的差异，设计出分层次、灵活多样的课程内容。

艺术兴趣需求主要表现在学生对艺术形式、风格、表达方式的喜好上。学生在选择艺术学习时，往往根据自己的兴趣进行选择，这要求美育课程能够为学生提供多样化的艺术表现形式，包括传统艺术和现代艺术、东方艺术与西方艺术等。通过对不同艺术形式的学习和体验，学生能够逐步发现自己的兴趣所在，进而深入学习某一领域的艺术知识。

艺术技能需求则体现在学生希望通过美育课程提升自己的艺术创作和表现能力。这一需求直接影响到课程内容的深度和广度。比如对于初学者而言，美育课程应当从基础的艺术技巧，如素描、色彩、构图等入手，逐步提高到更复杂的艺术创作，如油画、雕塑、数字艺术等。而对于已有一定艺术基础的学生，美育课程应当更加注重艺术思维、创作表达以及创新设计能力的培养。因此，美育课程设计应当具有层次性和针对性，不仅要关注学生的艺术兴趣，还要根据学生的艺术技能水平设计不同难度的学习内容，提供个性化的学习路径。

(二)学生的情感需求与情感表达需求

情感是美育课程中非常重要的一个维度。学生在美育过程中不仅仅是接受知识和技能的培养，更是通过艺术来进行情感的表达、调节和升华。情感需求可以从学生的情感认知、情感表达以及情感调节等方面进行分析。美育课程为学生提供了一个情感认知的渠道，通过艺术的形式，学生能够更加敏感地感知自己和他人的情感。比如在音乐欣赏课程中，学生能够通过分析旋律、节奏、音色等元素，感知音乐作品中蕴含的情感变化，从而提高他们对情感的认知能力。同样，艺术作品中的情感内容也能够帮助学生更好地理解生活中的情感问题，提高他们的情感智商。

美育课程为学生提供了一个情感表达的窗口，学生通过艺术创作将内心的情感外化，达到情感释放与自我认知的目的。许多学生可能在日常生活中难以用语言表达内心的情感，而艺术形式，尤其是绘画、音乐、舞蹈等非语言性艺术，为他们提供了更为自由、灵活的表达方式。比如绘画中的色彩与笔触、音乐中的旋律与和声、舞蹈中的肢体语言等，都能帮助学生释放内心的情感，找到适合自己情感状态的表达方式。这种情感的表达不仅能够帮助学生减轻情绪压力，还能够促进他们情感上的成长与成熟。

随着社会竞争的加剧，大学生面临的心理压力越来越大，情感调节成为他们日常生活中的一个重要问题。美育课程为学生提供了情感调节的有效途径。通过艺术创作和艺术欣赏，学生能够调整自己的情绪状态，达到心理放松和情感平衡的目的。比如音乐、舞蹈、戏剧等艺术形式具有非常强的情感调节作用，可以帮助学生缓解压力、调整情绪。学生在参与艺术创作的过程中，不仅能够体会到创造的乐趣，还能在作品完成后获得情感的舒缓和心理的释然。

(三)学生的认知发展需求

大学生正处于人生中的重要发展阶段，认知能力的发展和提高对于他们的学术成就、职业生涯及个人成长都有着重要的意义。在美育课程设计中，学生的认知发展需求主要体现在提升他们的思辨性思维、分析能力等方面。思辨性思维是学生在美育课程中应当重点培养的一项能力。在美术、文学、音乐等艺术领域，学生不仅需要学习技术和技能，更需要学会如何深入分析艺术作品的内涵、价值和社会意义。思辨性思维的培养不仅有助于学生在学术领域的思维深度，也有助于他们在生活中作出更加理性和有根据的决策。通过美育课程，学生可以在欣赏艺术作品时锻炼分析能力，思考艺术作品背后的历史、文化、社会背景等，进而提升思辨性思维。

美育课程的另一个重要目标是提升学生的综合能力。艺术创作是一个涉及多方面技能的复杂过程，它不仅需要学生具备艺术表现力，还需要他们具备想象力、创新能力、团队合作能力等多项综合素质。美育课程应当注重培养学生的多元化能力，使他们能够在跨学科的学习中提升综合素质。比如学生在参与戏剧创作时，不仅需要掌握表演技巧，还需要具备文学创作、舞台设计、团队协作等多方面的能力。通过这样的综合性训练，学生的综合能力得到有效提升，艺术创作也成为学生综合素质培养的重要途径。

（四）学生的文化认同与社会适应需求

大学生的文化认同感和社会适应能力是影响其未来发展的关键因素之一。美育课程设计应当注重学生文化认同感的培养，通过艺术课程帮助学生理解、欣赏和尊重不同文化，促进他们对本民族文化和世界多元文化的认同。文化认同感是个体与其文化、社会群体间的情感纽带。在全球化的背景下，大学生面临多元文化的碰撞与融合，如何培养他们的文化认同感成为美育课程设计的重要任务。通过学习本民族的传统艺术和全球文化的艺术表现形式，学生可以更好地理解和认同自己的文化身份，并增强对全球多元文化的尊重与包容。比如学习中国传统书法和绘画，能够帮助学生更加了解中华文化的精髓；而通过欣赏世界各地的艺术作品，学生能够拓宽自己的文化视野，形成开放的文化心态。社会适应能力是大学生面临社会转型和职场竞争时的重要能力。美育课程通过增强学生的团队合作精神、社会责任感和文化素养，有助于他们更好地适应未来的社会和职场。在美育课程中，学生通过参与群体创作、合作表演、社会服务等活动，能够锻炼团队协作和沟通能力，提升他们的社会适应力。此外，通过艺术创作和欣赏，学生能够更加深刻地理解社会问题，增强社会责任感，从而更好地适应社会发展和变化。

（五）学生的自我实现与心理发展需求

大学生正处于自我认知和自我实现的关键时期，在这一过程中，他们往往面临自我定位和人生方向的探索。美育课程通过艺术创作和审美体验，能够促进学生的自我发现与自我实现，帮助他们在情感表达、创作表现、社会认知等多个方面取得成长。美育课程为学生提供了自我表达的途径，使他们能够通过艺术创作展示内心世界，从而增进对自己的认知。在创作的过程中，学生往往通过色彩、旋律、文字等手段，将自己对世界的理解、情感和思想表达出来。这不仅是艺术技能的提升，更是自我认知的深化。通过美育，学生能够更好地认识自己，发展个人兴趣，并通过艺术表达找到自我实现的方式。

大学生美育课程设计必须基于学生的多层次需求，从学生的艺术兴趣与艺术技能、情感需求、认知发展需求、文化认同与社会适应需求等多方面考虑。通过深入了解学生的需求，课程设计能够更好地满足学生的学习目标，提升他们的综合素质。美育课程的最终目的是通过艺术教育促进学生的全面发展，使他们在艺术创作中找到自我，在文化认同中建立归属感，在社会适应中获得成功。

三、美育课程的教学内容设计

美育课程的教学内容设计是大学生美育教育中的核心部分，它不仅涉及艺术技能的培养，还包括情感教育、社会认知、文化理解和创新思维的拓展。有效的教学内容设计能够帮助学生在艺术教育中获得全方位的素养提升，推动其审美能力、情感表达、创新意识和社会责任感的培养。美育课程的教学内容应当充分体现艺术教育的综合性、实践性和跨学科特点，注重学生个性化需求，同时紧密结合社会发展和时代需求，为学生提供多维度的学习体验。

（一）艺术技能与基础知识的传授

美育课程的基础部分主要是通过艺术技能的传授帮助学生建立起对艺术创作的基本理解与认知。这一部分的教学内容应该根据学生的学习阶段进行合理安排，确保从基础到高级逐步推进，帮助学生扎实掌握艺术创作的基本技能和技巧。

1. 绘画与造型艺术

对于初学者来说，绘画课程的内容主要集中在素描、色彩学、构图等基本技巧的训练上。通过这些基础内容，学生能够培养对形状、结构、色彩等基本艺术元素的感知和表现能力。随着课程的深入，学生可以逐渐接触到油画、水彩画、版画等不同的艺术形式，并学习相关的创作技巧。同时，学生还应学习艺术风格的历史演变，了解不同流派的艺术表现方式，从而建立起更为全面的艺术知识体系。

2. 音乐与表演艺术

音乐课程的教学内容应当涵盖音律、节奏、旋律、和声等基础知识，并通过实际的演奏和歌唱练习，帮助学生掌握音乐技巧和表现形式。音乐课程不仅注重技术性训练，还应关注学生情感的表达与音乐的内在情感联系。表演艺术课程，尤其是戏剧和舞蹈课程，可以帮助学生了解戏剧创作的基本元素，如人物塑造、情节安排、舞台调度等，同时通过肢体语言和表演技巧的训练，提升学生的表达能力和舞台表现力。

3. 文学艺术

在美育课程设计中，文学是艺术教育的重要组成部分。通过文学作品的分析与创作，学生可以提高语言表达能力，理解文学的艺术性与思想性。课程内容包括文学的基本知识、文学流派、诗歌创作、小说写作等多方面的内容。通过阅读经典文学作品、进行文学创作与评论，学生能够从更深的层面理解艺术和社会的关系，培养自己的思辨性思维和审美情感。

（二）文化与社会认知的融入

美育课程不仅是对艺术技能的训练，更是对学生文化认知和社会责任感的塑造。艺术作为一种社会文化的反映，能够帮助学生了解历史文化背景、社会变迁和人类精神世界。在美育课程的教学内容设计中，应当加入对文化和社会认知的教育，帮助学生从艺术的视角理解社会、文化与历史的复杂性。

1. 艺术与社会的关系

在美育课程中，学生应学习艺术如何反映社会变革和时代精神。通过分析艺术作品中的社会背景、历史背景和文化内涵，学生可以更深入地理解艺术作品的社会价值和思想意义。比如通过对革命艺术、民族艺术或现代艺术的学习，学生能够理解艺术如何服务于社会、反映社会问题、推动社会进步。

2. 全球化与多元文化教育

随着全球化的推进，学生不仅需要了解自己的民族文化，还应具备跨文化的认知和理解能力。在美育课程中加入全球化背景下的文化艺术课程，帮助学生拓宽视野，理解不同文化和艺术的表现形式。通过学习世界各地的艺术风格与文化特点，学生能够更加尊重文化差异，增强全球文化认同感。同时，结合跨文化艺术作品的分析，学生能够理解全球化背景下的文化互动和融合，提升自己的国际化视野。

3. 艺术与社会责任感的培养

美育课程应当强调艺术的社会功能，培养学生的社会责任感和道德情怀。艺术不仅是自我表达的工具，更是社会变革和人类进步的重要推动力。通过艺术作品中的社会判断和伦理思考，学生能够更加深入地思考个人与社会、艺术与道德、创作与责任之间的关系。比如通过分析社会题材的艺术作品，如反映贫困、环保、平等权利等社会议题的艺术创作，学生能够更好地认识到艺术创作背后的社会责任，激发他们的社会意识和行动力。

（三）创新能力与思辨性思维的激发

美育课程不仅注重艺术技能的培养，更应致力于学生创新能力和思辨性思维的提升。艺术创作本身就是一种创新过程，而思辨性思维则帮助学生分析和评价艺术作品，从多角度理解艺术的内涵与价值。因此，美育课程设计必须包括创新思维和思辨性思维的培养内容，帮助学生在艺术创作与欣赏中不断拓宽思维边界。

1. 艺术创作中的创新训练

艺术创作是一个充满创新性的过程，学生在创作的过程中，不仅需要运用已有的技能和知识，更需要激发独特的创意，创造出新的艺术形式和表现方式。在美育课程设计中，可以通过跨学科的艺术创作实践，鼓励学生打破常规，进行大胆的艺术探索。比如结合数字艺术、虚拟现实技术、人工智能等现代科技手段，鼓励学生将传统艺术与现代技术结合，创作出富有创意的艺术作品。通过这种方式，学生能够学会在艺术创作中发现新的可能性，培养他们的创新能力和实验精神。

2. 思辨性思维的培养

思辨性思维在美育课程中占有重要地位。通过分析和评估艺术作品，学生不仅可以提高对艺术形式的理解，还能够从更广泛的社会、文化和历史角度对艺术作品进行深入思考。在美育课程中，教师可以通过引导学生进行艺术作品的思辨性分析，培养他们从多角度、多维度看待艺术的能力。比如学生可以在课堂上对艺术作品的形式、结构、内容、社会背景等进行全方位地分析，提出自己的见解，并与他人进行讨论和交流。通过这样的互动与思考，学生的思辨性思维得到了有效地锻炼。

3. 艺术与跨学科思维的结合

现代艺术创作往往涉及多个学科领域的知识，艺术与科技、社会、哲学等学科的结合已成为创新的趋势。在美育课程的设计中，教师可以结合跨学科的艺术实践，鼓励学生从多学科的视角进行艺术创作。比如学生可以通过文学、历史、社会学等学科的知识进行艺术创作，从而拓展他们的思维方式和创新视角。通过跨学科的学习与创作，学生不仅能够提升艺术创作的质量，还能够增强跨学科的整合能力和创新能力。

（四）实践性和互动性教学内容的设计

美育课程的核心之一是实践性和互动性，这意味着美育课程设计必须包含充分的实践环节，使学生能够通过实际操作来提升艺术表现能力。同时，互动性教学能够让学生在与同伴和教师的交流中获得反馈与成长。因此，在美育课程设计中，应当注重实践与互动环节的安排。

1. 艺术创作与实践活动

美育课程设计应包括丰富的艺术创作实践环节，让学生通过实际操作将艺术理论知识转化为创作能力。比如学生可以参与绘画、雕塑、音乐创作、戏剧表演等实践活动，通过动手创作，提升艺术表现能力。在实践过程中，学生不仅可以应用所学的艺术技能，还能够通过反复修改、评估和反思，提高他们的艺术创新性和表达力。通过实践活动,学生能够将课堂上学到的知识与技能在创作中实际应用,获得成就感和成长感。

2.互动式教学与讨论

美育课程还应注重课堂中的互动性,通过教师引导、学生讨论、团队协作等形式,促进学生的思维碰撞与交流。比如课堂上可以组织艺术作品的分享与讨论,让学生展示自己的作品并与同学们交流创作的想法和心得。通过这样的互动,学生不仅能够获得他人的意见与建议,还能够在与他人合作的过程中培养团队精神和集体责任感。

美育课程的教学内容设计是一个多维度、多层次的综合过程。在课程设计中,必须充分考虑学生的艺术兴趣、技能需求、情感需求、认知发展等多方面的需求,构建起一个全面、系统且具有创新性的教学框架。同时,课程内容的设计应注重艺术技能的培养、文化认同的塑造、创新思维的激发以及情感表达与社会责任感的培养。通过有效的教学内容设计,美育课程能够帮助学生提升综合素质,促进其全面发展,为未来的社会生活和职业生涯打下坚实的基础。

四、美育课程的创新与适应性

美育课程的创新与适应性是确保其在当代教育体系中能够持续发展的关键因素。在快速变化的社会环境和教育需求下,美育课程不仅要提升学生的艺术素养,还应能够适应时代发展的变化,培养具有创新思维和社会责任感的全方位人才。因此,美育课程的创新性和适应性在课程设计中占据了核心地位,它要求教师不仅要关注艺术技巧的传授,更要致力于培养学生的综合能力,帮助学生在多变的社会中找到自我并实现自我。

美育课程的创新性,意味着它要突破传统艺术教育的框架,结合现代社会的需求和学生的兴趣,探索新的教学内容与方法。课程不仅要关注艺术的表现形式,还要为学生提供跨学科的学习空间,让学生能够将艺术与其他学科融合,促进跨学科知识的理解和应用。此外,美育课程还需要适应学生不断变化的需求,包括个性化学习需求、技术适应需求以及社会化需求等,以确保课程内容和教学形式的灵活性和可持续性。现代教育越来越注重学生的创新精神和思辨性思维能力的培养,而美育正是促进这些能力发展的重要途径。艺术本身具有极强的创新性,它不仅能够激发学生的创作灵感,还能拓展学生的思维边界。因此,美育课程设计不仅要关注技能的培养,更要注重创新思维的激发,让学生在艺术创作中培养出解决问题、应对挑战的能力。同时,课程还应鼓励学生突破常规,在艺术形式和创作内容上进行创新,培养他们的创新意识和实践能力。

随着科技的进步，数字化技术、虚拟现实、人工智能等新兴技术正在深刻改变艺术创作和艺术教育的面貌。在这样的背景下，传统的美育课程内容和教学方法也需要不断更新与调整。美育课程的创新必须适应科技发展的潮流，将新的技术和手段融入教学过程中。比如数字艺术、互动艺术、网络平台等现代科技工具的运用，不仅丰富了艺术创作的形式，也为学生提供了新的学习路径和创作方式。通过数字艺术平台、虚拟现实工具、在线艺术教育等现代手段，学生能够更方便地接触到丰富的艺术资源，体验不同的艺术创作过程，这不仅提高了他们的艺术表现力，还增强了他们的技术适应能力和跨学科合作能力。

为了更好地推动美育课程的创新与适应性，教学内容的多样化和灵活性显得尤为重要。美育课程设计需要考虑到学生个性化的学习需求，不同背景、兴趣和学习风格的学生在艺术教育中有着不同的需求和目标。因此，课程设计应当做到内容的多元化，既有基础的艺术技能训练，也有针对性地创造性实践和跨学科知识的融合。艺术课程可以结合文学、历史、哲学、科技等学科内容，通过跨学科的视角让学生更好地理解艺术的社会功能和文化价值。此外，美育课程的创新还体现在教学方法和手段的更新上。传统的教学模式往往侧重于教师讲授和学生接受，这种单向的知识传递方式逐渐无法满足现代学生对互动性和参与感的需求。因此，现代美育课程应当探索更多的互动式教学方法，如小组合作、项目学习、情景模拟等方式，使学生能够在实践中提升艺术创作能力和团队协作能力。同时，数字化和网络化的教学手段也为美育课程的创新提供了更多可能。比如通过网络平台进行艺术展示与评论，学生可以在更广泛的群体中分享自己的创作和想法，接受他人的评价与反馈，从而提升自己的艺术视野和创作深度。

对于美育课程的适应性，除了在教学内容和教学方法上不断创新外，还应关注社会需求和时代发展的变化。社会对于创新型、复合型、跨领域人才的需求日益增强，而美育课程正是培养这类人才的重要途径。通过美育课程，学生不仅能够提高艺术表现力，还能在解决问题、团队协作、跨学科融合等方面得到锻炼。随着社会的不断发展，美育课程也需要更好地契合这些需求，将学生的艺术素养与其他学科的综合能力结合起来，培养具备全面能力的创新型人才。比如在艺术与科技的结合上，美育课程可以引入人工智能、虚拟现实等现代科技元素，让学生在艺术创作过程中应用先进的技术手段，提升他们的创造力和技术适应能力。学生可以通过虚拟现实技术进行艺术创作，通过人工智能分析艺术作品，甚至用数字化工具设计艺术展览。通过这种方式，学生能够在现代科技的助力下进行创作，突破传统艺术的表现形式，培养出更具创新性和未来感的艺术作品。

另外，社会问题与艺术的结合也是美育课程创新的一个重要方面。现代社会面临着许多复杂的社会问题，如环境污染、贫富差距等，而艺术作品常常成为反映这些社会问题的重要载体。美育课程可以通过引导学生关注社会问题，并鼓励他们用艺术的方式表达自己的思考和立场，增强学生的社会责任感。比如在艺术创作中加入对环境保护、公共卫生等话题的探讨，让学生通过作品传递正面的社会价值观，体现艺术的社会功能和社会责任感。这不仅提升了学生的社会认知和文化认同感，也促使他们在创作中思考如何通过艺术影响社会、推动社会变革。

对于美育课程的适应性，教师和课程设计者应当保持与时俱进的态度，关注社会变化和学生需求的动态变化。随着学生年龄、背景、兴趣的多样化，课程内容和教学方法必须不断调整和改进。比如在艺术表现形式方面，可以引入更为多元的艺术形式，包括视觉艺术、表演艺术、数字艺术等，让学生能够选择最适合自己的表达方式。与此同时，教师应当注重培养学生的思辨性思维和创造力，帮助他们在艺术学习中不仅掌握技术，还能提升思考问题和解决问题的能力。

美育课程的创新与适应性还要求教育体系在政策支持、资源投入和社会支持方面作出相应的调整和改进。学校应当为教师提供更多的跨学科培训和专业发展机会，鼓励教师在教学中进行跨学科的融合和创新。此外，学校还应加强与社会、文化机构的合作，为学生提供丰富的实践机会和展示平台。通过学校、社会和学生的共同努力，美育课程才能不断创新并满足社会发展和学生成长的需求。美育课程的创新与适应性是多方面、多层次的。在教学内容、教学方法、课程形式以及课程目标的设计上，都需要不断创新和调整。只有通过全面提升课程的创新性和适应性，才能真正达到培养学生全面素质的目的，帮助学生成为具有创新能力、社会责任感和综合素质的全方位人才。

五、美育课程体系的挑战与应对

随着教育理念的逐渐更新，学生需求的多元化，社会对创新型、复合型人才的要求不断提高，美育课程设计面临着诸多挑战。这些挑战既来自教学内容的不断变化，也来自教学形式、师资力量、学生背景等方面的压力。为了有效地应对这些挑战，高校需要根据美育课程的目标和需求，采取切实有效的措施进行调整和优化。

美育课程体系的挑战涉及多个方面，包括教学内容的更新与整合、教师专业素质的提升、课程实施的多样化与灵活性等。如何面对这些挑战并有效地解决，是当前美育课程体系发展的关键。为此，高校不仅要优化课程体系，还需要加强教育资源的整合，提升教师的跨学科教学能力，并通过创新教学方法与形式，为学生提供更加灵活和有针对性的艺术教育。

（一）教学内容的更新与整合

在现代教育环境中，艺术教育的内容和形式正在经历深刻的变化。随着时代的发展和社会需求的变化，传统的美育课程内容和教学方式显得有些单一和局限。许多高校的美育课程体系依然过于侧重传统艺术形式的传授，而忽视了现代科技、数字艺术、跨学科融合等新兴领域的教学。这一方面导致了美育课程的单调化；另一方面，也限制了学生创新思维和跨学科能力的培养。

美育课程的内容更新和整合是应对这一挑战的首要任务。高校需要对传统艺术教育进行与时俱进的调整，在保留经典艺术形式的基础上，融入新兴艺术形式，为学生提供更加多元的艺术教育。比如在美育课程中加入数字艺术的创作、跨学科的艺术设计、现代科技与艺术的结合等内容，帮助学生更好地适应社会发展和时代变革。此外，还需要将艺术教育与社会发展、历史文化、环境保护、科技创新等话题结合，使美育课程不仅局限于技巧和表现，更能够拓宽学生的视野，培养他们的社会责任感和创新能力。

课程内容的整合也需要跨学科的融合。在课程设计中，应注重艺术学科与其他学科的结合，让学生不仅在技术上有所掌握，更能从哲学、历史、社会等角度理解艺术的多维度价值。这种跨学科的结合将有助于学生形成更为全面的艺术观，培养他们综合运用不同学科知识的能力，从而提升他们的创新能力和思辨性思维。

（二）教师专业素质的提升

教师是美育课程成功实施的关键要素之一，然而，当前很多美育课程教师仅具备单一学科的专业背景，缺乏跨学科的知识储备和教学能力，这直接影响了课程的多元化和创新性。美育课程本身具有高度的跨学科特性，艺术的创作与欣赏往往需要结合多个领域的知识。而现有的教师队伍在跨学科教学和内容整合方面的能力亟须提高。

为了解决这一挑战，高校需要加强教师的跨学科培训，提升其在艺术、文化、历史、社会等方面的综合素质。教师不仅需要具备扎实的艺术创作技能，还应具备一定的社会科学、人文学科的知识背景。这种跨学科的素养能够帮助教师更好地理解和传授美育课程中的复杂内容，使学生能够在美育课程中获得更加丰富的知识和深刻的思想启迪。

除了学科知识的拓展，教师的教学方法和教学能力也需要不断提升。随着现代教育技术的应用，教师应当掌握多样化的教学方法，如翻转课堂、项目式学习、合作学习等，增强课堂的互动性和学生的参与感。同时，教师还需具备一定的创新能力，能够根据学生的特点和需求，设计出灵活的教学内容和富有创意的艺术实践活动。这种创新性的教学方法能够激发学生的学习兴趣，培养他们的创造性思维，进一步提升美育课程的效果。

（三）课程实施的灵活性与多样性

美育课程的实施不仅需要课程内容的优化，还需要灵活和多样的教学形式。传统的艺术教育往往存在固定的教学内容和形式，缺乏灵活性，这容易让学生产生厌倦感，限制了他们对艺术的探索和创新。而在现代教育体系中，学生的需求日趋多元化，他们不再满足于传统的教学方式，而更希望能够参与到实践中，表达个人创意，体验不同的艺术形式。

课程实施的灵活性和多样性要求美育课程能够适应学生个性化发展的需要。在课程设计中，教师应当根据学生的兴趣、专业背景和能力水平设计不同层次和方向的课程内容。比如初学者可以通过基础艺术技巧的学习和简单创作来入门，而有一定艺术基础的学生可以通过更具挑战性的艺术创作项目，进行更深层次的艺术探索。通过这种层次分明的课程设计，学生能够根据自己的兴趣和能力选择合适的学习路径，提升他们的艺术技能和创作水平。

此外，美育课程的实施应注重实践和体验性教学。艺术的学习本质上是一种实践性极强的过程，学生通过亲身创作、演出、展示等实践活动，才能真正掌握艺术的精髓。因此，在美育课程的实施过程中，应当安排丰富的实践环节，如艺术创作、艺术展览、演出活动等，让学生能够在实践中积累经验，提升自信心。通过参与社会服务项目、艺术作品创作等，学生能够将艺术教育与社会实践相结合，增强他们的社会适应力和责任感。

（四）教育资源的不均衡与优化

当前，美育课程面临的另一个挑战是教育资源的不均衡。尤其是在一些中小型高校、地方高校，艺术教育资源相对匮乏，师资力量薄弱，设备条件不够先进，导致美育课程的实施受到制约。这种资源的短缺不仅影响了美育课程的质量，也使得学生无法享受到高质量的艺术教育。

为了解决这一问题，学校应加强对美育资源的投入，尤其是在艺术设备、教材、网络平台等方面进行优化。同时，学校还可以通过跨校合作、校企合作等方式，拓展美育资源，弥补教育资源的不足。比如与地方文化艺术馆、博物馆、社会艺术团体合作，提供给学生更多的艺术展示与交流机会；利用在线平台和数字技术，将优质的艺术教育资源引入课堂，为学生提供更广泛的艺术学习机会。通过这些资源整合与优化，可以有效地提升美育课程的教学质量，确保更多学生能够享受到优质的美育教育。

美育课程体系在设计和实施过程中，面临着许多挑战，包括课程内容的更新与整合、教师专业素质的提升、课程实施的灵活性与多样性、评估与反馈机制的完善等。为了应对这些挑战，学校和教师需要在课程设计上不断创新，充分结合时代发展和学生需求，提升美育课程的适应性和可持续性。同时，通过优化教育资源、加强师资培训、整改评估机制，确保美育课程能够在各个方面实现均衡和高效发展。通过有效地应对这些挑战，美育课程将能够为学生提供更丰富的艺术体验，帮助他们实现全面素质的提升，培养出具有创新能力、社会责任感和跨学科素养的高素质人才。

第二节　美育课程的评估与效果反馈

一、美育课程评估的理论基础

美育课程评估的理论基础是美育教育发展的核心组成部分，评估体系不仅决定着课程的教学效果，还直接影响到学生艺术素养、情感认知、创新能力等多方面的培养。随着现代教育理念的转变，尤其是以学生为中心的教育理念的逐步推行，美育课程的评估逐渐不再仅仅依赖传统的知识性考核，而是更加注重学生的全面发展和综合素质的提升。美育课程的评估理论基础，不仅需要遵循教育学、心理学、社会学等多学科的交叉与融合，更要关注学生个体差异，确保评估标准的科学性、合理性与公平性。

美育课程评估不仅是对学生学习成果的检验，也是对教学内容、教学方法以及教育目标实施效果的全面反思。有效的评估体系能够准确衡量美育课程的教学效果，帮助教师调整教学方法、完善课程内容，并促进学生个性化发展。为了满足新时代的教育需求，现代美育课程评估要从多维度、多层次进行设计，以便更好地体现美育的多重功能，涵盖技能、情感、思维、价值观等多方面的培养。美育课程评估的理论基础包含了教育评估学、发展心理学、美学理论、社会学理论等多个学科的知识。美育课程不仅涉及艺术技能的教学，还包括情感表达、创新思维的激发以及社会责任感的培养，这就要求评估体系不仅聚焦学生的艺术创作能力和表现技能，还应综合考虑学生的情感反应、艺术理解力、社会适应力等多方面的素养。

（一）以学生发展为中心的评估理论

美育课程的评估要符合以学生为中心的教育理念，注重学生个性化需求的满足和整体素质的提升。传统的美育课程评估往往局限于艺术技巧的评价，侧重于结果性评估，忽视了学生在学习过程中的体验与发展。而现代美育课程评估理论强调过程性与多维度的评估，关注学生在学习过程中情感认知、感性思维、创新意识等方面的培养。

基于学生发展的评估理论认为，评估不仅是对学生艺术技能和创作结果的检验，更是对学生心理、情感、社会适应能力、创新能力等综合素质的反馈。评估过程应当关注学生在艺术创作中的参与度、情感投入、思维深度以及他们在创作中的自我表达和突破。通过这种多元化的评估体系，教师能够全面了解学生的学习状态和发展潜力，从而更有针对性地调整教学策略，提供更适合学生需求的教育资源。此外，以学生为中心的评估理论还强调个体差异，提出评估应当考虑学生的不同兴趣、能力和发展阶段，确保每个学生都能在合适的评估标准下实现自己的最大潜能。对于初学者而言，评估标准应侧重于艺术技能的掌握和表现，而对于有一定艺术基础的学生，则应强调创新思维、艺术理解力和创作深度的提升。

（二）综合素质评估与多维度评估

美育课程评估理论的另一个重要基础是综合素质评估的理念。传统的艺术教育评估往往侧重于技能性指标，如绘画技巧、演奏水平等。然而，美育作为综合素质教育的重要组成部分，其评估不仅应涵盖技能和技术方面的指标，还应包括情感认知、思维方式、文化认同、社会责任感等多个维度的内容。综合素质评估将学生的多维素质作为考量对象，能够全面反映学生在美育课程中的学习效果和成长情况。

多维度评估理论强调评估应关注学生的艺术感知、创作表现、思辨性思维、情感共鸣、社会责任等多方面的素质。比如在艺术创作课程中，除了对学生作品的技艺水平进行评价外，还应关注学生在创作中的情感表达、思想深度和创新性。此外，学生在课堂中的互动、合作、讨论等环节同样应该纳入评估体系，以全面衡量学生的综合素质。通过这种多维度的评估方式，教师能够更加准确地把握学生在美育课程中的整体表现，同时也能发现学生在学习过程中存在的不足和提升空间。

这种综合素质评估模式不仅提高了美育课程评估的科学性和全面性，还能促进学生全面发展的目标。通过这种评估，学生能够了解到自己在美育课程中的优势和不足，帮助他们更有针对性地进行自我调整和进步。

（三）发展性评估与过程性评估

美育课程的评估不仅仅依赖终结性的结果评估，更应当注重过程性评估和发展性评估。这两种评估方式密切相关,共同推动学生的成长和进步。过程性评估侧重于学生在学习过程中逐步实现的变化,注重对学生参与、反思、情感体验和创作过程的考察。这种评估方式要求教师在整个教学过程中密切关注学生的参与度和情感投入,及时给予反馈,促进学生的思考和改进。

发展性评估则侧重于评估学生在某一阶段或整个学习过程中,技能和思维的提升程度,注重评估学生的成长轨迹和变化过程。比如学生在学习过程中是否逐步从模仿到创造,是否在面对艺术创作的难题时能够独立思考并找到解决方法。发展性评估帮助教师不仅关注学生的最终成果,还能发现学生的潜力和发展空间,对学生的个性化培养起到积极推动作用。

过程性评估和发展性评估能够帮助教师不断调整教学策略,使课堂教学更具针对性和灵活性。这种评估方式还能够鼓励学生关注学习的过程,而不仅仅是最终的成果,培育他们对学习的持续投入和对艺术创作的深刻理解。

(四)反馈与反思机制

美育课程的评估不仅仅是对学生的考核,评估结果的反馈与反思同样重要。反馈机制是评估体系中的重要组成部分,能够为学生提供及时的学习反馈和改进意见,帮助学生发现自己的优缺点,从而进一步提升自我。有效的反馈机制应当注重多方面的反馈来源,包括教师的评价、同伴的评价以及自我评价等。多元化的反馈方式能够为学生提供更加全面的认识,帮助他们更好地理解自己在艺术学习中的进展与不足。同时,反思机制也是评估过程中不可或缺的一部分。教师应当根据评估结果对课程内容、教学方法和学生表现进行反思,找出教学中存在的问题并进行调整。学生则应通过自我评价和同伴评价的方式进行反思,识别自己在艺术创作中的问题,并通过改进方法加以克服。反思不仅仅是对过去的总结,更是对未来学习方向的调整。通过不断地反馈与反思,教师和学生能够在不断的教学互动中推动美育课程的发展,使其更好地适应教育需求和学生发展的变化。

(五)公平性与合理性的保障

美育课程评估的公平性和合理性是确保评估结果有效性的重要前提。由于学生在艺术创作、情感表达、创新思维等方面存在较大差异,评估的标准和方法必须确保公平且具有包容性。评估不仅要避免对学生能力水平的歧视,更要保证每位学生都能够在自己擅长和感兴趣的领域中获得相应的评价。在这一点上,教师应当根据学生的起点、能力和表现来制定个性化的评估标准,确保每位学生都能在平等和公正的环境中接受评估。

为了保障评估的公平性和合理性,教师应在课程开始时明确评估标准,并与学生进行沟通，让学生了解评估的具体内容和要求。同时，评估过程要保持透明，避免主观偏见的影响，确保所有学生都能在同等的条件下接受评估。通过这种方式，学生能够更加清楚地了解自己在美育课程中的表现，并得到公正、合理地反馈和评价。

美育课程评估的理论基础是建立在多学科交叉和学生全面发展的基础上的，评估不仅关注学生艺术技能的提升，还应全面衡量他们的情感、创新、社会责任等多方面素质。通过综合素质评估、过程性评估、发展性评估和反馈反思机制，评估能够为学生的个性化发展提供支持，并帮助教师改进教学方法和内容，推动美育课程的持续优化。评估的公平性和合理性同样是评估体系的核心要求，确保每位学生都能够在公正的环境中获得真实有效地评价，促进其在美育课程中的成长与发展。

二、定量与定性评估方法的结合

定量评估和定性评估的结合已成为现代美育课程评估中的一种重要趋势。定量评估通过具体数据对学生进行量化考核，具有较强的客观性和可操作性，而定性评估则注重学生的主观体验、情感投入以及创造力的培养，强调评估的深度和多样性。二者结合能够有效弥补各自的不足，从多个维度全面评估学生的艺术素养、创新能力、社会适应性等。定量与定性评估方法的结合，不仅能够提升评估体系的科学性与准确性，还能够促进学生在艺术创作和综合素质培养方面的全面发展。这种结合要求教师在教学过程中根据课程目标、学生发展需要以及学科特点，合理选择和设计评估工具与方法，使评估结果不仅能反映学生的艺术技能掌握情况，还能够全面评价学生的情感表达、创新思维及社会责任感等多方面的素养。

（一）定量评估方法在美育课程中的应用

定量评估方法通常通过数据和量化标准来评判学生的学习成果，它能够有效地提供客观、可操作的评估信息。在美育课程中，定量评估通常体现在学生的艺术作品成绩、课堂参与情况、任务完成度等方面。常见的定量评估工具包括评分量表、测试、问卷调查等。这些方法能够帮助教师客观地评价学生在艺术创作中的技术掌握情况、作品完成质量、对课程内容的理解和应用能力等。此外，学生在课堂中的参与度、讨论贡献等也可以通过定量化的标准进行评估，以确保课堂互动和学生参与的积极性。

定量评估方法的优点在于其客观性和易操作性，能够为教师提供明确的学生学习情况数据。对于学生而言，这种方式的评估结果直观清晰，能够清楚地看到自己在哪些方面做得较好，哪些方面需要改进。然而，定量评估也存在一定的局限性，尤其是在美育这样一个强调创意、情感和个人表达的领域，单纯依靠量化标准往往无法全面反映学生的创造力、情感表达和艺术理解的深度。

（二）定性评估方法在美育课程中的应用

定性评估方法则侧重于通过对学生作品、表现和参与的详细分析，揭示其艺术创作中的深层次特点。这种评估方法强调学生在创作过程中展现出的思维方式、情感体验、创新精神和个性化表达。定性评估通常依靠专家评审、同伴评价、自我反思等手段，对学生进行综合性评估。在美育课程中，定性评估尤为重要，因为艺术创作不仅仅是技能的展示，它还包含了创作者的情感投入、思想深度和文化理解。通过定性评估，教师可以更加深入地了解学生在创作中的心理活动、情感变化和创意来源。比如在一次绘画作品的评审过程中，教师不仅要关注作品的技巧层面，还要分析学生在作品中表达的情感、思想及创作背后的理念。这种评估方式帮助学生在创作过程中实现自我认知，鼓励学生通过作品传达独特的情感与思想。

此外，定性评估还强调学生在创作过程中的参与度与创新性。艺术创作是一个充满挑战和探索的过程，学生在创作中的主动性、创造性和解决问题的能力是定性评估的重点。比如在戏剧表演中，教师不仅要关注学生是否能准确呈现角色，还要评估学生在表演中如何处理角色的情感转折、表达内心冲突，以及他们是否能够通过表演展现独到的艺术理解。这种评估方法能够全面把握学生的创作潜力和艺术素养，并鼓励学生在学习中发挥个人特色和创造力。

定性评估的优势在于能够深入挖掘学生的艺术素养和情感表达，帮助学生认识到自身在艺术创作中的优势和不足，同时也能够激发他们的创作灵感和自信心。然而，定性评估的局限性也很明显，它过于依赖教师的主观判断，容易受到评审者个人意见、审美倾向和文化背景的影响，因此在操作过程中需要确保评估的公正性和客观性。

（三）定量与定性评估的结合

定量与定性评估方法各有优势和局限，如何将二者有效结合，是美育课程评估的重要课题。通过综合运用定量和定性评估方法，教师可以更全面地评估学生的艺术学习成果，不仅关注学生的技能水平和成果，还能够评价学生的思维方式、情感表达和创新能力。这种结合能够更好地体现美育课程对学生综合素质的培养。在具体操作中，定量评估可以为定性评估提供数据支持，而定性评估则能够为定量评估提供更深层次的理解。比如在艺术创作课程中，教师可以通过评分量表量化学生作品的表现力、构图等技术性方面，而同时，教师还可以通过面谈、作品评述等定性方式，了解学生创作背后的情感动机、思想深度以及创作过程中的思维方式。通过二者的结合，评估不仅可以体现学生在技术层面的掌握情况，还能够揭示学生在艺术创作中的个性化表达和独特视角。

这种结合的另一个重要应用是在课堂讨论与展示环节。教师可以通过设定一定的量化标准，如参与度、发言质量等，来评估学生的课堂表现，同时通过观察学生在讨论中的思考深度、表达逻辑和创新观点来进行定性评估。在这种综合评估中，定量评估为学生提供了明确的反馈，而定性评估则为学生提供了更深层次的学习指导，帮助他们在艺术创作和表现中持续进步。另外，定量与定性评估的结合还能够帮助教师识别教学中的薄弱环节，进而及时作出调整。比如教师通过定量评估可以发现某一部分学生在技能上的普遍薄弱，而定性评估则能够进一步揭示学生在创作过程中遇到的具体问题，如缺乏创新意识、情感表达不够丰富等。通过这种双向反馈，教师能够更有针对性地优化课程设计和教学方法，提升美育课程的教学效果。

定量与定性评估方法的结合，不仅仅是评估过程的一个技术性手段，还应与反馈机制相结合，形成持续改进的循环。通过对评估结果的多角度反馈，学生能够明确自身的优劣势，并在教师的指导下进行调整和改进。定量评估的反馈可以帮助学生清晰地看到自己的成绩和进展，而定性评估的反馈则可以从情感、思想等方面给予学生更具体、更深刻的建议，帮助他们进一步提升艺术创作的深度和广度。比如在一次艺术作品的评估后，教师不仅可以通过量化评分告诉学生他们在技术层面做得如何，还可以通过面谈等方式提供更深入的反馈，如指出作品中可以改进的艺术表现方式、表达情感的深度等。通过这种综合反馈，学生能够获得全面、立体的学习指导，进一步增强自我认知，提升创作水平。

美育课程的评估在现代教育体系中已经从单纯的知识技能测试转向多维度的综合评估。定量与定性评估方法的结合，能够全面、客观、深入地评价学生的艺术创作能力、情感认知、创新能力等综合素质。这种评估方式不仅能够为学生提供清晰的学习成果反馈，也能通过丰富的情感和思想层次的反馈，激发学生的创造力和思维深度，推动其全面发展。定量与定性评估的结合为美育课程提供了有效的改进与反馈机制，确保美育教育能够持续优化，为学生的成长和发展提供更有力的支持。

三、学生自评与互评机制的作用

在美育课程的设计与实施中,学生自评与互评机制作为一种独特的评估方式,越来越受到重视。这一机制不仅使评估过程更加多元化和互动化,也为学生的自我认知和思辨性思维的培养提供了有力的支持。自评与互评机制在美育课程中的应用,能够促进学生的反思能力、提升其对艺术创作的理解深度,同时帮助学生通过与他人互动,增强艺术素养和社会认同感。美育课程注重培养学生的艺术感知力、创造力以及社会责任感,因此,传统的单一评估模式往往难以充分反映学生在这些方面的综合能力。自评与互评机制的引入,为评估方式提供了新的维度。通过这种机制,学生不仅能够对自己的创作和表现进行反思,还能从同伴的角度看到自己作品的不同层面。这种从他人角度获取的反馈,可以有效地促进学生在艺术创作中的深化和完善。

(一)学生自评的作用

学生自评是一种由学生自身进行的评估方式,它促使学生通过反思和自我评价,形成对自己艺术创作过程和结果的全面认识。在美育课程中,学生自评的实施使得学生能够从创作的每一环节出发,逐步分析并评价自己在创作中的表现,思考自己在艺术表现、情感表达和思想深度等方面的优缺点。通过自评,学生能够深入理解自己的艺术语言和创作思路,帮助他们明确自己在学习中的进步与不足。

自评机制的应用,尤其有助于提升学生的反思能力。在艺术创作过程中,学生常常陷入单纯的技巧训练或结果评价中,忽视了对创作过程中内心体验的审视。自评鼓励学生从个体的情感出发,回顾创作过程中的思想变化,分析为何选择某种表现形式、为什么某些情感未能充分表达等。通过自评,学生不仅能够提高自己的艺术技法,也能促进情感的自我调节和内心世界的整合。此外,自评机制还能够帮助学生树立自信。在艺术创作的过程中,学生常常需要面对诸多挑战和不确定性。通过自评,学生能够清楚地看到自己的创作成果和成长轨迹,而不仅仅是依赖于教师的评价。自评能够帮助学生认识到自身的潜力和进步,增强他们的艺术表现力和创造力。在美育课程中,教师可以通过引导学生进行自评,使学生更清楚地认识到自己的艺术能力和不断提升的空间,从而激发他们持续创作、不断突破的动力。

自评的实施不仅可以让学生意识到自己在技术上和艺术表达中的差距,还能够帮助学生提高自我管理能力。美育课程往往鼓励学生在创造中自由表达,而自由的艺术创作有时也伴随着一些迷茫与不确定性。通过自评,学生能够及时纠正

第四章
大学生美育的课程设计

创作中的偏差,逐步构建出自己的艺术语言和创作风格。这种自我管理能力的提升,对学生的全面发展尤其重要,能够帮助他们在学术、生活等各个方面更好地调整自己,面对挑战。

(二)互评机制的作用

与自评相比,互评机制更多地强调学生间的互动与反馈。在美育课程中,学生通过对他人作品的评价,不仅能够了解不同的艺术风格和创作思路,还能够从他人的创作中找到自身艺术表现的潜在提升空间。互评是一种互动性强的评估方式,它要求学生以客观的态度分析他人的艺术创作,并提出建设性的意见和反馈。通过这种方式,学生能够从多角度理解艺术作品,并在此过程中激发自身的创作灵感。

互评机制的实施,能够促进学生思辨性思维的培养。通过对他人作品的评价,学生需要仔细观察、分析艺术创作的技巧、情感表达和社会文化背景等多方面的内容。这一过程中,学生不仅能提升艺术鉴赏能力,还能够培养自己对艺术作品的思辨性思维。在评价同伴作品时,学生需要提出理由和依据,这促使他们学会从多角度、多维度审视问题,分析作品的深度和细节。互评机制让学生不仅停留在对自我创作的关注上,还能更全面地认识到他人的创作特点和优缺点,从而提高自己的艺术见识和思维广度。此外,互评机制增强了学生间的互动与交流。在美育课程中,学生不仅是知识的接受者,更是创作和表达的主体。通过互评,学生间能够互相交流创作心得、分享艺术灵感,这种交流促进了他们的集体认同和团队合作精神。在艺术创作的过程中,团队合作尤其重要,尤其是在集体艺术项目或表演类课程中,互评能够帮助学生加强合作意识,提高团队的整体表现。通过互评,学生能够从他人的反馈中获得自我提升的机会,也能够帮助他人发现作品中的问题和不足,从而形成互帮互助的良好学习氛围。

互评的实施,也有助于提升学生的社会责任感和文化认同感。艺术创作不仅是个人的表达,也是与社会、文化相连接的过程。在美育课程的互评环节,学生通过评价同伴的作品,可以更好地理解作品所反映的社会背景、文化意义和人文价值。通过这种过程,学生能够提升对他人作品的包容性和尊重感,培养更为宽广的文化视野。在此过程中,学生不仅学习到他人的创作技巧和表达方式,还能够在评价他人作品时,感受到艺术的多元性与包容性,从而提升自己的艺术视野和文化素养。

互评机制的有效实施,不仅要求学生具备一定的艺术鉴赏能力,还需要教师为学生提供明确的评估标准和评估指导。教师在引导学生进行互评时,应当注重培养学生的客观性与公正性，使学生在评价他人作品时，能够做到不偏不倚，提出具体而有建设性的反馈。教师还应鼓励学生在互评过程中表达个人见解，但同时要强调尊重和理解他人创作的态度，避免主观偏见的干扰。

（三）自评与互评结合的优势

自评与互评机制的结合，使得美育课程的评估体系更加完善。在传统的评估模式中，学生往往仅通过教师的评价来了解自己的艺术水平和创作成果，而这种单一的评估方式可能无法全面反映学生在艺术创作中的表现和进步。自评和互评的结合，通过多角度、多维度的评估，使学生能够从不同的反馈中找到自己创作中的优点和不足，从而全面提升艺术素养。

自评能够帮助学生深入反思自己的创作过程，理解自己作品背后的情感和思想，而互评则能够促使学生在他人作品中找到灵感，提升思辨性思维和艺术鉴赏能力。通过这种双向互动，学生不仅能够学会如何评价自己，还能够提高他们对他人作品的分析与欣赏能力。自评和互评的结合，不仅使学生的艺术创作更具深度和创新性，还促进了学生间的互动与合作，提升了班级的整体艺术氛围。此外，自评和互评的结合还能帮助教师更全面地了解学生的学习状况。教师通过学生自评和互评的结果，能够获得关于学生在创作中的思维方式、情感投入和创新能力的详细信息。这种多角度的反馈帮助教师更好地调整教学策略，优化课程设计，确保每个学生都能够在适合自己的方式下进行艺术创作与表达。

学生自评与互评机制在美育课程中的应用，不仅有助于学生全面提升艺术素养、创新能力和社会责任感，还能有效地促进思辨性思维和情感表达的发展。通过自评，学生能够反思自己的创作过程，提升自我认知和艺术表现力；而通过互评，学生能够从他人作品中获得启发，增强合作精神和社会责任感。自评与互评的结合，不仅推动学生的个性化发展，还为教学改进和课程优化提供了重要的反馈依据。随着美育课程的不断发展，自评与互评机制将会在促进学生全面发展、提升艺术教育效果方面发挥越来越重要的作用。

四、教学反馈与课程改进

在美育课程的实施过程中，教学反馈与课程改进是持续提升教学质量和教育效果的核心机制。美育课程不仅仅是学生技能和知识的传授过程，它更关注学生情感体验、创新能力和社会责任感的培养。因此，教学反馈不仅涉及学生的艺术技法和创作成果，更要关注学生在情感表达、思维方式、社会认知等多维度的成长。有效的教学反馈和课程改进能够帮助教师及时了解学生的学习状态，发现教

—— 第四章 ——
大学生美育的课程设计

学中的不足，优化教学策略，并在此过程中促进学生的个性化发展和全面素质提升。教学反馈与课程改进的机制应当是双向互动的，既包括教师对学生的反馈，也涵盖学生对课程内容、教学方法、教学效果等方面的反馈。通过这种双向反馈，教师不仅可以从学生的表现中获得直接的评价，还可以了解到学生在学习过程中面临的困难与挑战，从而在课程设计和实施过程中作出有针对性的调整。教学反馈与课程改进的有效性，要求教师在教学过程中不断反思，精确识别学生需求，并灵活调整课程内容、方法和评价标准，使教学过程始终与学生的成长和发展需求相匹配。

（一）教学反馈的多层次功能

教学反馈在美育课程中的作用是多层次的，它不仅帮助教师了解学生的学习进度和艺术表现，还能够促进学生的自我认知和自我调整。在美育课程中，教师通过对学生艺术作品的评价、课堂参与的观察以及与学生的互动，及时获取学生在创作中的困惑、情感波动和认知进展。教师可以通过这些反馈信息，调整课堂教学的节奏和重点，以便更好地激发学生的创作潜能和创新思维。

教师的反馈不仅仅是对学生作品的评分，它还应该涉及学生在学习过程中展现的思维方式、情感表达和创新意识。美育课程的学习本质上是一个多维度的成长过程，涉及艺术技法、情感体验、创新思维、思辨性思维等多个方面。教师应当根据学生的艺术创作、课堂讨论、合作活动等各个方面的表现，给予具体而富有建设性的反馈。这些反馈应帮助学生明确自己在艺术创作中的长处和短板，激励他们在保持优点的基础上，不断努力克服自己的不足。

除了教师的反馈，学生对课程的反馈也非常关键。学生通过对课堂内容、教学方式和教学效果的评价，能够为教师提供实际的改进建议。比如学生可能会在课堂上感受到某些教学方法过于抽象或缺乏互动，这时，学生的反馈能够帮助教师及时调整教学方式，使课堂更加生动和实用。学生的反馈不仅反映了他们对课程内容的理解和接受程度，还能够揭示课程设计中的潜在问题，帮助教师从学生的视角重新审视教学的有效性。

（二）教学反馈的形式与途径

教学反馈的形式和途径可以多样化，以确保其全面性和高效性。传统的反馈方式通常依赖于教师对学生作品的评分和课堂总结，但随着教育理念的变化，教学反馈的形式逐渐丰富化、个性化，既包括口头反馈，也包括书面反馈、同伴反馈、自我反馈等多种形式。在美育课程中，教师对学生的反馈通常通过作品评价、课堂展示、学生参与度等方面展开。比如在艺术创作课程中，教师不仅要通过评分表对学生的作品进行评价，还可以通过课堂讨论和互动，帮助学生反思创作中的选择与表达方式。这些反馈能够帮助学生意识到自己的艺术创作不只局限于技巧的完成，更是情感、思想和社会认知的多层次体现。

此外，定期的书面反馈和个别化反馈能够为学生提供更加详细和具体地指导。书面反馈能够帮助学生全面理解自己的创作表现和进展，而个别化反馈则能够针对每个学生的具体需求和学习状态，给出更具个性化的建议。教师可以通过定期与学生进行一对一的面谈或指导，深入了解学生的艺术发展、情感变化、学习难点等，从而帮助学生在创作和学习过程中不断进步。除了教师的反馈，同行评价和学生自我评价也是美育课程中重要的反馈方式。学生通过对同伴作品的评价，可以获得不同的艺术视角和创作灵感，从而促进自己的创作进步。学生通过对同伴反馈的价值在于它能够提供更多元的视角，让学生在集体讨论中看到自己创作的潜力和局限。同时，学生通过自我评价能够提升自我认知，明确自己在艺术创作中的优劣势。这些反馈机制不仅促进了学生的艺术成长，还提升了学生的思辨性思维和合作能力。

（三）课程改进的机制与策略

教学反馈为课程改进提供了宝贵的数据和思路。教师应当通过收集反馈信息，分析课程中存在的问题，制定针对性地改进策略。课程改进是一个动态的过程，它要求教师不断反思自己的教学实践，结合学生的反馈与需求，灵活调整教学内容、方法和评估标准。课程内容的调整是课程改进的一个重要方面。美育课程的设计应当注重学生的兴趣和需求变化，随着时代的变化，艺术形式、表现方法以及创作手段都在不断发展，教师应根据这些变化调整课程内容，融入新的艺术形式和创作工具。此外，课程内容还应关注学生的社会实践和文化认同，使艺术创作不仅仅停留在技法层面，而是融入学生对社会问题、文化传统和人文精神的思考。

教学方法的改进同样至关重要。传统的美育课程往往采用讲授式教学方法，但随着教育理念的更新和学生需求的多样化，单一的教学模式已经难以满足学生的学习需求。教师可以通过翻转课堂、项目学习、小组合作等多样化的教学方法，提高学生的课堂参与度和互动性。美育课程本质上是一个充满创造性和实践性的过程，教师应通过实践性强、互动性高的教学形式，让学生在创作中体验艺术的魅力和创新的乐趣。此外，教师还应在教学过程中注重引导学生进行跨学科的学习，将美学、社会学、历史学等学科的内容与艺术创作结合起来，提升学生的综合素养和思辨性思维。

评估标准和反馈机制的改进也需要不断优化。教师可以根据学生的学习进度和表现，灵活调整评估标准，使评估既具挑战性，又符合学生的发展需求。评估标准应涵盖技能、创新、情感表达、社会责任等多维度内容，以确保全面反映学生在美育课程中的综合表现。

（四）教学反馈与课程改进的协同作用

教学反馈与课程改进是相辅相成的过程。有效的反馈能够为课程改进提供直接依据，而课程改进则可以在教学实践中验证反馈的有效性。教师通过及时收集学生的反馈信息，调整教学策略和内容，使教学更加适应学生的需求，促进学生全面素质的提升。在这个过程中，学生不仅是课程的接受者，更是教学改进的参与者和推动者。教师与学生间的互动、反馈与改进形成了一个良性循环，能够持续优化美育课程的质量与效果。

通过这种反馈和改进机制，美育课程能够实现教学的动态优化，确保课程始终紧跟时代潮流，满足学生个性化发展的需求。同时，这一过程也能够帮助教师不断提升自身的教学能力和创新意识，在教学中不断探索和突破。

教学反馈与课程改进在美育课程设计和实施中的作用不可忽视。有效的反馈能够帮助教师及时了解学生的学习状态和艺术表现，进而调整教学方法和内容；而课程改进则通过持续优化教学策略和评估标准，确保美育课程始终适应学生需求和社会发展的变化。通过反馈与改进的双向互动，教师能够不断提升教学质量，学生能够全面提升艺术素养、创新能力和社会责任感。这一机制的完善与执行，对于推动美育课程的长远发展，培养具有创新性和社会责任感的学生至关重要。

第三节 不同类型美育课堂的教学策略

一、美术课程的教学设计与方法

美术课程作为大学生美育体系中的重要组成部分，不仅是对学生艺术技能的训练，更是对其审美素养、创新思维以及情感表达的培养。美术教育不仅仅关注学生的绘画技巧，更多的是通过艺术创作激发学生的创造性思维和情感表达，使其能够在视觉语言的层面上实现自我认知与自我表达。在美术课程的教学设计中，教师必须注重课程内容的系统性和层次性，强调技巧与情感的结合，创造性与理论的统一，以促进学生全面发展。美术课程的教学方法应与学生的艺术理解力、技能掌握和个性特点相契合。教师不仅要教授基础的绘画技巧,还要鼓励学生在创作过程中进行探索、创新,并通过艺术创作深化对世界的感知与理解。设计有效的美术教学策略,能够帮助学生建立艺术表达的自信,提升其艺术修养和审美品位,并帮助他们在艺术的领域中找到自己的独特声音。

(一)教学目标的确立与设计

美术课程的教学目标不仅仅是对学生技术能力的培养,更要注重其创新能力、情感表达以及艺术欣赏能力的提升。在设计美术课程时,教学目标应当明确、具体,并且具有可操作性。首先,课程的技术性目标应当确保学生掌握一定的基础技巧,如素描、色彩运用、构图等方面的基本知识。其次,教学目标应扩展至学生的艺术感知和情感表达上,帮助学生理解艺术创作中的情感表达和思想深度,使其能够通过作品传达个性化的情感和创意。此外,美术课程还应当包括培养学生的思辨性思维和艺术欣赏能力。在艺术创作过程中,学生不仅要学会如何完成一幅作品,还要学会从多角度审视艺术作品,理解作品的文化背景、艺术理念以及创作动机。通过对艺术作品的欣赏与分析,学生能够拓宽艺术视野,提升对艺术的理解力和评价能力。因此,在美术课程的目标设计中,教师要平衡技能训练、情感培养和艺术欣赏的比例,使得学生在技术、思维和情感表达上得到全面地发展。

(二)教学内容的安排与层次设计

美术课程内容的设计必须从学生的艺术理解力、技术能力出发,循序渐进地安排教学内容。在初级阶段,课程内容应侧重于基础技能的培养,如素描、速写、色彩学等,通过基础课程的教学,帮助学生掌握艺术创作的基本技巧。此阶段的教学要着重让学生体验艺术创作的乐趣,培养其对形态、色彩和光影等艺术元素的感知能力。教师应当注重通过基础练习,使学生逐渐熟悉艺术创作的工具和媒介,掌握艺术表达的技巧和手段。

进入中级阶段,教学内容逐渐向更具表现力和创意性的领域拓展。此时,教师应鼓励学生在创作中加入更多的个性化表达,探索不同的艺术风格和形式。学生可以开始尝试更具挑战性的主题创作,如人物画、风景画、抽象表现等。此阶段的教学不仅仅是技术的训练,更是艺术思想和个性化表达的培养。教师可以通过分析经典艺术作品,引导学生从艺术历史和文化背景的角度理解创作,激发他们的思维深度和情感投入。

在高级阶段,教学内容应注重学生艺术思想的拓展和创作能力的全面提升。学生不仅要巩固基础技法,还要开始独立构思和创作复杂的艺术作品。在这一阶段，学生的创作更加注重表现自我思想和情感，艺术创作不再是简单的技巧展示，而是思想、情感与艺术形式的有机结合。教师应鼓励学生选择独立的主题进行创作，并通过个人艺术风格的探索，逐步培养学生的创新能力和思辨性思维。在这一过程中，教师需要提供个性化的指导，帮助学生分析自己的作品，并提供具体的反馈与建议，促进其在艺术创作中的进一步成长。

（三）教学方法的创新与实践

美术课程的教学方法应与学生的学习需求、艺术理解力以及课程目标相适应，强调互动性和实践性。美术教育不仅仅是教师向学生传授知识的过程，更是学生通过实践和创作主动学习的过程。因此，教学方法需要着重鼓励学生的参与，激发他们的艺术探索和创作热情。

在课堂教学中，教师应通过讲解、示范、指导和讨论等多种形式，帮助学生理解美术创作的技巧与方法。课堂教学不仅仅局限于理论的讲解，更要注重实践操作，通过实践活动让学生真正体验艺术创作的过程。比如在讲解素描技巧时，教师可以通过现场示范和指导，带领学生一起进行实际练习，使他们在动手操作中更好地理解艺术创作的要领。而在进行色彩教学或构图教学时，教师可以组织学生进行小组讨论和作业展示，让学生通过彼此间的互动与反馈，加深对艺术创作技巧的理解和掌握。

美术课程的教学方法应注重实践性和创意性，教师可以设计一些具有挑战性的项目性任务，让学生通过实际创作来锻炼其独立思考和问题解决能力。比如可以组织学生进行主题创作，要求学生根据特定的社会或文化背景进行艺术创作，在创作过程中，不仅要注重技巧的运用，更要让学生思考如何通过作品传达特定的情感和思想。这种以任务为导向的教学方法能够让学生在实践中锻炼自我表达和创意思维，提高他们的艺术表现力和综合素质。

在美术课程的评估中，不仅要关注学生的技术水平，更要考虑学生在创作过程中的情感投入、思维方式、创新能力等多个维度。评估方式可以通过作品评分、课堂表现、作业提交、项目完成等多种形式进行，教师要在评分过程中根据学生的创作表现、技巧掌握和创新思维给予综合评价。美术课程的反馈应当具体、及时且具有指导性。教师不仅要对学生的作品进行评分，更要提供详细的反馈，帮助学生理解自己作品的优点与不足。比如教师可以对学生作品的构图、色彩运用、情感表达等方面进行评价，并提出改进建议。此外，教师还可以通过课堂讨论、作品展示等方式，让学生听取同伴的意见和建议，激发学生的思维和创造力。

有效的反馈能够帮助学生更好地认识自己的艺术风格和表现方式，推动他们在创作过程中不断突破和提升。教师应注重个性化的反馈，针对每个学生的创作特点和发展需求，提供具体的指导。通过及时地反馈与调整，学生能够在创作中不断进步，提升艺术修养和创作能力。

（四）教学资源与环境的支持

美术课程的教学不仅仅依赖于教师的讲解和指导，还需要有充分的教学资源和支持环境。丰富的艺术材料、宽敞的工作室、良好的展示空间等，都是保证美术教学顺利进行的基础。教师应根据课程需要，提供适合的艺术工具和媒介，帮助学生在创作过程中充分发挥想象力和创造力。此外，艺术展览、艺术交流活动等也为学生提供了展示自己作品的机会，激励学生不断努力创作、突破自我。

在教学环境方面，教师应创造一个开放、包容的课堂氛围，鼓励学生自由表达和探索。在美术创作过程中，学生往往会遇到许多挑战和不确定性，教师需要通过引导和鼓励，帮助学生解决问题，并激发他们对艺术创作的热情和兴趣。课堂内的讨论和展示环节是激发学生创造力的重要平台，教师应鼓励学生互相交流、分享创作灵感，提升课堂的互动性。

二、音乐课堂的设计与实施

音乐课堂作为大学生美育的核心组成部分之一，不仅是对学生音乐技巧的培养过程，更是情感表达、创造性思维、审美感知和社会责任感等多方面素质提升的重要途径。随着教育理念的更新，音乐课程的设计逐渐向全方位、多元化、互动性强的方向发展，注重学生在音乐实践中的感知、表现与创新。音乐课堂的设计不仅要关注音乐技能的教授，更要激发学生的情感投入和思想深度，从而全面提升他们的音乐素养和艺术修养。在具体的教学实施过程中，音乐课堂的设计不仅仅局限于传统的教学方法，而是通过多元化的策略和创新的实践模式，使课堂具有互动性、创造性和情感性，以促进学生在艺术与文化的交织中形成全面的自我认知。在这一过程中，音乐教育的核心目标是培养学生对音乐的深刻理解，发展他们的艺术感知和审美能力，并通过音乐教育的深度融合，促使学生具备独立思考和创造性表现的能力。

（一）音乐课堂的教学目标与内容设计

音乐课堂的教学目标应当涵盖技能、情感和思维三个方面，强调理论与实践的结合，技能训练与创造性的提升并重。在教学目标的设计上，首先应注重学生的音乐基础技能训练，包括乐理知识、节奏与音准的把握、基本演奏技巧等。这些内容不仅构成了学生音乐表现的基础，更为后续的音乐创作和音乐欣赏提供了必要的支撑。通过系统的音乐基础教育，学生能够掌握音乐的基础要素，培养良好的音乐素养，为进一步的艺术表现奠定坚实的基础。

同时，音乐课堂的教学目标还应注重学生情感的培养和音乐表现的多样性。音乐作为一种表达情感和思想的艺术形式，不仅仅是技巧的堆砌，更是情感、思想和艺术形式的综合体现。通过情感表达的训练，学生能够理解音乐作品中的情感内涵，学会如何通过音乐表达自己的内心世界。这一过程中，教师的引导至关重要，教师不仅要传授技术和技巧，更要帮助学生挖掘和表达音乐作品中的情感，培养学生通过音乐来传递自我认知和社会责任的能力。

教学内容的设计需要紧密围绕音乐教学的核心目标进行安排，确保学生能够在技能的掌握、情感的表达和思维的拓展等方面获得充分的锻炼。在音乐课堂的教学中，内容不应局限于演奏技巧的传授，还应包括对不同类型音乐作品的欣赏和分析，使学生能够从艺术历史和文化背景的角度理解音乐，增强其思辨性思维和文化认同感。通过课堂上的音乐欣赏与分析，学生不仅能够提升自己的音乐审美能力，还能够更深刻地理解音乐背后的思想内涵和文化价值。

（二）音乐教学方法的创新与实践

传统的音乐教学方法通常采用讲授式、示范式和练习式的方式，尽管这些方法在某些方面仍然具有其有效性，但随着教育理念的变化和学生需求的多样化，音乐课堂的教学方法需要更多元化、互动性和创新性。现代的音乐课堂应当注重学生的主体性，鼓励学生主动参与、自由表达和创作，打破单一的教学模式，构建更加丰富和开放的课堂氛围。

一方面，教师应通过生动有趣的示范和互动，引导学生积极参与到课堂中来。例如，在教学过程中，教师不仅要向学生传授基础知识和技巧，还应通过角色扮演、即兴演奏、团体合作等方式，提高学生的参与度。在小组合作与合奏环节中，学生通过共同完成音乐创作或演奏任务，锻炼了团队协作能力、沟通能力以及艺术表达能力。这种互动式的教学方法，使学生能够在实践中感受到音乐创作的魅力和音乐表现的力量，激发学生的学习兴趣和艺术热情。

另一方面，现代音乐教育强调创意思维的培养和独立音乐思考的激发。教师应当通过设定具有挑战性和创造性的课题，引导学生进行独立的音乐创作，激励学生突破传统的技术束缚，尝试新的表现形式和创作方式。比如在音乐创作课程中，教师可以鼓励学生根据个人情感或社会问题创作新的作品，挑战学生的思维边界，促使他们从个性化的视角出发，进行独立创作。在这一过程中，学生不仅能够提升音乐创作能力，还能够培养创新意识和个性化表现的能力。此外，跨学科的音乐课堂教学也逐渐成为现代音乐教育的趋势。比如教师可以结合文学、历史、哲学等学科的知识，帮助学生更全面地理解音乐作品的背景与文化内涵。通过将不同学科的知识融入音乐教学中，学生不仅能够更好地理解音乐的艺术性和表现力，还能够从更广泛的视角审视音乐创作的社会功能和文化价值。跨学科的结合不仅拓宽了学生的思维视野，也促进了学生综合素质的全面提升。

（三）音乐课堂中的个性化教学与学生差异化发展

每个学生的艺术背景、学习需求和发展潜力都是不同的，因此，在音乐课堂的教学中，个性化教学显得尤为重要。教师应当根据学生的艺术素养和发展水平，设计不同层次和难度的课程内容，以满足不同学生的需求和兴趣。通过个性化的教学，教师能够在提升学生的音乐技能的同时，帮助学生发现自身的艺术潜力，培养他们的创新思维和独特表达方式。比如对于一些有音乐基础的学生，教师可以设置更具挑战性的课题，如高难度的演奏技巧、复杂的音乐创作或表演任务；而对于基础较弱的学生，则应注重基础技能的巩固和提高，帮助他们在音乐技巧上打下扎实的基础。同时，个性化教学还包括根据学生的兴趣和发展方向进行教学内容的调整。比如某些学生可能更喜欢古典音乐，而另一些学生则可能对现代音乐或实验音乐更感兴趣。教师应根据学生的兴趣，灵活设计课程内容，帮助他们更深入地探索自己喜爱的艺术领域，从而激发学生的创作灵感和艺术热情。

除了技巧和风格的个性化设计外，教师还应根据学生的情感需求和个人经历进行情感辅导。音乐创作与表演本质上是情感的表达，学生在创作过程中常常会受到内心世界和情感体验的驱动。教师应通过引导，帮助学生理解和调节自己的情感，增强他们对音乐作品的情感共鸣。通过这种方式，学生能够在艺术创作中找到自我认知的出口，增强自信心，并在艺术中获得情感的满足和自我实现。

在设计评估标准时，教师应当注重多维度的评价，既要评估学生的技术能力，也要评估他们在课堂活动中的参与情况、创作思维、艺术表现力等方面的能力。教师应通过多种评估方式来进行反馈，比如通过作品展示、课堂互动、演奏成绩和小组合作等形式，综合评价学生的艺术表现和创新能力。在反馈过程中，教师不仅要给予学生具体的改进建议，还要鼓励学生从自我评估入手，反思自己的创作过程和表现，帮助学生形成自我调整和改进的能力。此外，教师还应当通过定期的反馈会议，促进学生之间的互动与讨论，让学生在同伴的评价中发现自己的不足与潜力，激发他们进一步发展的动力。

音乐课堂的设计与实施是一项系统性工程，要求教师不仅要关注学生的音乐技能培训，更要注重他们的情感表达、创新思维和社会认知的培养。通过多元化的教学方法、个性化的教学设计和全面的评估反馈，教师可以在音乐课堂中为学生提供一个充满创意和表达空间的学习环境，激发他们的艺术潜能，促进其全面素质的发展。随着教育理念的不断更新，音乐课堂的教学设计将更加注重学生的主体性和创造性，通过教学的创新和实践，不断推动音乐教育的多元化和个性化发展。

第四节　国内外高校美育的课程设计经典案例分析

随着全球高等教育的不断发展，美育课程设计在国内外高校中扮演着越来越重要的角色。无论是传统艺术教育的革新，还是跨学科融合与科技赋能的探索，都涌现出了一系列经典的课程设计案例，值得高校借鉴和参考。

一、国内高校美育课程设计案例分析

（一）中央美术学院：艺术与科技融合课程

中央美术学院推出了一门名为"未来艺术与科技"的课程，这一课程以培养学生的创新意识与跨学科能力为核心目标。课程内容广泛而深入，涵盖了数字媒体艺术、虚拟现实创作、人工智能在艺术中的应用等前沿领域，体现了艺术教育与现代科技融合的最新趋势。课程设计以实践为导向，通过案例研究、项目制学习和创意实践等多种形式，为学生提供了理论与实践相结合的学习机会。课程的亮点之一是将技术与艺术的深度融合，通过对数字技术的应用，拓展了学生艺术创作的边界。比如学生需要掌握虚拟现实的基本技术原理，并运用这些技术进行艺术创作。在此基础上，课程还鼓励学生进行跨学科探索，将技术作为工具，将艺术作为载体，从不同学科中汲取灵感，从而实现更具创新性的艺术表达。

一个具有代表性的实践项目是某学生团队利用VR技术对中国传统园林进行数字化再现。这一项目选择了颐和园为主要研究对象，学生通过实地调研，收集园林的建筑结构、空间布局和植物景观等详细数据，并运用三维建模和虚拟现实技术，重现了园林的审美意境。通过这种方式，观众可以通过VR设备"漫步"于虚拟园林，亲身感受传统文化的魅力。这一项目不仅展示了学生对传统文化深刻的理解和艺术表达能力，还为文化遗产的数字化保护提供了重要的参考模型。此外，课程还注重学生团队合作能力的培养。参与这一项目的学生来自不同学科背景，包括美术、计算机科学和文化研究。他们在项目中分工明确，从技术支持到艺术创意，再到历史研究，各团队成员各司其职，同时也通过不断沟通与协作，

确保了项目的顺利进行。这种多学科协作模式极大地提升了学生的综合能力，让他们在项目实践中既能发挥个人特长，又能学习团队合作的重要性。

通过"未来艺术与科技"课程，中央美术学院不仅培养了学生的创新能力，还推动了艺术教育的现代化和国际化。课程所产生的优秀实践成果也为数字媒体艺术与文化保护领域提供了宝贵经验，成为美育与科技融合的典范案例。这一课程的成功实施不仅彰显了中央美术学院在艺术教育中的前瞻性与实践性，也为其他高校在课程设计与教学改革中提供了有益的借鉴。

（二）清华大学美术学院：全球视野下的艺术设计课程

清华大学美术学院开设的"全球艺术与设计实践"课程是一门以国际化视野为核心的创新课程，旨在通过文化交流和艺术创作培养学生的跨文化理解能力和艺术设计创新能力。课程的核心理念在于鼓励学生在全球化背景下寻找艺术灵感，打破文化界限，将传统艺术与现代设计相结合，探索文化传承与创新的融合路径。课程内容设计注重多样性和实践性，学生通过参与短期海外交流、国际合作项目以及多元文化的艺术研究，拓宽了全球视野。在这些活动中，学生不仅接触到不同国家和地区的艺术形式与文化背景，还与国际艺术家、设计师和学者开展深度合作。

一个突出的案例是课程中组织的一次中美联合设计工作坊。这次活动汇集了清华大学和美国知名艺术院校的学生与导师，共同探讨可持续发展与文化传承的结合点。在工作坊中，学生团队以传统中国手工艺为基础，比如刺绣、竹编和陶艺等，融合现代设计理念，开发了一系列具有市场潜力的文化产品。比如有一组学生利用传统刺绣工艺设计了环保布袋，将现代简约风格与传统刺绣技法完美结合，使其既保留了中国文化的审美意境，又符合国际市场对环保产品的需求。另一组学生通过竹编技艺制作了一系列家居用品，采用可再生材料和模块化设计，为绿色生活方式提供了创新的设计解决方案。

这次联合设计工作坊不仅是一次艺术创作的过程，更是一次跨文化深度交流的体验。中美学生团队在合作中克服了语言、文化和设计理念的差异，通过反复讨论与实验，找到了两种文化的共通之处。这种跨文化合作模式让学生深刻体会到不同文化背景对艺术创作的影响，也培养了他们在多元文化环境中的合作与沟通能力。此外，该课程还注重将学生的创作与社会需求相结合。在工作坊结束后，部分优秀的设计作品被推荐进入市场试点，并获得了良好的反馈。这不仅让学生的创意从课堂走向现实，也为传统文化在全球化背景下的现代转型提供了成功的案例。

— 第四章 —
大学生美育的课程设计

"全球艺术与设计实践"课程通过国际化的教学理念、多元文化的学习环境和实际项目的推动,全面提升了学生的艺术设计能力和跨文化理解力。清华大学美术学院通过这一课程,为培养具有全球视野和创新思维的艺术设计人才树立了典范,同时为国内其他高校的美育课程提供了宝贵经验和参考路径。

(三) 复旦大学:模块化美育课程

复旦大学在美育课程改革中推出了一套模块化课程体系,旨在通过多层次、全方位的艺术教育,满足学生的多样化学习需求,培养他们的审美能力、艺术创造力和社会责任感。这一体系分为基础模块、选修模块和实践模块,各模块既独立又相辅相成,共同构成了系统化的美育教育结构。

基础模块主要以艺术理论为核心,包括艺术鉴赏与艺术史两大核心课程。这些课程帮助学生了解不同艺术形式的发展历程与文化背景,从理论层面提升学生的审美素养和艺术鉴赏能力。比如通过学习古典音乐的历史、绘画流派的演变或电影艺术的叙事技巧,学生能够更深入地理解艺术作品的内在价值及其社会意义。这一模块为学生提供了全面的艺术基础知识,是后续模块学习的坚实理论支撑。

选修模块则注重实践技能的培养,课程涵盖范围广泛,从戏剧表演到摄影艺术、从舞蹈创作到影视制作,学生可以根据自身兴趣和发展方向自由选择。比如戏剧表演课程通过角色扮演和剧目创作,帮助学生增强情感表达能力和团队协作意识;摄影艺术课程则以实际拍摄为主,通过构图、光影运用的训练,提升学生的创意表现力。这种自由度极高的选修方式,不仅满足了学生的个性化需求,还为他们提供了多样化的艺术实践机会。

实践模块是复旦大学美育课程体系中的亮点,注重学生将艺术学习与社会实践相结合。学生在这一模块中不仅需要完成个人作品,还需参与到公共艺术创作中,将艺术融入社会生活。比如在上海城市公共空间的艺术装置设计项目中,学生被分成多个小组,根据城市的文化特质和公共空间的功能需求,设计并完成了一系列创意装置作品。这些作品不仅美化了城市环境,还成为公众与艺术互动的媒介。某个团队设计的"时光长廊"装置,以历史照片与现代灯光效果相结合,展现了上海城市发展的历程,吸引了大量市民驻足体验。这一实践活动让学生感受到艺术在社会中的实际作用,也提升了他们对城市文化的理解与认同感。

通过模块化的美育课程体系,复旦大学实现了艺术教育的多元化和实践化。学生不仅能从理论学习中获得艺术素养,还能在选修课程中拓展兴趣领域,更能在实践模块中运用所学,服务社会。这样的课程设计,不仅增强了学生的艺术创作能力,也培养了他们的社会责任感,为他们在未来社会生活和职业发展中提供了强大的支持。这一体系的成功实施,为其他高校的美育课程建设提供了重要参考,展现了复旦大学在艺术教育改革中的前瞻性和实践性。

(四)南京艺术学院:社区美育与社会实践

南京艺术学院的"社区美育课程"是一项极具创新性和社会价值的教育实践,它将美育与社会实践紧密结合,探索艺术教育的新路径。这一课程旨在打破艺术创作与社会现实之间的界限,让学生通过艺术为社会发展贡献力量,同时提升自身的艺术实践能力和社会责任感。其中,"乡村艺术振兴"项目是该课程的亮点之一,为高校美育融入乡村振兴战略提供了成功的范例。在"乡村艺术振兴"项目中,学生团队深入农村社区,以当地文化和自然环境为创作灵感,通过壁画创作、艺术装置设计和互动工作坊等形式,为村庄注入新的艺术活力。比如某些学生团队与村民合作设计了一系列具有当地特色的墙面壁画。这些作品不仅展示了传统农耕文化和民俗风情,还融入了现代艺术元素,使村庄焕发出全新的文化气息。这些壁画不仅成为村庄的一道亮丽风景线,也吸引了外界的关注,为乡村带来了旅游和经济发展的机遇。

除了艺术创作,项目还注重通过互动工作坊与村民建立深度交流。学生组织了手工艺培训、文化讲座和艺术体验活动,让村民不仅成为艺术创作的参与者,更是文化传播与创新的主体。比如在一次工作坊中,学生教授村民利用当地竹材制作简单而美观的手工艺品,这些作品后来成为村庄的特色纪念品,在当地市场和旅游景点中受到游客欢迎。这种共同参与的模式,不仅增强了村民对本地文化的认同感,还激发了他们的文化自信。通过这一项目,学生的艺术实践能力得到了全面提升。在创作过程中,他们需要从村庄的历史、文化和环境中汲取灵感,将艺术表达与社会需求相结合,探索艺术与社会发展的可能性。此外,与村民的互动也让学生感受到艺术在改善社区生活、促进文化传承中的重要作用。这种实践经验帮助学生在艺术学习中突破了课堂的限制,培养了他们的社会责任感和文化敏感性。

更为重要的是,"乡村艺术振兴"项目展现了美育课程在促进乡村文化复兴中的潜力。艺术创作不仅改善了乡村的视觉环境,也推动了当地文化资源的挖掘与传承,促进了城乡文化交流。这种模式将美育与国家乡村振兴战略有机结合,为解决乡村文化发展问题提供了创新的路径。南京艺术学院通过"社区美育课程"展示了高校美育如何在社会实践中焕发新生。这一模式成功将学生的艺术学习与社会需求相融合,为其他高校在美育课程建设中提供了宝贵的经验。未来,这种将艺术教育与社会责任相结合的课程模式,必将在更广泛的领域中得到推广和深化，为社会和艺术教育的发展注入更多活力。

二、国外高校美育课程设计案例分析

（一）哈佛大学：艺术与社会变革课程

哈佛大学开设的"艺术与社会变革"课程是一门极具创新性和社会价值的课程，其核心理念是通过将艺术创作与社会议题相结合，培养学生的思辨性思维、创造力以及社会责任感。这一课程旨在让学生认识到艺术不仅是一种自我表达的形式，更是推动社会进步、反映社会问题的重要媒介。课程设计注重理论与实践的结合。学生需要从多个社会议题中选择一个作为研究主题，比如种族平等、环境保护、城市化进程或性别平等等，然后通过艺术创作对这些问题进行深刻的思考与表达。课程涵盖多种艺术形式，包括绘画、雕塑、摄影、戏剧、多媒体艺术等，为学生提供了广泛的创作手段，同时引导他们结合艺术语言与社会问题进行创新表达。

一个典型的实践案例是学生团队针对气候变化这一全球议题所创作的多媒体装置艺术作品。这一团队通过数据可视化和互动技术，展现了人类活动对气候变化的长期影响。他们利用实时数据和动态影像，模拟了海平面上升、极端天气以及生态系统退化的情景，为观众提供了一种沉浸式的艺术体验。在展览现场，观众通过与装置互动，不仅直观地感受到气候变化的紧迫性，也被引导思考人类在这一问题上的责任与行动。这一作品在哈佛校园内外展出后，引发了师生及社区的广泛关注，许多参观者在社交媒体上分享了他们的观展感受，进一步扩大了作品的社会影响力。

"艺术与社会变革"课程的另一个显著特点是强调跨学科的合作与多样化的学习方式。在创作过程中，学生通常需要从社会学、环境科学、历史学等学科获取背景知识，以深化对社会议题的理解。比如在上述气候变化项目中，艺术学生与环境科学专业的学生展开了深入合作，共同分析数据和设计创作方案。这种跨学科合作模式不仅拓宽了学生的视野，也提高了他们解决复杂社会问题的能力。此外，课程特别注重培养学生的思辨性思维能力。在课程中，学生被鼓励质疑现有的社会结构和文化现象，探索艺术作为变革工具的潜力。他们通过研讨会、小组讨论以及公开展览，与同龄人和社会公众进行对话，接受多方意见与反馈，从而进一步完善创作，并加深对议题的反思。

通过"艺术与社会变革"课程，哈佛大学不仅为学生提供了一个展示艺术才华的平台，还为他们提供了参与社会讨论与行动的机会。这一课程充分展现了艺术教育在培养学生社会责任感和行动力方面的独特价值，同时也证明了艺术作为社会变革工具的潜力。这种将艺术与社会议题紧密结合的课程模式，不仅丰富了学生的学习体验，还为其他高校在设计美育课程时提供了宝贵的参考，成为艺术教育与社会实践结合的典范。

（二）纽约大学：跨学科艺术创作课程

纽约大学开设的"跨学科艺术实验室"课程是一门前沿性和创造力并重的课程，旨在将艺术、科学与技术有机结合，为学生提供一个跨领域合作与创新的平台。课程通过汇聚来自艺术、计算机科学、工程学和社会学等不同领域的学生与教师，鼓励他们在协作中打破学科壁垒，共同探索新颖的艺术表达形式。通过这种方式，课程不仅培养了学生的艺术创作能力，还激发了他们的跨学科思维与创新潜能。

课程的亮点在于采用项目制学习模式，这种方式强调实践与合作。学生在教师的指导下组成团队，围绕一个多学科交叉的主题展开深入研究，并最终完成一个艺术创作项目。这一模式要求学生不仅要有艺术创意，还需要具备技术应用和团队协作的能力。比如在项目实施过程中，艺术专业的学生需要设计视觉呈现方案，而技术背景的学生则负责实现交互功能，同时社会学专业的学生负责研究创作的社会背景和受众反馈。这种多元协作为学生提供了一个全新的学习体验，同时也提升了他们的综合素质。一个实践案例是某学生团队开发的一款互动装置艺术作品，该作品通过结合传感器技术、数据可视化和视觉艺术，展示了人类情绪与自然环境间的复杂关系。在项目初期，团队成员通过问卷调查和数据收集，分析了不同自然环境，如森林、海洋或城市公园，对人类情绪的影响，并将这些数据转化为动态的可视化图像。通过使用传感器技术，装置可以实时捕捉观众的心率、呼吸频率等生理数据，并根据这些数据调整装置的光影效果和声音设计，使观众的情绪变化与装置的动态呈现形成互动。这种沉浸式的艺术体验不仅让观众直观感受到自然环境对情绪的影响，也促使他们反思人与自然的关系及其生态意义。

"跨学科艺术实验室"课程的另一大特色是其强烈的实验性与开放性。学生可以自由选择项目主题，从环境保护到人工智能、从社会正义到个人情感表达，几乎涵盖了所有与艺术和技术相关的可能性。这种开放性激发了学生的创造力，也让他们有机会将自己的学科背景与艺术实践相结合，创造出具有独特视角的作品。此外，课程注重培养学生解决实际问题的能力。许多创作项目都围绕现实生活中的复杂议题展开，比如气候变化、城市化进程或社会心理健康等。学生在研究和创作过程中，不仅需要理解这些议题的多重维度，还需要通过艺术手段提出创新的表达方式。这种实践性和问题导向的学习模式，不仅使学生的艺术创作更加富有社会意义，也增强了他们面对未来职业挑战的信心和能力。

"跨学科艺术实验室"课程是纽约大学在艺术教育与多学科融合方面的一次成功探索。通过这一课程，学生不仅学会了如何将艺术与技术相结合，还提升了跨学科合作的能力和社会责任感。课程中的优秀作品经常在校内外展出，受到学术界和艺术界的高度评价，同时也为其他高校设计类似课程提供了宝贵的经验和启示。这一课程充分展现了艺术教育在当代的无限可能性，成为跨学科创新与艺术表达相结合的典范。

(三) 伦敦艺术大学：文化多样性与艺术实践

伦敦艺术大学的"文化多样性与艺术实践"课程是一门以跨文化艺术交流与创作为核心的特色课程，其宗旨在于培养学生对多元文化的理解力和艺术创作的创新能力。这一课程特别强调通过艺术实践促进不同文化间的对话，使学生在探索自身文化的同时，能够欣赏和借鉴其他文化的艺术传统与创作方法，从而激发他们的创意潜能和全球化视野。

课程内容设计丰富且多样化，涵盖国际艺术展览、跨文化合作项目以及多元文化艺术形式的深度学习。学生通过参与这些活动，能够近距离接触不同国家和地区的艺术传统，深入理解其历史背景与文化内涵。课程特别注重实践性，要求学生将所学文化知识融入实际创作中，并通过团队合作、艺术展览等形式展现创作成果。这种教学模式既培养了学生的艺术创作能力，也增强了他们的跨文化沟通与协作能力。课程中组织的一项与印度艺术家的合作项目。在这一项目中，学生学习了印度传统纺织工艺的技法，包括纺纱、染色、织布和刺绣等，并通过现代设计理念进行再创作。为了更好地理解印度纺织艺术的文化背景，学生还参与了印度艺术家举办的文化讲座，学习纺织技艺背后的历史传承与精神内涵。这种理论与实践相结合的学习方式，让学生对印度文化有了更深刻地理解。

在创作过程中，学生团队通过融入现代设计理念，将传统纺织工艺与当代时尚相结合，设计出了一系列极具创新性的服饰。比如一组学生团队以传统的印度纱丽为灵感，将其材质与工艺应用于现代服饰设计中，打造了一系列优雅且充满文化韵味的礼服。这些服饰作品不仅保留了印度纺织艺术的独特美感，还融入了国际化的设计元素，使其更符合现代审美和市场需求。这些作品在伦敦举办的国际艺术展上展出后，广受好评，不仅展示了文化多样性与艺术创作的魅力，也成为跨文化艺术实践的成功典范。此外，这一课程还注重培养学生的文化敏感性和社会责任感。通过与印度艺术家的合作，学生深刻体会到传统工艺在全球化背景下面临的挑战与机遇。他们不仅学习了艺术技法，还思考如何通过现代艺术设计推动传统文化的保护与传播。这种学习经历让学生认识到，艺术创作不仅是一种个人表达方式，更是促进文化对话和社会进步的重要途径。

"文化多样性与艺术实践"课程通过将跨文化艺术交流与创作有机结合，为学生提供了一个探索多元文化和创新艺术表达的平台。这一课程的成功实施，不仅让学生获得了宝贵的艺术实践经验，也为全球艺术教育提供了有益的启示。伦敦艺术大学通过这一课程，充分展现了艺术教育在促进文化多样性和全球理解中的独特价值，成为跨文化艺术教育的典范。

（四）柏林艺术大学：公共艺术与城市空间

柏林艺术大学开设的"公共艺术与城市空间"课程是一门极具创新性和实践性的艺术课程，旨在通过艺术创作与城市空间设计的结合，培养学生的艺术创作能力、空间设计思维以及社会责任感。课程的核心理念在于让学生通过艺术实践为城市公共空间注入文化活力，同时推动学生深刻理解艺术在社会生活中的功能与价值。

课程以实践为主导，要求学生围绕特定的城市区域进行深入的背景调研和设计创作。学生需要综合考虑城市空间的历史文化背景、功能需求以及社区居民的实际期望，设计并完成一件公共艺术作品。这一过程不仅提升了学生的艺术表达能力，还培养了他们的团队协作和跨领域沟通能力。一个典型案例是某学生团队在柏林一处历史遗迹区域设计的互动装置艺术项目。为了深入了解这一区域的历史和文化背景，团队成员首先进行了广泛的调研，包括查阅历史文献、采访当地居民以及与文化遗产保护部门沟通。他们发现，这片区域曾是工业革命时期的重要场所，但随着时间推移，历史遗迹逐渐被忽视，公共空间的文化氛围也逐渐减弱。在此基础上，团队以"历史与未来的对话"为主题，设计了一组互动装置艺术作品。这些装置包括可触摸的多媒体屏幕，通过触控，观众可以查看历史图片、文字解说以及虚拟重建的历史场景。同时，装置还融入了增强现实（AR）技术，当游客使用特定的移动应用扫描装置时，便可看到历史遗迹在不同时期的样貌变迁。这种创新设计不仅让历史文化变得触手可及，还为观众提供了沉浸式的艺术体验。

在创作过程中，学生团队与当地政府机构和居民进行了多次讨论，征求他们对设计方案的意见。这种协作模式让作品不仅在艺术表现上达到了一定高度，也更符合城市公共空间的实际需求。项目完成后，这些互动装置成为当地的文化地标,不仅吸引了大量游客,也促使居民重新认识并珍视自己的历史文化。同时,装置的现代化艺术风格与周围环境形成了鲜明对比,为城市空间注入了一种独特的审美活力。这一课程的价值不仅体现在艺术创作本身,更在于它让学生切身体会到艺术与社会的紧密联系。通过实际项目的实施,学生了解到艺术创作在改善公共空间、传递文化价值以及促进社区互动中的重要作用。此外,课程也增强了学生的社会责任感,使他们认识到艺术不仅是个人表达的工具,更是服务社会、促进文化传承的重要媒介。

"公共艺术与城市空间"课程通过将艺术教育与城市发展结合,为学生提供了一个充满挑战与机遇的学习平台。这一课程的成功实施,不仅为柏林艺术大学赢得了良好的社会声誉,也为全球高校在艺术教育与社会实践融合方面提供了宝贵的经验。通过这种教学模式,学生得以在实践中理解艺术的社会意义,同时为城市公共空间的文化复兴贡献力量。这门课程已成为公共艺术教育领域的标杆,为培养新一代兼具艺术创意与社会责任感的艺术家提供了典范。

三、国内外高校美育课程设计的未来趋势

基于上述案例分析与比较,可以预见,美育课程设计将在未来呈现出更加多元化和现代化的发展趋势。

(一)技术驱动的个性化学习

技术的快速发展正在深刻改变教育模式,美育课程设计也日益依赖人工智能和大数据等新兴技术。这些技术工具通过分析学生的学习习惯、兴趣爱好和能力特点,为每位学生量身定制个性化的课程内容和学习路径。这种个性化学习模式打破了传统"一刀切"的教学方式,使教学更加灵活高效。比如借助人工智能算法,教师可以根据学生的艺术偏好推荐合适的艺术创作主题、欣赏作品或相关技术工具,甚至为学生规划循序渐进的学习方案。在实际应用中,AI工具能够实时监测学生的学习进度,并根据反馈动态调整教学策略,让学生始终保持学习的积极性和探索精神。

虚拟现实和增强现实技术的广泛应用进一步拓展了学生的艺术学习体验,为美育课程注入了全新的活力。在虚拟现实环境中,学生可以突破物理空间的限制,进入沉浸式的艺术创作空间。例如,他们可以置身于虚拟博物馆中,近距离观察名画细节,甚至以创作者的身份重新演绎经典作品。此外,增强现实技术能够将艺术作品与现实环境相结合,为学生提供更直观的学习感受。比如学生可以使用AR眼镜欣赏艺术作品的三维模型,或动态展示艺术创作的过程与技术要点,从而

更深入地理解艺术技巧和表现形式。这种沉浸式学习体验不仅提升了学生的学习兴趣，还帮助他们建立了更立体的艺术认知。

技术赋能还使得美育课程更加关注学生的个体差异，帮助他们发掘自身潜力。传统美育教学中，资源和教学方法的单一性常常难以满足学生多样化的学习需求。而通过人工智能和数据分析技术，教师可以发现每个学生的独特优势和学习瓶颈，并有针对性地提供帮助。比如对于具有绘画天赋的学生，系统可以推荐更高阶的艺术课程和工具；而对于初学者，则会推送基础知识和入门练习。这种"因材施教"的模式不仅提升了学习效率，也激发了学生的创造力和自信心。通过技术驱动的个性化学习，美育课程的教育效果得到了显著提升。学生能够更加高效地掌握艺术知识，更深入地参与创作，并在实践中不断探索自身的艺术潜力。这种以技术为核心的教育模式，为美育注入了创新动能，推动美育从传统教学走向更加多元化和现代化的发展阶段。同时，技术的深度介入也为未来美育教育的变革提供了广阔的可能性。

（二）跨文化与全球化合作

在全球化的时代背景下，美育课程设计正迈向国际合作与文化交流的广阔舞台，通过跨文化实践培养学生的全球视野和多元文化认同。这种模式不仅丰富了美育的内涵，还为学生提供了更大的发展空间。高校可以通过与国际艺术机构、博物馆以及其他高校合作，共同开设国际化的艺术项目或工作坊，鼓励学生将多样化的文化元素融入艺术创作。比如通过与知名博物馆合作，学生可以在线或亲临其境接触珍贵的艺术作品，学习不同文化中的艺术创作技巧与表现形式，这种体验式学习能够激发学生的文化敏感性和艺术创新力。

与此同时，高校还可以组织国际艺术展览和文化交流活动，让学生在全球艺术平台上展示自己的创作成果，并与来自不同国家的艺术家和学生互动。在这样的过程中，学生不仅能够了解其他文化的艺术传统，还通过与国际同行的对话重新审视自己的本土文化，从而增强文化认同感与自信心。短期海外学习课程也是跨文化美育的一种重要形式。学生在异国他乡接受艺术教育时，会感受到截然不同的教学理念和创作方法，这种冲击与融合将拓宽他们的艺术视野，使其更好地理解文化多样性的价值。

跨文化与全球化合作为美育课程设计带来了更多可能性。通过直接参与和体验，学生能够在多元文化的碰撞中找到创新灵感。比如某高校通过与非洲艺术机构合作，组织学生探讨非洲传统图案与现代设计的结合，在创作过程中，学生不仅深刻理解了非洲文化的独特魅力，还从中汲取了艺术表现的新元素。同时，这种国际化合作也培养了学生在国际环境中的适应能力和跨文化沟通能力。通过与不同文化背景的同伴共同完成创作项目，学生学会了如何在多元文化中寻找共性和互补点，从而提升团队协作能力和艺术表达的多样性。

此外，跨文化美育还具有促进世界文化交流与理解的重要作用。在国际艺术教育中，学生不仅是学习者，也承担着传播本土文化的责任。他们通过自己的创作和展示，向世界传递了本国文化的内涵与精神，同时吸收了他国文化的精髓。这种双向互动为全球艺术生态注入了新的活力。通过跨文化与全球化合作，高校不仅能够培养具有国际竞争力的艺术人才，还能推动不同文化间的理解与融合，为全球美育的发展贡献力量。未来，美育课程在国际化的道路上，将继续为学生的全面发展和世界文化的共同繁荣搭建更广阔的桥梁。

（三）社会化与实践化导向

未来的美育课程将更加注重与社会实际需求的结合，通过艺术创作回应社会问题、传递文化价值，从而培养学生的社会责任感和公共意识。这种社会化与实践化的导向不仅赋予美育以更丰富的内涵，还为学生提供了将艺术学习型社会实践相结合的宝贵机会。比如学生可以参与城市公共艺术项目，在城市公共空间中创作艺术装置或壁画，以改善城市环境的美感与文化氛围。这些作品不仅让居民感受到艺术的魅力，也传递了对社会问题的思考，如通过艺术装置强调环境保护的重要性或表达对历史文化的致敬。这种创作过程让学生更加深刻地理解艺术的社会功能，并在实际操作中磨炼自己的团队协作和沟通能力。

乡村艺术振兴计划是另一个将艺术与社会实践相结合的典型领域。学生可以深入乡村，与当地居民合作完成艺术项目，如为村庄设计主题壁画、恢复传统手工艺或组织社区艺术展览。这些实践活动不仅为乡村注入了新的艺术活力，还帮助学生了解乡村文化与历史的独特价值。比如通过壁画创作记录村庄的发展历程，学生和居民共同构建了对乡土文化的认同感和保护意识。同时，乡村艺术振兴还为发展乡村旅游、促进经济增长提供了可能性，学生在这一过程中体会到艺术创作对社会变革的实际贡献，增强了他们的社会责任感。

艺术创作与社区的互动则进一步强化了学生与社会的联系。比如某高校组织的"社区艺术节"让学生与社区居民共同完成艺术表演和装置制作，通过这种深入的交流与合作，学生感受到了艺术对增进社会关系、促进文化理解的重要作用。同时，这种活动也培养了学生在复杂社会环境中解决问题的能力，帮助他们更深入地认识到艺术在改善社会环境、促进文化交流和推动社会进步中的独特价值。通过社会化与实践化导向的课程，美育不再仅仅是艺术技能的学习和训练，而是学生参与社会、服务社会的重要途径。这样的美育实践让学生在现实中体会艺术的力量，培养他们关怀社会、关注文化的态度，真正将美育融入个人发展与社会需求之中，为社会的进步和文化的繁荣作出积极贡献。

（四）多学科与综合性融合

随着学科交叉的不断深入，美育课程设计正朝着多学科与综合性融合的方向发展，成为培养创新型人才的重要途径。将艺术与科技、环境科学、社会学或心理学相结合，不仅拓展了学生的艺术创作边界，还为他们提供了全新的思维方式和问题解决能力。例如，在艺术与科技的结合中，人工智能、虚拟现实和增强现实技术的应用为艺术创作注入了前所未有的可能性。学生可以通过人工智能生成独特的艺术作品，探索人机互动的艺术表达形式，从而推动艺术与科技的融合。同时，这种技术赋能还可以为学生提供更多数字化创作工具，使他们能够更直观地实现创意，打破传统艺术表达的局限。

在生态艺术的实践中，美育课程可以引导学生关注环境问题，将艺术创作与可持续发展相结合。比如学生可以通过废弃材料再创作传递环保理念，或者设计装置艺术作品揭示生态危机，从而用艺术的语言呼吁社会关注环境保护。这不仅让学生认识到艺术在社会议题中的作用，也培养了他们的社会责任感和环保意识。在这一过程中，学生需要综合运用科学知识和艺术技巧，同时从环境科学的角度分析问题、提出解决方案，这种跨学科的实践大幅提升了他们的综合能力。

美育课程与社会学的融合为学生提供了从文化和社会角度思考艺术的机会。通过艺术作品反映社会现象或历史背景，学生能够更深入地理解人类社会的复杂性。比如在一个艺术与社会研究的项目中，学生可能会创作反映城市化进程中社会变迁的作品，表达对城市发展中个体与集体关系的思考。这种结合不仅拓展了艺术的表达领域，也让学生在艺术实践中学会从社会学的视角分析问题，增强他们对社会现象的敏感性。

心理学与美育的结合则通过探索艺术对情感和心理的影响，帮助学生理解艺术的疗愈作用。比如学生可以设计面向特定人群的艺术治疗方案，运用色彩、音乐或形体创作引导人们表达情感、舒缓压力。这种融合为艺术教育提供了更多的实践应用场景，同时也让学生认识到艺术在人类心理健康领域的价值。

多学科与综合性融合的美育课程设计，不仅为学生提供了更广阔的学习与实践空间，也为社会带来了更具创新性的艺术表达和应用形式。这种跨界教育模式培养了学生的多维思考能力和创造力，使他们能够在未来复杂多变的社会环境中游刃有余。

第五章
大学生美育的创新教学模式与技术应用

第一节 现代信息技术在美育中的应用

一、信息技术与美育结合的背景与现状

随着现代信息技术的快速发展,教育领域逐渐迎来了前所未有的变革。信息技术不仅推动了传统教学手段和教学模式的创新,更为艺术教育,尤其是美育领域的教学方法和内容提供了广阔的发展空间。美育作为一个综合性强、涉及面广的学科,其教育目标不仅仅是培养学生的艺术技能和审美能力,还旨在提升学生的综合素质,增强他们的情感认知、社会责任感与创新思维。信息技术与美育的结合为这一目标的实现提供了丰富的支持和新的可能性。在这一过程中,技术不仅仅是作为工具存在,更成为促进教育内容和形式创新的核心力量。通过信息技术的介入,教师和学生的互动变得更加多元,教学内容更加丰富,学习方式更加灵活和个性化,从而为美育的有效实施和发展提供了新的动力和方向。

(一)信息技术与美育相结合的历史背景

信息技术与教育的融合并不是一个全新的概念。自20世纪末,计算机和互联网开始进入教育领域后,教育界就逐渐开始探索如何利用技术手段提高教学质量。在传统的教育模式中,教师通常通过面对面的讲授与学生进行互动,教学内容的呈现方式以文字、图片和实物为主。尽管这些传统方法在教育过程中发挥了重要作用,但随着社会和科技的进步,传统教学模式显现出一定的局限性。进入21世纪后,信息技术特别是多媒体技术、网络技术和数字化技术的广泛应用,逐步推动了教育领域的深刻变革。现代教育不仅要求学生掌握基础知识和技能,还要求他们具备信息素养、创新精神和跨学科的综合能力。因此,如何将信息技术有效地融入教学过程中,成为教育改革和创新的重要课题。

在美育领域,信息技术的应用更是改变了艺术教育的传播方式和学习形式。艺术本身具有强烈的感性特征,其教育目标不仅仅是知识和技能的教授,更是情感的培养、审美的提高以及创造力的激发。信息技术,尤其是多媒体和虚拟现实技术的应用,为学生提供了多感官的艺术体验,极大地丰富了美育的教学内容和

形式。学生不再仅仅通过传统的课堂讲授与实物展示来学习艺术，而是能够通过多媒体课件、在线艺术展览、虚拟艺术创作等方式，直接参与到艺术教育的每一个环节中。

（二）信息技术与美育相结合的现状

在中国，随着教育信息化的推进，信息技术与美育的结合逐渐成为一种趋势。在许多高校中，已经逐步开展了基于信息技术的美育课程。这些课程不仅包括传统的艺术课程，还涵盖了数字艺术、网络艺术、互动艺术等新兴领域。教师通过在线教学平台、虚拟实验室、数字媒体等多种技术手段，使学生能够通过线上学习与创作实现艺术的学习与展示。

当前，信息技术与美育结合的形式主要体现在以下几个方面。首先，课堂教学的数字化。教师通过数字化教案、多媒体课件、艺术视频等手段，使学生在课堂上能够更加生动、直观地了解和体验艺术作品。通过这些技术手段，学生能够不受地域和时间限制，随时随地接触到丰富的艺术资源，并通过互动和参与实现自我学习。其次，随着虚拟现实（VR）、增强现实（AR）技术的发展，艺术教育的实践性和互动性得到了大幅提升。在美术和设计等课程中，学生不仅可以通过传统的绘画和雕塑实践进行艺术创作，还可以借助VR和AR技术在虚拟空间中进行创作与展示，打破了传统物理空间的局限。这种虚拟的艺术创作方式让学生在没有实际材料的条件下，依然能够实现创作，并与他人分享与交流。

此外，信息技术的应用还推动了艺术课程的开放与共享。许多高校和艺术机构利用网络平台，提供免费的在线艺术课程、公开艺术讲座、虚拟艺术展览等内容，让学生能够在全球范围内接触到最前沿的艺术资源，拓宽他们的艺术视野。这种开放式学习方式为学生提供了更多自主学习的机会，激发了他们的学习兴趣和创造潜能。通过信息技术，学生可以通过电子设备观看艺术作品、聆听音乐、欣赏舞蹈等，能够更加方便地参与到艺术的学习与体验中。无论是传统艺术课程的学习，还是现代科技与艺术结合的新兴课程，信息技术的加入都使得课堂更加生动和富有活力。通过多媒体与数字化的支持，学生能够跨越传统艺术教学中的时间、空间、物理材料等限制，拥有更为多样化、个性化的艺术学习体验。

与传统教学模式相比，信息技术的融入给美育教育带来了全方位的变革，使学生在多个方面得到了更加直观且丰富的感受。首先是学习的趣味性和沉浸感得到了显著增强。传统美育教学多以讲授和欣赏为主，学生主要通过书本或单一的艺术作品进行学习。而随着多媒体技术的广泛应用，学生能够通过动态和视觉化的方式欣赏艺术作品。比如通过高分辨率的数字图像，学生可以放大观察名画的细节，感受艺术家在笔触和色彩运用上的独特技法；或者通过3D建模，探索建筑艺术的结构与设计理念，从而更全面地理解艺术作品的内在逻辑和美学价值。这种视觉效果的提升，不仅激发了学生的学习兴趣，还增强了他们的专注力，使学习过程更加生动。VR和AR技术的应用则为学生提供了超越传统课堂的沉浸式体验。在虚拟现实环境中，学生可以"亲临"世界著名博物馆，深入感受不同文化背景下的艺术氛围。比如学生可以通过VR技术置身于卢浮宫，近距离欣赏达·芬奇的《蒙娜丽莎》或米开朗基罗的雕塑作品，感受文艺复兴时期的艺术辉煌。这种身临其境的体验不仅使艺术学习不再受限于地理空间，还通过沉浸式的方式让学生更深刻地理解作品背后的历史背景和创作思想。增强现实技术则将艺术与现实相结合，为学生创造了一种全新的艺术体验。比如通过AR眼镜，学生可以在现实世界中看到虚拟的艺术作品浮现，或者实时显示艺术创作的每一个环节，让学习过程变得更加直观。这些技术的融入，极大拓展了学生的学习维度，使他们能够在虚拟与现实的交互中获得更加丰富的艺术感知。此外，信息技术还显著增强了学习的互动性和即时反馈能力。在传统课堂中，教师与学生的互动往往受到时间和空间的限制，而信息技术的应用打破了这一局限。学生可以通过虚拟平台随时随地与教师和同学进行交流，分享自己的创作成果和学习心得。同时，人工智能技术的介入，为学生提供了更加精准的学习反馈。比如AI算法能够分析学生的艺术作品风格，根据其创作特点提出改进建议，从而帮助学生优化作品。这种智能化的辅助学习方式，不仅提高了学生的学习效率，也让他们在创作中得到了更有针对性的指导。

信息技术的融入还为学生提供了更加个性化的学习体验。比如如果学生对抽象艺术感兴趣，系统可以推荐相关的艺术家、作品和创作技法；而对于偏好写实风格的学生，则会推送对应的学习资源。这种个性化的学习路径，不仅提升了学生的学习效果，还帮助他们在艺术学习中找到更适合自己的方向，进一步激发了他们的学习兴趣和创作潜能。此外，信息技术还为学生提供了更多的实践机会，特别是在艺术创作领域。比如学生可以利用虚拟现实工具进行数字绘画、三维建模或虚拟雕塑创作，突破传统艺术创作的材料和空间限制。这种数字化的创作环境，让学生可以更加自由地表达自己的创意，同时也大大降低了艺术实践的门槛。在信息技术的助力下，美育教育的范围也得到了极大的拓展。通过在线艺术课程和虚拟博物馆，学生能够接触到世界各地的艺术资源。例如，他们可以通过数字平台学习不同文化中的艺术形式，感受中国传统水墨画的意境之美，或探索非洲雕塑中蕴含的自然精神。这种跨文化的艺术学习，不仅拓宽了学生的视野，还培养了他们对多元文化的理解与尊重。

信息技术的融入让艺术学习变得更加综合和多样化。学生不仅能在视觉、听觉层面感受艺术，还能够通过互动和实践加深对艺术的理解。信息技术的融入为美育教育注入了活力。从学习趣味性和沉浸感的提升，到互动性和个性化教学的实现，再到创作实践和文化理解的拓展，信息技术极大地丰富了学生的学习体验，推动了美育教育质量的全面提升。这种变革不仅让艺术学习更加高效，也为学生打开了探索艺术的全新大门，为培养创新型人才奠定了坚实的基础。随着技术的进一步发展，美育教育将在信息化的浪潮中迎来更多可能性，为学生的全面发展和社会的文化繁荣贡献更大的力量。

（三）信息技术与美育相结合的挑战

尽管信息技术为美育提供了许多新的发展机遇，但在实际应用过程中，也面临着一系列的挑战。首先是教育资源的数字化和内容质量的问题。在信息技术逐步渗透到美育课程的过程中，如何保证线上资源的质量与专业性，成为亟待解决的关键问题。目前，许多网络平台提供了丰富的艺术教育资源，但其中的部分内容质量参差不齐，存在着教学资源过于简单化或过于碎片化的问题。这不仅影响了学生的学习效果，也使得美育课程的质量无法得到充分保证。其次，技术使用能力的差异也是美育领域信息技术应用的一大挑战。尽管现代大学生普遍具备较强的信息技术使用能力，但不同地区、不同院校的教学资源、硬件设施和技术水平仍然存在差异。尤其是在一些偏远地区的高校，信息技术的普及率较低，学生和教师在信息技术应用中的技术支持不足，限制了美育课程的有效开展。此外，教师的信息技术应用能力也是影响信息技术与美育结合的一个重要因素。虽然许多艺术教师在教学过程中逐步引入了数字工具，但这些工具的使用是否充分发挥了它们的优势，仍然取决于教师自身的技术素养和教学理念。若教师仅将信息技术视为一种辅助工具，而未能充分理解其在艺术教学中的独特作用，那么信息技术的使用效果也可能大打折扣。因此，教师的信息技术培训和教育理念更新是促进信息技术与美育结合的关键环节。

随着技术的不断发展，信息技术与美育的结合将会迎来更多的创新和应用。未来，虚拟现实、增强现实、人工智能（AI）等新兴技术将逐步与艺术教育结合，推动美育教学向更加个性化、互动化和创新化的方向发展。通过VR和AR技术，学生将能够更加身临其境地体验艺术创作与艺术表现，从而激发他们的艺术创作灵感和情感共鸣。此外，人工智能的应用也将在美育领域发挥重要作用。通过人工智能技术，学生可以获得个性化的学习体验，根据自己的兴趣、进度和能力，定制专属的艺术学习路径。比如AI可以分析学生的创作风格、学习进度等，智能推荐最适合的艺术课程和创作方法，极大地提升学习效率和艺术表达的效果。随着信息技术在美育中的不断深化，未来的美育课程将不仅仅限于传统的教学形式，而是通过更多的互动式学习、跨学科融合、全球资源共享等方式，为学生提供更加多元、丰富的学习体验。这种基于信息技术的美育课程，将不仅提升学生的艺术技能，还能培养他们的批判性思维、创新能力和跨文化理解，从而促进学生的全面发展和综合素质的提升。

信息技术与美育的结合，既是时代发展的必然趋势，也是提升美育质量和效果的重要途径。通过信息技术的支持，教师能够为学生提供更加丰富和多元的艺术学习资源，促进课堂教学的互动性与创新性。然而，在实际应用中，信息技术的引入也面临着诸多挑战，如技术支持、教师能力以及教育资源的质量等问题。因此，在推动信息技术与美育融合的过程中，应注重技术的应用与教育理念的结合，不断提升教学质量和学生的艺术素养，最终实现美育的全面发展。

二、数字化平台在美育中的应用

随着信息技术的不断发展，数字化平台已成为现代教育不可或缺的一部分，尤其在美育领域，数字化平台为艺术教育的教学方法、内容传递及互动方式的创新提供了广泛的可能性。数字化平台不仅突破了传统教学模式的限制，还为美育课程的实施提供了丰富的资源和灵活的学习方式。通过数字化平台，学生可以跨越地域和时间的界限，接触到多样化的艺术资源、进行艺术创作、并与他人分享和交流，从而促进了个体艺术素养的提升和集体创作的交流合作。数字化平台的引入，不仅丰富了美育的教学手段，也激发了学生的学习兴趣，促使他们更深刻地理解和体验艺术的多维度魅力。数字化平台的应用，已逐渐成为现代美育课堂的重要组成部分，涵盖了从艺术作品展示、音乐学习、视觉艺术创作到跨学科艺术融合等方面的应用，且这些平台的功能和形式也在不断创新和拓展。通过数字化平台，艺术教育不仅能够在课堂内外实现资源共享与知识传播，还能够更好地实现个性化学习与自主创作，从而有效提升学生的艺术理解力、创作力和创新力。

（一）数字化平台在艺术作品展示中的作用

艺术作品展示是艺术教育中的重要环节，而数字化平台的应用，使艺术作品展示变得更加便捷和多元化。在传统的艺术教育中，学生的艺术作品往往只能局限在课堂上展示，受限于课堂规模、展示空间和时间的限制，学生的艺术创作往往无法得到广泛的传播和交流。然而，数字化平台打破了这些局限，学生可以通过在线艺术展览、虚拟艺术展览等方式，将自己的作品展示给更广泛的观众，甚至与全球艺术爱好者进行互动与交流。

通过数字化平台，学生可以将自己的艺术作品上传到虚拟展览馆，或者利用社交媒体、艺术网站等平台进行分享和展示。无论是传统的绘画作品，还是数字艺术、摄影作品，甚至是音乐创作，学生都可以通过这些平台展示自己的创作成果，获得他人的反馈与评价。这种展示形式不仅丰富了学生的学习体验，也促进了艺术创作的多样化与全球化交流。此外，数字化平台还可以通过数字技术将艺术作品的创作过程、背后的思想理念以及艺术家的创作动机呈现出来。这种全方位、多角度的展示方式，有助于学生和观众深入理解艺术作品的内涵，并激发更多的讨论和思考。在美术教育中，平台不仅展示艺术作品本身，还可以通过数字化手段呈现创作过程的各个阶段，让学生更好地了解艺术创作的思维方式与技法，促进其艺术理解的提升。

（二）数字化平台在艺术学习与创作中的应用

数字化平台不仅是展示艺术作品的媒介，还是艺术学习和创作的重要工具。随着在线艺术教育平台的普及，学生不再局限于传统的课堂教学，而是能够通过网络平台进行自主学习和创作，接受全球范围内优质的艺术教育资源。在线课程和数字化工具使得艺术学习变得更加灵活、个性化。学生可以根据自己的兴趣和学习进度选择适合自己的学习内容，无论是音乐彩谱学习、数字绘画技巧，还是视频编辑与摄影技术，在线平台提供了多种丰富的学习资源。比如在音乐学习方面，平台可以提供在线乐谱、音频文件、演奏视频、实时反馈系统等，学生可以通过这些资源随时随地进行学习和练习。数字化工具包括数字钢琴、电子吉他等，也为学生提供了更加灵活的学习体验，使他们能够在没有传统乐器的情况下进行音乐创作和演奏。

在视觉艺术的学习与创作中，数字平台同样发挥着重要作用。数字绘画软件、3D建模工具、视频剪辑软件等，不仅为学生提供了丰富的创作手段，还能激发他们的创新思维和艺术表现力。通过数字工具，学生可以自由创作、修改并展示自己的作品，不再受到传统材料和工具的限制。此外，数字平台还能够为学生提供互动性的学习体验，如在线绘画比赛、创作挑战等活动，不仅增加了学习的趣味性，也促进了学生间的合作与交流。数字化平台在艺术创作中的应用，为学生提供了创作的灵活性和技术支持。通过平台，学生能够随时获得创作灵感并将其付诸实践，逐步提升自己的创作技能和艺术素养。这种结合了现代技术和传统艺术教育的模式，使得艺术创作更加多元化，学生的个性化表达得以充分发挥。

(三) 数字化平台在跨学科艺术融合中的作用

数字化平台的广泛应用也推动了跨学科艺术融合的教学模式。在过去，艺术和其他学科的边界较为分明，学生通常只能在单一的艺术学科中进行学习和创作。然而，数字化平台的出现，使得艺术学科与科技、文学、哲学等学科间的界限变得模糊，学生可以通过平台实现多学科的融合学习和创作。比如在数字艺术和设计课程中，学生不仅需要掌握艺术创作技巧，还要学习计算机编程、数据分析、人工智能等科技知识。平台提供了跨学科的学习资源，学生可以在同一平台上同时进行艺术创作和技术操作，进行数字化创作、虚拟现实艺术等多领域的融合创作。此外，数字化平台还促进了艺术与社会学、文化学等学科的结合。通过平台，学生可以学习和研究不同文化背景下的艺术风格、艺术的社会功能和艺术对社会变革的影响，拓宽了他们的跨文化艺术视野。

跨学科艺术融合不仅丰富了美育课程的内容，还激发了学生的创新思维和批判性思维。数字平台为学生提供了更多学习和创作的机会，鼓励他们将多学科知识整合到艺术创作中，推动了跨学科思维的形成。这种跨学科的学习模式，不仅让学生掌握艺术创作的多种方式，还让他们能够从多角度分析和理解艺术作品，提升了他们的综合素质和创新能力。

(四) 数字化平台在艺术教育中的互动性与社交功能

数字化平台的一个重要特点是其强大的互动性和社交功能。而在数字化平台中，学生不仅可以接触到丰富的艺术资源，还能够通过平台与全球的艺术爱好者、艺术家和专家进行互动和交流。这种互动性极大地促进了学生的艺术创作和思维碰撞。比如艺术学习平台往往具备评论、分享、点赞等社交功能，学生可以通过平台分享自己的创作成果，获得来自教师和同学的反馈。通过这种实时互动，学生能够从不同的视角审视自己的作品，获得灵感并进行改进。平台还可以组织在线艺术展览、虚拟艺术交流会等活动，让学生在全球范围内展示自己的艺术作品，与其他艺术爱好者交流创作经验，提升自己的艺术品位和创作水平。此外，数字平台的互动性还体现在在线学习和实时反馈上。教师可以通过在线平台及时跟踪学生的学习进度和创作状态，针对学生的需求提供个性化的指导和反馈。通过这种即时的互动，学生能够及时调整自己的学习策略，弥补知识和技能的空白，从而更高效地进行艺术学习和创作。

(五) 数字化平台在艺术教育中的挑战与未来发展

尽管数字化平台为美育提供了丰富的资源和新的学习模式，但其在实际应用过程中也面临一些挑战。首先，平台的资源质量和内容丰富度直接影响教学效果。

虽然目前已有许多优质的艺术学习平台，但仍然存在着部分平台内容过于基础化或过于碎片化的问题，这可能导致学生学习体验的低效和学习成果的有限性。其次，学生在使用数字平台时的自主学习能力和技术水平差异也对平台的效果产生影响。虽然数字化平台为学生提供了灵活的学习方式，但并非所有学生都具备同等的信息技术使用能力，尤其是在一些地区的学校，平台的使用和操作仍然面临一定的技术门槛。因此，如何优化平台的使用体验，降低技术壁垒，成为数字平台在艺术教育中的发展关键。

数字化平台将在更广泛的艺术教育领域中发挥重要作用。随着虚拟现实、增强现实、人工智能等新技术的不断进步，数字平台将进一步与先进技术深度融合，为学生提供更加沉浸式的学习体验和创作环境。同时，平台将更加注重个性化学习路径的设计，根据学生的兴趣、需求和进度提供量身定制的学习资源，推动学生的自主学习和创造性思维的发展。通过技术的不断进步，数字化平台在艺术教育中的作用将日益重要，成为促进美育创新和提升教育质量的重要工具。

（六）数字化平台在国内高校美育中的具体应用及分析

近年来，数字化技术的快速发展为高校美育教育提供了全新的可能性。国内许多高校积极探索数字化平台在美育课程中的应用，以期在提升教学质量、丰富学生学习体验的同时，促进艺术教育的创新发展。清华大学依托其艺术博物馆开发了"清华艺博在线"平台，为学生和公众提供了一个便捷、丰富的艺术学习和欣赏渠道。该平台通过高清数字化技术将馆藏作品转化为在线资源，涵盖绘画、书法、陶瓷、织绣等多个艺术领域。学生可以利用平台浏览高分辨率的艺术作品，细致观察笔触、纹理等细节，同时通过平台提供的多语种文本解读了解作品的历史背景、创作手法及文化价值。"清华艺博在线"平台不仅展示单一作品，还提供了多种虚拟展览功能。比如"丝路文明"主题展览将丝绸之路沿线的文化遗产、艺术作品通过数字化手段呈现，让学生如同置身于展览馆中。这些虚拟展览配合课程内容，帮助学生理解艺术与历史、文化之间的关联，促进学生对艺术作品内涵的深层次思考。平台还整合了清华大学艺术课程的教学资源，学生可以通过平台获取名师讲解、学术论文和多媒体教学材料。这种资源共享模式不仅扩展了课堂的深度与广度，也为其他院校的美育教育提供了优质资源支持。"清华艺博在线"平台的应用，显著提高了美育课程的教学效果与学习效率。首先，数字化资源的广泛应用打破了传统课堂的局限，让学生能够随时随地接触到丰富的艺术资源，拓宽了学习的时空边界。其次，通过高清展示和虚拟展览，学生能够以更加生动、直观的方式欣赏艺术作品，增强了学习的趣味性和沉浸感。同时，平台提供的个性化学习功能和多语言支持，满足了不同学习需求的学生，为其提供了更加多样化和灵活的学习体验。

中央美术学院开发的"艺术与科技实验平台"是一个将数字化技术与艺术创作深度融合的教学平台，为学生提供了跨学科、多样化的艺术创作支持。平台整合了虚拟现实、增强现实、三维建模等先进技术，学生可以利用这些工具完成从创意构想到实际创作的全流程艺术实践。平台中的VR和AR技术极大地拓展了艺术创作的可能性。比如在某一课程项目中，学生利用VR技术再现了中国传统建筑的艺术风貌。他们通过三维建模和虚拟现实技术，不仅细致还原了建筑的外观，还为其赋予了沉浸式的交互功能，让观众能够在虚拟环境中"漫步"于传统建筑中。这种创作方式不仅提升了艺术表达的自由度，还促进了艺术创作与文化传承的结合。平台支持多学科团队合作，学生可以跨越美术、工程、计算机等领域开展联合创作。比如在一个交互艺术项目中，美术专业的学生负责视觉设计，计算机专业的学生负责技术实现，社会学专业的学生则分析作品对公众的文化影响。这种跨学科合作模式让学生学会从不同角度看待艺术创作，并通过整合各领域的知识，创造出更具社会意义的艺术作品。平台还通过人工智能技术为学生提供实时反馈。这种技术的介入让学生能够在创作中快速迭代，不断提高作品的质量和表现力。中央美术学院的"艺术与科技实验平台"表明，数字化技术不仅是美育教育的辅助工具，更是拓展艺术教育边界的重要手段。通过数字化平台的支持，学生可以突破传统材料和物理空间的限制，探索更多艺术表现形式。同时，多学科合作和技术赋能的模式，培养了学生的团队协作能力和创新思维，为艺术创作带来了全新的可能性。学生能够通过数字化平台在美育学习中获得显著的益处。数字化平台打破了时空限制，使学生能够接触到全球范围内的艺术资源，包括博物馆馆藏、虚拟展览和在线课程等。这种资源的广泛性和便利性，让学生能够更加全面地了解不同文化和历史背景下的艺术表现形式。借助数字工具，学生可以在虚拟环境中自由进行创作，尝试传统方式难以实现的表现手法。VR和AR技术的应用，帮助学生突破物理材料的限制，提升了创作的自由度和技术水平。通过平台支持的多学科合作项目，学生学会了将艺术与科技、社会学、文化研究等领域结合起来，从而开拓了创作的视野，并提升了解决复杂问题的能力。

数字化平台在国内高校美育中的应用，不仅丰富了学生的艺术学习资源，也有效地提升了美育教育的互动性和实践性。通过清华大学和中央美术学院的成功实践可以看出，数字化平台不仅提升了教学质量，还拓宽了学生的学习路径和创作空间。未来，高校应进一步深化数字化平台的开发与应用，结合人工智能、大数据等技术，为学生提供更加个性化、互动化的美育学习体验。同时，通过加强国际合作和多学科融合，推动美育教育在全球化和现代化背景下实现更高水平的发展。这种技术与教育理念的结合，将为高校美育教育开辟更加广阔的前景。

三、多媒体技术在美育教学中的创新

随着现代科技的飞速发展，尤其是多媒体技术的成熟与普及，教育领域迎来了前所未有的变革。美育作为培养学生审美能力、艺术表现力与情感表达的重要途径，其教学方法和手段随着信息技术的创新不断得到拓展。多媒体技术的引入，使得美育教学的内容更加丰富、表现形式更加多元，同时也推动了教学方式的创新，形成了以视听体验为主的感官刺激和互动学习相结合的教学模式。这不仅提升了学生的学习效果，也激发了他们的创造力和艺术潜能，为现代美育的实施提供了全新的动力和框架。多媒体技术应用于美育教学中，主要体现在课堂教学的创新与艺术创作的便捷性上。通过多媒体手段，学生可以体验到传统课堂教学中难以提供的感官刺激，如高质量的艺术作品展示、虚拟现实的沉浸式艺术体验、互动式创作和展示平台等。这些技术不仅丰富了美育教学的形式，还使学生能够更加深入地理解和体验艺术作品的情感和内涵，进而提升他们的艺术素养和创新能力。

多媒体技术不仅在美育课堂的教学过程中发挥作用，更在艺术创作中激发了学生的创新潜力。传统的艺术创作需要依赖实物材料、专业工具和场地条件，而现代的多媒体工具提供了更加便捷的创作方式。通过使用数字艺术软件、虚拟现实平台、三维打印技术等，学生可以在无纸无笔的情况下进行创作和表现。数字艺术软件为学生提供了丰富的创作工具，如画笔、颜色、纹理、渐变等，使他们能够自由地进行创作，不再受限于传统绘画工具和材料的限制。

在音乐创作中，数字音频工作站（DAW）软件的应用极大地推动了音乐创作的便捷性和多样性。学生可以通过这些软件编辑音乐片段、调节音效、添加合成音，进行电子音乐创作。这种创作方式不仅减少了对传统乐器的依赖，还让学生在创作过程中能够自由尝试不同的音效和风格，从而提升他们的创作自由度和创新意识。此外，现代的音频合成器、电子乐器和编程语言，使得音乐创作进入了一个全新的领域，学生不再单纯依赖传统的乐器和乐谱，而是可以在数字化平台上进行更加自由和多样的音乐创作。

在视觉艺术方面，数字绘画、3D建模、数字雕塑等技术的应用为学生提供了更为丰富的艺术表现手段。学生不再单纯使用纸张、画笔、颜料等传统工具，而是可以通过数字绘画软件进行创作。通过软件中的各种绘图工具，学生可以创造出非常细腻、精致的作品，同时还可以随时调整、修改和完善作品，增强

了创作过程中的灵活性和可操作性。三维建模软件的应用则让学生能够创建立体的艺术作品，通过虚拟现实和增强现实技术，学生能够身临其境地与自己创作的艺术作品进行互动，从而获得更直观、更深入的艺术体验。不仅如此，多媒体技术还将艺术创作与其他学科的知识紧密联系。比如学生可以利用编程和计算机技术将艺术与科技结合，进行互动艺术创作、数字装置艺术等跨学科作品的制作。这种跨学科的创作形式，既拓宽了学生的艺术视野，又培养了他们的跨学科思维和创新能力。通过数字平台，艺术创作变得更加灵活和多样，学生不仅能够表达个人情感，还能在创作中进行创新与探索，推动艺术创作进入全新的阶段。

（三）多媒体技术与艺术教育的互动性与反馈机制

多媒体技术的一个重要特点是其互动性，它能够促进教师和学生之间、学生与学生之间的交流和互动。在美育教学中，互动性不仅仅体现在师生间的互动，还包括学生间的互评和协作学习。通过多媒体平台，学生不仅可以在课堂上聆听和观看教师的讲解，还能通过平台上的讨论、作业提交、在线答疑等方式与教师和同学进行互动。教师通过数字化工具，可以实时了解学生的学习进度和问题，及时调整教学内容和方法，确保每个学生都能得到个性化的指导和帮助。此外，多媒体技术还为艺术创作中的即时反馈提供了可能。在传统艺术创作过程中，学生往往需要长时间的实践和反复修改才能看到效果，而通过多媒体技术，学生可以在创作过程中实时获取反馈，帮助他们在创作初期就能发现问题并进行调整。通过数字平台，教师可以查看学生的作业和作品，提供即时的反馈和改进建议。学生还可以通过在线平台与同学进行作品分享和讨论，互相学习与借鉴，从而提高创作水平。

这种即时反馈和互动机制不仅提升了学习效率，也增加了学习的趣味性和动力。学生能够看到自己在艺术创作中的进步和成果，增强了他们的自信心和学习动力。同时，平台上的互动与反馈让学生能够在创作过程中不断优化自己的作品，避免错误的积累，最终达到更高的艺术表现水平。

（四）多媒体技术在美育中的挑战与发展方向

尽管多媒体技术为美育教学带来了许多创新性发展，但在实际应用中，仍然面临着一些挑战。首先，技术设备和平台的建设需要大量的资金投入，这对于一些教育资源相对匮乏的学校来说，可能成为一个较大的负担。尤其是在一些偏远地区，信息技术和多媒体设备的普及程度较低，教师和学生的技术水平和技术支持也较为有限，这影响了多媒体技术在美育教学中的广泛应用。其次，学生的信息技术能力和艺术创作技能存在差异,如何根据学生的技术基础和艺术素养进行有针对性的教学设计,成为教师面临的一大挑战。虽然多媒体技术能够为学生提供多样的学习资源和创作平台,但如果学生无法有效地利用这些工具,或者在使用过程中缺乏必要的技术支持和引导,那么多媒体技术的应用效果也可能大打折扣。因此,教师在使用多媒体技术时,不仅需要具备一定的技术能力,还要能够根据学生的需求进行个性化的教学设计。

随着技术的不断发展和普及,数字化工具和平台的应用将在美育教学中发挥更大的作用。虚拟现实(VR)、增强现实(AR)、人工智能等新技术的应用,将进一步丰富艺术创作的方式和学生的学习体验。通过技术的不断创新,艺术教育将变得更加个性化、灵活化和互动化,使学生能够更好地理解艺术的内涵,并在创作过程中发掘自己的创造潜能。

四、在线教育与美育的结合

在线教育的最大优势在于其广泛的可接触性和灵活性,学生不再受到地理位置、教师数量和教学时间的限制,能够轻松地获取世界各地的优质教育资源。在美育的教学中,这种优势尤为突出,因为美育需要多种形式的艺术作品展示和互动性强的学习方式,这些通过传统课堂教学方式往往难以实现。而在线教育平台的使用,不仅提高了教育资源的共享性,还提升了美育教育的效果,使得更多的学生能够在全球范围内享受艺术学习的机会。

通过在线教育平台,美育的内容和形式得到了极大的扩展。学生可以通过在线视频课程、虚拟课堂、互动教学平台等多种方式接触到艺术理论、艺术历史、音乐、舞蹈、戏剧等多元化的艺术门类。与此同时,学生还可以通过在线创作工具和数字艺术平台进行创作,艺术作品的交流与展示也变得更加便捷与开放。对于教师来说,在线教育也提供了更为灵活的教学方式和更多的教学互动空间。通过多媒体平台,教师能够以更加直观和生动的方式展示艺术作品,让学生在视听觉的双重体验中感知艺术的内涵。

在线教育与美育的结合,推动了美育教育在方法、内容、形式等方面的多重创新。在这一过程中,教师的角色也发生了变化,从单纯的知识传递者转变为学习的引导者和支持者。学生不再仅仅是被动接受艺术教育的对象,而是通过自主学习、互动和创作,成为学习的主体。这种变化不仅提升了学生的学习主动性和艺术创作能力,也为美育教育的个性化和多样性发展提供了广阔的空间。

（一）在线教育平台在美育课程中的应用

在美育的教学中，在线教育平台为课程的设计和实施提供了灵活的空间。美育课程通过线上平台，不仅能够提供艺术理论的教学，还能够利用丰富的资源库和互动工具，推动艺术创作的实践教学。比如音乐、绘画、舞蹈等艺术学科，通过平台可以提供高质量的在线教学视频和实时的互动课程，使得学生在任何地方都能够接收到专业教师的指导。教师通过录制和上传教学视频，让学生能够随时观看并反复学习，弥补传统课堂上学生学习节奏不一致的问题。与此同时，教师通过线上平台与学生的互动，能够及时解决学生在学习过程中遇到的疑难问题，提高学生的学习效果。

在美术教育方面，数字化平台的应用也极大地丰富了学生的学习内容和创作手段。学生通过平台，可以使用各种绘画软件进行创作，参与线上艺术比赛、互动展览等活动，不仅能够展示自己的创作成果，还能在平台上获得来自教师和其他学生的反馈。平台的讨论区和评价系统，鼓励学生间的互评与合作，提升了学生的批判性思维和艺术鉴赏能力。在舞蹈和戏剧等表演艺术课程中，在线平台也为学生提供了更多的学习机会。通过平台上的视频课程、动作示范、实时反馈，学生可以通过多次观看和练习掌握艺术表现技巧。在这一过程中，学生通过上传自己的表演视频，获得教师和同学的评估与建议，从而提高了自我表达能力和艺术表演水平。艺术教育本身就是一种感性和实践并重的教学形式，传统课堂中学生的参与和创作受限于时间和空间的限制。而通过在线教育平台，学生能够更加自主地进行学习和创作，互动的方式也更加灵活和丰富。

在音乐教学中，学生通过平台提供的音频处理软件、乐谱编辑工具等，可以自主录制、编辑和创作音乐作品。平台通过数据分析，实时了解学生的学习情况，并提供个性化的学习建议与反馈，学生在这些互动过程中逐渐提高他们的音乐理解力和表现力。此外，音乐课堂上，学生还可以与其他同学分享自己的作品，进行作品评价和讨论，形成一个学习型社区。在这一过程中，学生不仅能够获得个性化的反馈，还能从同伴的创作中汲取灵感，激发自己的创作潜力。同样，在绘画、雕塑等视觉艺术的教学中，学生通过平台能够参与到虚拟的艺术展示和创作中。在这些平台上，学生不仅能够展示自己的作品，还可以通过虚拟画板与同学共同创作。在这些创作活动中，学生不仅能够体验艺术创作的乐趣，还能够在交流互动中提高自己的艺术水平。数字化平台的互动性为学生提供了多样化的艺术体验，突破了传统艺术创作的空间和时间限制。通过多媒体平台，教师能够实时了解学生的学习进度，及时解决学生在创作过程中遇到的困难。这种互动式的学习方式，不仅加深了学生对艺术创作的理解，还增强了学生的自主学习能力和创新意识。

在线教育的全球化特性，使得美育的教学资源不再局限于本地或国家的范围，学生可以接触到来自全球不同国家和地区的艺术资源和教育内容。这为学生提供了更广阔的视野，帮助他们理解不同文化背景下的艺术形式和创作方式，促进了艺术教育的国际化与多元化。通过在线平台，学生不仅可以学习本国的艺术理论和创作技巧，还可以参与到国际艺术展览、全球艺术论坛等活动中，了解世界各地艺术家的创作理念和作品风格。比如全球著名的艺术教育平台如Coursera、edX、Khan Academy等，都为学生提供了多样化的艺术课程和讲座，涵盖了绘画、音乐、舞蹈、设计、电影等多个领域。这些平台将全球最顶尖的艺术资源引入课堂，使学生能够在全球范围内学习艺术，提高他们的艺术素养和创作能力。

全球资源的共享，不仅拓宽了学生的艺术视野，还增强了他们对不同文化的理解与尊重。通过与不同文化背景的艺术家和学生的交流与合作，学生能够从中汲取灵感，拓展创作思路，提升艺术创作的多样性和全球性。

尽管在线教育为美育提供了许多创新的教学方式和教学资源，但其发展也面临一些挑战。首先，信息技术的应用仍然受到技术设备和资源的限制。在一些偏远地区和发展中国家的学校，信息技术的普及率较低，缺乏足够的硬件设备和软件支持，使得部分学生无法享受到数字化教育的便利。其次，在线教育中的教学质量控制也是一个关键问题。尽管网络平台提供了丰富的课程资源和互动工具，但课程质量的参差不齐、教师的教学能力和平台的教学设计等方面仍然是影响美育教育效果的因素。因此，如何确保在线美育课程的质量，如何提升教师的技术应用能力，成为推动在线美育发展的关键。未来，随着技术的进步和教育体制的不断完善，在线教育将在美育领域发挥越来越重要的作用。

在线教育与美育的结合为艺术教育带来了革命性的变化。通过在线平台，学生可以接触到全球优质的艺术教育资源，享受个性化的学习体验，并参与到跨文化的艺术创作和交流中。数字技术的应用，使得美育教学不仅更加生动有趣，也更加灵活和多元。未来，随着技术的不断发展，在线教育在美育中的应用将更加广泛，推动美育教学方式的进一步创新，为学生提供更多的学习和创作机会。

第二节　翻转课堂与美育创新模式

一、翻转课堂的基本理念与应用

翻转课堂作为一种创新的教学模式，近年来在全球教育领域逐渐得到了广泛应用。与传统课堂教学模式不同，翻转课堂强调将学习的重心从教师讲授转移到学生自主学习和实践中，教师的角色由知识的传授者转变为学习的引导者和支持者。通过这种模式，学生能够在课堂外完成知识的预习、探究与理解，而在课堂上则通过更具互动性的活动深化理解、解决问题，并通过实践来巩固所学内容。翻转课堂的核心理念是"课堂内外的功能反转"，即将传统课堂中教师讲解的部分移至课外，通过视频、阅读材料和在线资源等形式进行自主学习，而将课堂时间用于讨论、合作和深化理解。

这一教学模式的核心优势在于它能够调动学生的学习主动性，充分发挥学生在课堂中的学习潜力，促进学生从"被动接受者"向"主动参与者"的转变。在传统教学中，学生通常在课堂上被动听讲，缺乏足够的时间与教师进行互动，难以深入思考和理解课程内容。而翻转课堂通过将知识学习从课堂时间移至课外，留出更多时间进行互动、讨论、实践和问题解决，使学生能够在课堂上更好地运用和消化所学知识。

在美育领域，翻转课堂模式的应用同样带来了深远的影响。通过翻转课堂，学生能够通过线上平台进行艺术理论学习，了解艺术的基本知识、欣赏艺术作品的技巧等；而课堂时间则可以用于艺术创作、作品展示、艺术评价和讨论等活动，极大地提高了美育课堂的效果和吸引力。

（一）翻转课堂在美育教学中的实施路径

在美育教学中，翻转课堂的实施路径主要通过三个方面展开：知识传授、课堂活动和个性化学习。这一过程通过现代信息技术的支持，打破了传统美育教学中的时间和空间限制，使得课堂教学更加灵活、互动和多样化。

在知识传授方面，翻转课堂模式强调教师通过在线资源向学生提供学习材料，包括视频讲解、音频资料、在线课程和阅读材料等。美育课程中，教师可以制作高质量的艺术理论讲解视频，详细介绍美术、音乐、舞蹈等领域的基本理论和技巧。通过这些视频讲解，学生可以在课外自主学习，深入了解相关的艺术历史、创作方法、艺术流派等内容。而且，学生可以根据自己的学习进度反复观看这些资源，确保每个学生都能按自己的节奏掌握基础知识和技能。这种自主学习方式为学生提供了更加灵活的学习环境,使他们能够更好地控制自己的学习进程。

课堂活动成为翻转课堂中的重点。与传统课堂不同,翻转课堂将课堂时间更多地用于学生的互动、讨论和实践。在美育课堂中,教师可以通过组织讨论、分组合作、创作展示等活动,促进学生的深入思考和动手实践。比如在美术课程中,教师可以组织学生进行艺术创作,现场展示自己的作品并与同学进行评价和讨论;在音乐课程中,学生可以根据课堂上学习的技巧和知识,进行小组合作创作和表演,互相交流和反馈。通过这些活动,学生不仅能够巩固和深化理论知识,还能够锻炼自己的艺术表现能力,增强自信心和创作潜力。

翻转课堂强调个性化学习,通过对学生需求和学习方式的关注,提供更加个性化的学习支持。在美育教学中,学生的艺术兴趣、学习能力和背景差异较大,而翻转课堂模式恰好能够为学生提供更多个性化的学习选择。通过在线平台,学生可以选择适合自己学习进度的课程内容,教师则可以根据学生的反馈和作业情况,提供个性化的辅导和建议。这种个性化的学习支持,不仅能够帮助学生更好地掌握知识和技能,还能够激发他们的学习兴趣和创作热情。

(二)翻转课堂在美育教学中的优势

翻转课堂在美育教学中的应用,具有一系列独特的优势。首先,翻转课堂能够提升学生的自主学习能力。在传统的教学模式中,学生更多的是依赖教师的讲解和指导,而翻转课堂则将学习的主动权交给了学生,鼓励他们自主学习、独立思考和解决问题。通过视频、音频、在线课程等方式,学生可以随时随地学习,充分调动了他们的学习积极性。尤其在美育领域,学生不仅需要掌握艺术理论,还需要不断进行实践和创作,这种自主学习的方式能够帮助学生更好地消化和运用所学的艺术知识。

翻转课堂能够促进学生的深度学习和批判性思维。在传统的美育教学中,学生往往只停留在表面的艺术欣赏和技法学习,缺乏深入思考和批判性分析。而翻转课堂通过课外的自主学习和课堂的互动讨论,激发学生对艺术作品、艺术理论以及艺术创作过程的深刻思考。通过小组讨论、同伴互评、作品展示等活动,学生能够从不同的视角理解和分析艺术作品,从而培养批判性思维和艺术鉴赏能力。学生通过讨论、反馈和合作,能够深化对艺术的理解和感知,提升他们的审美素养和艺术表达能力。

翻转课堂能够为学生提供更多实践机会,尤其是在美育领域,艺术创作和实践是不可或缺的环节。传统教学中,学生往往只能在课后进行创作,课堂上主要是听讲和观摩,而翻转课堂则将更多的实践环节引入课堂,让学生在互动中进行创作、展示和评价。通过这些实践活动，学生能够更好地理解艺术创作的流程，提升动手能力，并从实践中找到自己的艺术兴趣和风格。

（三）翻转课堂在美育中的实施策略

翻转课堂在美育中的成功实施，依赖于科学的教学设计和合理的资源配置。在课程内容的设计上，需要教师精心挑选和组织艺术学习的核心内容，包括艺术理论、创作技巧和文化背景等。教师应根据学生的兴趣和能力，选择适当的教学资源，并通过在线平台提供给学生，确保学生能够在课外自主学习和探索。教学内容的设计不仅要注重基础知识的传授，还要注重学生思维的启发和艺术创作的激发，帮助学生从多角度理解和体验艺术。

翻转课堂的成功实施离不开合适的在线平台和技术支持。在美育教学中，平台不仅要支持视频课程和在线学习，还要具备良好的互动性和反馈机制。平台可以提供学生上传作品、进行小组合作和实时讨论的功能，促进学生间的学习交流和艺术互动。教师可以在平台上进行个性化的指导，及时跟踪学生的学习进度和作品创作情况，并为他们提供专业的反馈和建议。

课堂活动的设计至关重要。教师需要根据学生的学习情况和需求，设计多样化的课堂活动，如艺术创作、作品展示、课堂讨论等。这些活动不仅能够巩固学生在课外学习的内容，还能够激发他们的创作兴趣，促进学生间的合作和交流。课堂活动的形式可以根据不同的学科和艺术形式进行调整，如绘画、音乐、舞蹈等不同艺术门类的课程，可以设计不同的创作任务和展示环节，以便最大限度地激发学生的创作潜力。

尽管翻转课堂在美育中的应用具有许多优势，但在实施过程中也面临一定的挑战。一方面，翻转课堂对学生的自主学习能力提出了较高要求，一些学生可能因缺乏自我管理能力或学习动机不足，无法充分利用课外的学习资源，影响学习效果。因此，如何帮助学生提高自主学习能力，成为翻转课堂实施中的一大挑战；另一方面，翻转课堂对教师的要求也较高，教师需要具备较强的技术应用能力和创新教学设计能力，能够根据学生的需求和反馈进行灵活的教学调整。未来，随着信息技术的不断发展，翻转课堂将在美育教学中发挥越来越重要的作用。虚拟现实、人工智能等新技术的引入，将进一步增强翻转课堂的互动性和沉浸感，为学生提供更加生动和多元的艺术学习体验。

二、翻转课堂对美育教学的促进作用

翻转课堂对美育教学的促进作用，主要体现在提高学习动机、增强课堂互动、丰富实践环节和加强个性化学习等多个方面。通过将传统教学模式中的讲授内容转移到课外学习，使得课堂时间得以用于学生与教师、学生与学生之间的互动，从而提高课堂的教学质量和学生的学习效果。[①]在美育课程中，翻转课堂尤其能激发学生对艺术创作的兴趣，使其不仅在理论学习上获得提升，更在实际创作中实现自我表达与技能锻炼。

（一）提高学习动机，激发艺术创作兴趣

翻转课堂的最大特点之一是将传统课堂教学中的"讲授"部分移到课外，让学生通过自主学习的方式掌握基础知识。在美育课程中，这一方法有效地激发了学生的学习兴趣，特别是在艺术创作和表现方面。学生在课外通过观看教学视频、学习艺术理论、欣赏经典作品等方式，能够更自由地控制自己的学习节奏与内容。在这一过程中，学生的自主性得到了最大程度的体现，他们能够根据自己的兴趣选择学习的内容和资源，避免了传统课堂中枯燥的知识传授和被动接受。

艺术教育往往强调感性体验和创造力的培养，翻转课堂的模式为学生提供了更多的时间和空间进行自由创作与艺术表达。在传统课堂中，学生通常只有短暂的时间进行创作，而翻转课堂将大量的课堂时间用于互动和实践，让学生能够更深入地进行艺术创作、展示和反思。比如在美术课中，学生可以在课外观看艺术技巧教学视频，了解绘画的基本理论和技法，之后通过实际操作来加深对技巧的掌握，而课堂上则可以进行作品展示和讨论，从他人的作品中汲取灵感和提高自己的创作水平。

艺术教育强调个人的艺术表达与独特性，翻转课堂为学生提供了更多自由创作的空间。在传统课堂中，教学内容和节奏往往由教师掌控，学生缺乏时间和机会去探索自己的艺术兴趣。而翻转课堂的实施让学生能够更加主动地参与到艺术创作的过程，从而激发他们的创造力和艺术潜力。通过这种灵活的学习方式，学生不仅能提升自己的艺术素养，还能在创作过程中找到个人的艺术风格，培养自信心和表达能力。

（二）增强课堂互动，提高教学效果

在传统美育课堂中，教师通常是知识的传递者，学生在课堂上主要进行被动听讲和参与有限的讨论。这种教学模式往往限制了学生的创造性思维和批判性思维的发展。而翻转课堂通过将课堂时间更多地用于学生与教师、学生与学生之间的互动，使得教学内容更加生动、丰富，激发学生思考和创新的动力。美育作为

---

① 许芳. 教学视频在德语课上的运用 [J]. 教育现代化, 2019, 6 (9): 285-286.

注重情感、创造力和表现力的学科，课堂互动的增强能够更好地促进学生的审美能力与艺术创造力的培养。

翻转课堂提供了更多的时间和空间用于课堂讨论、合作和作品展示。在美育课堂上，学生可以展示自己创作的艺术作品，与同学进行讨论和评议。这种互动不仅可以帮助学生更好地理解艺术作品的内涵，还能够促进学生间的艺术思想碰撞。通过讨论和互评，学生能够从不同角度看待问题，提升自己的艺术鉴赏能力和批判性思维能力。同时，教师在这一过程中不再是传统意义上的知识传授者，而是学生学习的引导者和支持者，能够根据学生的学习情况和创作内容进行有针对性的指导。

翻转课堂还能够通过线上平台和工具，使学生在课外进行集体讨论和协作创作。通过在线平台，学生不仅能够分享和展示自己的创作，还能在虚拟空间中进行跨地域的艺术交流。这种跨地域、跨文化的交流与讨论，不仅拓宽了学生的艺术视野，还促进了学生的多元化思维和创新思维的培养。在这种互动中，学生不仅学习到知识和技巧，更获得了思想和情感的碰撞，激发了更深层次的艺术体验与创作动力。

（三）丰富实践环节，提升艺术创作能力

美育教学的一个关键目标是提升学生的艺术创作能力。在传统课堂中，由于时间和资源的限制，学生往往缺乏充足的实践机会。而翻转课堂通过将知识学习移至课外，将课堂时间充分用于实践活动，极大地丰富了艺术创作环节，提升了学生的艺术表现力和创新能力。

在翻转课堂模式下，学生不仅在课外进行知识学习和理论探讨，课堂上的时间也被用来进行创作和讨论。在美术课堂中，学生可以通过在线课程学习绘画技巧，在课后进行实际创作，而课堂上则可以展示自己的作品，接受同学和教师的点评，获得更多的创作灵感。在音乐课堂上，学生可以通过在线音乐软件进行创作和练习，在课堂上通过小组合作进行演奏和表演，提升合作精神和艺术表现能力。通过这种方式，学生的实践能力得到了充分的锻炼，同时也培养了他们的团队合作精神和创新能力。

翻转课堂的设计还强调实践和理论的结合，艺术创作不仅仅是一个单纯的技巧训练过程，而是一个融入情感表达和思维训练的综合性实践。在课堂上，学生通过实际操作和作品创作，将理论知识转化为实践能力；而教师通过互动和反馈，帮助学生更好地理解艺术的精髓和创作的技巧。通过这种互动式的学习方式，学生不仅能够提升自己的艺术技巧，更能在创作中不断发现自我，培养创新思维和独立思考的能力。

（四）加强个性化学习，满足学生需求

美育课程强调的是每个学生的艺术个性和创造性表达，而翻转课堂提供的个性化学习空间，使得学生能够根据自己的兴趣和学习进度进行有针对性的学习。通过在线资源，学生可以选择自己感兴趣的艺术领域进行深度学习，不再受传统课堂节奏的限制。通过翻转课堂的教学模式，学生能够根据自己的需求和兴趣，选择不同的学习内容和创作方向，从而实现真正的个性化学习。

翻转课堂通过数字化平台的支持，让学生能够在课外自主学习和创作，提供了更多的学习资源和创作工具。通过这种方式，学生可以根据个人的兴趣和需求进行深入的学习，教师也可以通过平台的反馈功能，实时了解学生的学习情况和创作进展，进行个性化的辅导。学生在自主学习的过程中不仅能够更好地掌握艺术技巧，还能够根据自己的兴趣和创作需求，深入挖掘艺术创作的潜力，真正实现自我表达和创新。

三、翻转课堂中的师生互动与合作

翻转课堂模式的核心优势之一便是其强烈的互动性和合作性，尤其在美育教学领域，师生互动与合作对于学生的学习效果和创造性思维的培养至关重要。通过翻转课堂，教学过程不仅仅是教师向学生单向传递知识的过程，更多的是一个互动交流的过程，其中教师扮演着引导者和支持者的角色，而学生则作为学习的主动参与者，通过与教师、同伴的互动，共同解决问题、开展创作、分享成果。这种师生互动和合作的过程，不仅有效地促进了学生的艺术学习和技能掌握，更能够激发学生的创造力、批判性思维及自我表达能力。

在传统课堂中，师生的互动通常是在课堂上由教师主导，学生多为被动接收信息，而翻转课堂打破了这种传统模式，改变了学习的重心。学生通过课外学习了解基础理论和技术，而课堂上的时间则更多用于互动、讨论和创作。这种结构改变让师生间的互动变得更加多样和深刻。在美育课程中，师生的互动不仅仅是知识上的传递，更多的是对艺术作品的共同探讨、对创作过程的交流和对创作结果的反馈。通过这种互动，学生可以从中获得灵感、提高艺术修养，同时培养更强的艺术创造能力。在美育课程中，艺术本身强调创造性、个性化和情感表达，这些都需要学生在学习中积极探索、尝试和体验。然而，传统的教学方式往往没有足够的时间和空间让学生发挥创作的自由性和想象力。翻转课堂通过将理论知识的学习转移到课外，课堂时间更多地用于师生互动和学生间的合作学习，极大地提高了学生的参与感和自主学习能力。

　　通过翻转课堂，学生在课外进行自主学习后，课堂上便不再是单纯的知识传授，而是成为讨论、批评、反馈和创作的空间。在这个过程中，教师的作用从传统的知识传授者转变为学习的引导者。教师通过实时反馈和个性化的指导，帮助学生从不同角度看待艺术创作和作品分析。在这种互动中，学生能够感受到自己的想法和创作被尊重，进而增强自信心和学习动机。这种积极的学习动机不仅激发了学生在美育学习中的兴趣，也提高了他们的主动性，使他们更加投入艺术创作和理论学习中。比如在美术课堂上，教师通过在线资源和学习材料激发学生的艺术兴趣，而课堂上的讨论和作品展示则提供了一个平台，让学生能够自由表达自己的创作思路。教师通过对学生作品的点评，不仅帮助学生理解技术层面的技巧，更能够启发学生的艺术创造力，鼓励学生跳出传统艺术创作的框架，尝试新的表现形式和风格。这种互动方式使得学生在创作的过程中感受到更多的自由和支持，极大地提升了他们的学习动机和创新能力。

　　翻转课堂在美育教学中的另一大优势是它能够促进学生的合作学习和团队协作能力。在传统的课堂教学模式中，学生通常是以个人的身份完成任务，师生间的互动有限，而翻转课堂的互动性和合作性则为学生提供了更多合作学习的机会。在翻转课堂中，学生不仅与教师进行互动，还与同学在课堂内外进行合作，参与到小组讨论、共同创作、互评互助等活动中。尤其在美育课程中，艺术创作本身就有很强的团队协作性，通过小组合作，学生能够共同分享创作思路和技巧，互相启发和激励。比如在一个美术课程中，学生可能会被分为几个小组，共同进行创作并在课堂上展示。每个小组的成员根据各自的特长和兴趣，分工合作，完成一幅集体创作作品。这样的合作不仅增强了学生间的交流与合作，还培养了他们的团队协作能力。在讨论和创作的过程中，学生需要听取他人意见，提出自己的观点，并在互动中寻找创作的共识和灵感。这种合作式学习能够增强学生的沟通能力、组织能力以及解决问题的能力，尤其对于那些可能在个人创作中感到局限的学生，合作学习提供了一个更为开放和灵活的创作平台。

　　在音乐、舞蹈等表演艺术领域，合作学习同样能够发挥重要作用。翻转课堂中的小组合作可以促使学生在表演过程中进行更好的协调和配合，尤其是在演唱、演奏、舞蹈等团体项目中，学生必须在与他人合作的过程中协调各自的节奏和表现，确保整体表演的和谐与统一。这种团队合作不仅提升了学生的艺术表现能力，还促进了他们的团队精神和合作意识，为学生未来在社会中进行协作提供了宝贵的经验。

　　翻转课堂中的师生互动，带来了教师角色的转变。在传统课堂中，教师的角色主要是知识的传递者，而翻转课堂中，教师更像是学习的引导者和协助者。教师通过制定学习目标、设计课外学习内容、提供反馈与辅导，帮助学生更好地掌握艺术知识和创作技巧。在美育教学中，教师通过与学生的互动，不仅能够促进学生对艺术作品的理解，还能帮助学生通过创作实现自我表达和个性化的艺术呈现。教师在翻转课堂中的角色转变，不仅促进了师生间更加平等和多元化的交流，还提高了学生的参与感和学习热情。通过更多的互动和实践，教师能够更好地了解学生的学习进度和创作状态，并根据学生的需求进行有针对性的指导和调整。比如在美术课中，教师可以根据学生作品的展示和课堂讨论，及时了解学生对艺术创作的理解和掌握情况，从而给予具体的反馈和指导。教师的及时反馈帮助学生修正创作中的不足，提升学生的创作水平，并激励学生进一步探索艺术创作的深度和广度。

翻转课堂的核心价值之一就是通过实时的互动反馈促进学生的持续进步。在传统课堂中，教师的反馈通常是在学生完成作业或项目后才进行，反馈的时效性和针对性较弱。而在翻转课堂中，学生通过在线平台、课堂展示、作品创作等多种方式及时获得教师和同学的反馈。这种实时反馈不仅能够帮助学生发现自己的学习问题，还能引导他们通过不断的修正和优化提高自己的艺术创作能力。美育课程中的反馈机制，尤其在翻转课堂模式下，展现出强大的促进作用。学生通过教师的点评、同学的建议以及自我评价，能够不断完善自己的作品，并从中汲取灵感。教师在课堂上不再是单纯地对学生作品进行评价，而是更多地与学生共同探讨创作思路、技巧运用和情感表达的方式，从而激发学生的创造性思维和批判性思维。在这种互动式的反馈中，学生不仅能够改进自己的技术，更能在艺术创作过程中体验到艺术的深层次意义和情感表达的自由。学生通过这种深入的反馈过程，不仅获得了技能上的提升，还培养了自我反思和自我纠正的能力，从而在艺术创作的过程中变得更加独立和自信。

四、翻转课堂模式的挑战与发展

翻转课堂的实施，不仅是教学方法的创新，还涉及教育理念、学生能力、教师角色以及信息技术应用等多方面的综合考量。因此，翻转课堂在推广过程中，常常面临多种复杂的挑战。比如学生的自我管理能力、教师的教学技能以及技术支持等方面的瓶颈，都是制约翻转课堂成功实施的关键因素。而在美育教学的背景下，这些挑战则更加复杂和深刻。美育教学强调学生的艺术创造性和个性表达，而翻转课堂的本质特征是通过课外学习为基础，课堂上进行实践和互动，这一转变在艺术教育中的应用面临更加特殊的要求。

第五章
大学生美育的创新教学模式与技术应用

（一）学生自主学习能力的挑战

翻转课堂模式的成功与否，在很大程度上取决于学生的自主学习能力。与传统课堂教学模式不同，翻转课堂要求学生在课外完成大量的知识学习与理解，而课堂时间则用于问题解决、合作讨论和实践活动。因此，学生必须具备较强的自我管理和时间管理能力，能够独立、主动地进行学习。然而，很多学生缺乏足够的学习动机和自主学习的习惯，特别是在美育课程中，学生的学习兴趣、艺术素养以及自律性差异较大，这给翻转课堂模式的顺利实施带来了较大的挑战。

在美育课堂上，学生不仅要学习艺术理论和技能，还要进行大量的创作和艺术实践。这要求学生能够在课外进行充足的练习、阅读和思考，将学习的知识与实践结合起来。而一些学生可能在自主学习中感到迷茫，缺乏明确的学习目标和计划，进而影响他们的学习效果。此外，很多学生缺乏对艺术创作的深刻理解和持久的兴趣，容易在学习过程中遇到困难时产生放弃的情绪，这在一定程度上制约了翻转课堂模式的全面落实。

为了应对这一挑战，教师需要采取多种措施，提高学生的自主学习能力。比如可以通过对学生进行学习动机的激发、学习方法的指导以及时间管理的培训，帮助学生克服自主学习中的困难。此外，教师还可以在课外学习过程中提供适时的支持和指导，通过在线平台进行学习反馈，帮助学生在自主学习的过程中保持积极性和学习动力。

（二）教师角色的转变与专业素质的提升

翻转课堂的实施不仅要求学生具备良好的自我学习能力，也要求教师能够适应角色的转变，从传统的知识传授者转变为学习的引导者和支持者。在美育教学中，教师的角色更为重要，因为美育不仅是知识的传递，更是情感和创造力的引导。翻转课堂要求教师在课外学习中提供多样化的教学资源，而在课堂时间则需组织互动、讨论和创作，这对于教师的教学设计、知识掌握、技术运用以及与学生的互动能力都提出了更高要求。

在传统教学中，教师的主要职责是传递知识，而在翻转课堂中，教师更多的是充当学生学习的引导者和反馈者。这意味着教师不仅需要精通课程内容，还需要有很强的技术应用能力，能够使用多种数字平台和工具进行在线教学和资源提供。此外，教师还需要根据学生的学习进度和需求，灵活调整教学策略，并根据学生的反馈和表现进行个性化的指导。对于一些尚未适应这种转变的教师来说，如何在保证课堂质量的同时，进行有效的在线教学和互动，成为翻转课堂实施的一个重要挑战。

为了应对这一挑战，教师需要不断提升自己的专业素质和信息技术能力。在美育教学中，教师不仅要具有扎实的艺术知识和创作经验，还要具备设计翻转课堂课程的能力。比如教师可以通过利用在线平台、虚拟课堂、互动软件等工具，设计丰富的教学内容和实践活动，为学生提供充足的艺术创作机会。同时，教师还需要在课堂上积极与学生互动，了解学生的需求和疑问，为学生提供及时的反馈和指导，从而提高学生的学习效果和创作水平。

（三）教学资源的丰富性与获取难度

翻转课堂的另一个挑战在于教学资源的丰富性和可获取性。在传统课堂中，教师通过讲授和教材就可以传递基本的知识，而翻转课堂则要求学生在课外利用各种资源进行自主学习，这些资源不仅要满足学生的知识需求，还要具备互动性、趣味性和启发性。特别是在美育领域，艺术作品、创作技巧、艺术历史等内容都需要通过丰富多样的资源来补充和支持。然而，尽管现代信息技术为教育资源提供了更加丰富的选择，许多高质量的艺术教育资源仍然需要大量的资金、时间和技术支持。而对于一些学校特别是资源较为匮乏的学校来说，如何提供充足的优质资源成为翻转课堂推广中的一大难题。部分学校可能缺乏完善的线上教育平台或无法提供足够的艺术创作设备和材料，从而影响了翻转课堂模式的实施效果。

为了有效应对这一挑战，教育机构可以通过与高等院校、艺术机构以及科技公司等合作，共同开发和共享艺术教育资源，确保学生能够获得多样化、富有创意的学习材料。同时，学校还可以鼓励教师开发适合翻转课堂的艺术教学资源，利用公开课、在线教程等形式，让学生能够随时随地接触到高质量的艺术学习资源。此外，学校应当注重提高资源的获取方式，使学生能够轻松地通过数字平台和在线课程进行学习，避免因资源匮乏而影响教学效果。

（四）技术工具的普及与应用

随着教育信息化的发展，数字化教学工具逐渐成为翻转课堂的重要组成部分。然而，在美育教学中，如何有效地应用这些技术工具，尤其是一些较为专业的艺术创作软件和平台，仍然是许多教师和学生面临的难题。美育课程涉及的艺术创作形式广泛，包括音乐、绘画、雕塑、舞蹈等，而每种艺术形式可能都需要不同的技术支持。在这种情况下，如何通过技术手段提高学生的艺术创作能力，同时避免对技术工具的过度依赖，成为翻转课堂在美育教学中的一项挑战。一些教师可能缺乏对新技术的了解和应用能力，学生也可能由于对技术平台的不熟悉而导致学习效率下降。因此，在推广翻转课堂时，教育机构需要提供相关的技术培训，帮助教师和学生掌握使用新技术的基本技能，确保翻转课堂能够高效运行。在美育教学中，教师还需要结合具体的艺术形式，选择合适的工具和平台，帮助学生通过技术手段实现创作意图，而不是单纯依赖技术去取代艺术创作本身。

（五）翻转课堂的未来发展方向

随着翻转课堂教学模式的不断发展和完善，未来它将更加注重个性化学习和综合素质的培养。美育课程作为一门涉及艺术创作、情感表达和创新思维的学科，翻转课堂能够有效地促进学生的自主学习和实践创新，提升学生的艺术表现力和创造性。在未来的翻转课堂中，教学将更加注重跨学科融合，鼓励学生在不同学科领域进行知识的整合与创新，培养具有全球视野和跨文化理解的艺术人才。同时，教师也将能够通过智能化的教学平台，更加精准地跟踪学生的学习进展和创作成果，为学生提供个性化的教学支持和反馈。

翻转课堂模式的进一步发展，将推动美育教学的全面创新，培养出更多具有创新意识、实践能力和综合素质的艺术人才。这一模式不仅仅是一种教学方法的改变，更是教育理念和教育结构的全面升级。

第三节　项目式学习与美育课程实践

一、项目式学习的基本理念与方法

（一）基本理念

项目式学习（Project-Based Learning，简称PBL）作为一种创新的教学方法，在全球范围内的教育实践中得到了广泛应用。这种方法强调学生在实际项目的操作中，通过解决复杂问题来促进知识的获取与技能的提升。与传统的以教师为中心的教学模式相比，项目式学习更加强调学生的主动参与、团队合作和问题解决能力。尤其在美育课程中，项目式学习为学生提供了一个丰富的实践平台，使学生在具体的艺术创作与表达过程中，通过动手实践和集体合作，深化对艺术的理解，并培养更高水平的创新能力和综合素质。

项目式学习的核心理念是通过跨学科的项目任务，让学生在实践中学习，解决具体问题，并为现实世界的复杂挑战做好准备。通过将理论与实践紧密结合，项目式学习不仅关注学术知识的传授，更加注重学生综合能力的培养，包括创造力、批判性思维、团队合作、沟通技巧等。对于美育教学而言，项目式学习提供了一个非常契合的教育框架，使学生能够在创作和表达中，学会如何将艺术与现实世界联系起来，既提升艺术素养，又强化解决实际问题的能力。

在项目式学习的实践中，学生不仅要独立思考，还要与团队成员进行协作，形成一个合作学习的环境。项目任务通常以小组合作的形式进行，学生在教师的指导下，围绕一个具体的主题或问题开展深入的研究和创作。在美育课程中，这种学习方式能够为学生提供更多的自由发挥空间，使他们不仅能够掌握艺术技能，还能在团队合作中锻炼自己的沟通与协作能力，从而提升其全面素质。

项目式学习强调以项目为载体，通过学生的自主探究、动手实践与集体合作，推动知识的学习和技能的提高。在美育课程中，项目式学习通常需要围绕艺术创作进行设计。项目的设计不仅要包含创作任务的完成，还要融入艺术理论的学习和艺术历史的研究，使学生在创作的过程中既能提升技能，又能加深对艺术本质的理解。

在项目式学习的框架下，学生将通过创作一个完整的艺术作品，如绘画、音乐、舞蹈等；或进行一项艺术活动，如展览、表演等，来学习和实践美育的核心内容。在这个过程中，学生需要面对项目的所有环节，包括前期的设计构思、创作实施以及后期的展示和反思等。每个环节都是对学生综合能力的考验，学生不仅需要将理论知识转化为创作能力，还要通过团队合作解决在创作过程中遇到的各类问题。比如在一个以"城市文化艺术展"为主题的项目中，学生可以分组进行城市文化的调研、艺术创作、策展等多方面的任务。在这一过程中，学生需要发挥团队协作精神，共同解决如何将城市文化的元素转化为艺术作品的问题；他们还需要通过艺术作品的创作来表达对社会、历史和文化的理解，最终在展览中展示自己的创作成果。

项目式学习强调的是"做中学"的理念，学生不仅是被动接受知识的对象，而是通过具体的实践活动，主动参与到问题的解决中。美育课程中的项目式学习，特别注重培养学生的创新能力和问题解决能力。在艺术创作中，学生经常需要解决如何表达某一艺术主题、如何选择合适的表现手法、如何创新地应用艺术元素等问题。项目式学习通过提供具体的创作任务，让学生在不断试错和反思中找到合适的解决方案，从而在艺术创作的过程中提升他们的创新能力。比如在一个戏剧创作项目中，学生需要从剧本创作、演员表演、舞台布置等多个方面入手，面对众多的创作难题。学生必须利用自己的艺术技巧、团队协作以及创新思维来解决这些问题。这种实践过程不仅帮助学生在技术上获得进步，更重要的是，帮助他们通过反复的创作和思考，培养其创新能力和批判性思维。

美育课程中的项目式学习不仅仅是个人创作能力的培养，更注重团队合作和集体协作能力的锻炼。在项目的实施过程中，学生往往需要与他人合作，共同完成任务。无论是在艺术创作的小组中，还是在策展、展示等环节，团队合作都是不可或缺的一部分。通过这种合作，学生不仅能够学习到他人的艺术视角和创作技巧，还能够锻炼自己在团队中的协调、沟通和领导能力。在项目式学习中，学生需要学会如何分工合作，如何将自己的创作理念与他人进行有效沟通，如何解决合作过程中出现的意见分歧和冲突。在美育教学中，团队合作的经验不仅能提高学生的集体主义精神，还能帮助他们形成更强的沟通能力和领导能力。比如在一个大型音乐作品的创作过程中，学生可能会担任不同的角色，如作曲、编排、演奏等，这要求他们能够与团队成员进行紧密的合作，确保最终的音乐作品能够完美呈现。

团队合作在美育中的重要性不仅体现在创作过程的高效协作，还在于学生通过合作能够学到更多的艺术表达方式和技巧。在艺术创作的过程中，个人的创作理念往往受到集体智慧的启发，团队成员之间的沟通与讨论，能够激发出更多的创新想法和艺术灵感。通过这样的合作，学生不仅在艺术技巧上得到提升，还能在团队互动中培养自己解决问题、管理时间和冲突的能力。

项目式学习的一个重要优势在于它能够全面提升学生的综合素质。在传统的美育教学中，学生往往是通过单一的艺术创作任务来学习和提高，而项目式学习则通过综合性的项目任务，要求学生在多个方面进行学习和实践。在完成项目的过程中，学生不仅仅是在学习艺术技能，更多的是在不断的实践、讨论和协作中，提升自己的批判性思维、创新能力、团队精神、沟通能力等多项素质。比如在一个综合性的美育项目中，学生不仅要参与艺术创作，还需要进行艺术理论的学习、艺术历史的研究、文化背景的调研等多方面的工作。这种跨学科的学习模式，不仅帮助学生更好地理解艺术创作的背景和内涵，还培养了他们的跨学科思维和综合能力。在项目实施过程中，学生需要不断地进行自我调节，调整自己的创作思路和团队协作方式，从而促进了其全方位素质的提升。

通过项目式学习，学生能够在一个综合性任务的驱动下，全面提升自己的艺术素养和创新能力。美育不仅仅是单纯的技术学习，更多的是对学生创造力、团队精神、沟通能力和社会适应力的培养。在项目式学习的过程中，学生通过实践不断突破自我，培养了独立思考、创新创作、团队协作等各方面的能力。

（二）项目式学习的应用方法

在美育课程中应用项目式学习，不仅是为学生提供一个个体学习的机会，也是在集体合作中完成共同任务的一个平台。这种学习模式的应用，能使学生在多个维度上提升自我，包括艺术技能、团队合作能力、创新思维和问题解决能力。

项目式学习的美育实践不仅关注学生的技术能力，还强调学生如何通过艺术作品表达个人情感、价值观和社会责任感。

艺术创作本身是一个动态的、探索性的过程，强调个体的感知、情感与理性之间的互动。美育课程中的项目式学习通过引导学生完成一项创作任务，帮助学生在体验中发现问题、解决问题，并最终通过艺术形式进行表达。这个过程充满了反复试验、调整与优化，因此，特别适合用来培养学生的创造力与批判性思维。比如在美术课程中，教师可以设计一个项目任务，让学生以某一主题为基础进行集体创作。在这个项目中，学生不仅需要运用已有的艺术技巧和理论知识，还需要在创作过程中不断探索新的表现形式，尝试不同的创作方法。

项目式学习在美育中的应用不仅仅限于美术创作，音乐、舞蹈、戏剧等艺术形式同样可以融入这种教学模式。比如音乐课程中的项目式学习可以要求学生分组创作一段音乐作品，结合不同乐器和旋律的特点，进行集体演奏。通过这种方式，学生可以在团队合作中锻炼自己的创造性和表现力，同时也学习如何通过音乐表达情感和思想。在舞蹈和戏剧等课程中，项目式学习则可以通过集体编排、排练和演出，让学生在创作和表演的过程中体验团队合作的力量，培养他们的艺术感知与表演能力。

在美育课程中，艺术创作往往与文化、历史、社会等多方面内容紧密相关。通过项目式学习，学生不仅能够学习艺术创作的技巧，还能深入了解艺术背后的历史背景、文化内涵和社会意义。项目的设计往往需要学生将艺术理论、历史知识、社会观察等多方面的内容融合在一起，形成完整的作品。在这个过程中，学生不仅学习了艺术创作技能，还培养了跨学科整合的能力。比如在一个关于"文化与艺术"的项目中，学生可以通过调研不同国家的艺术文化，结合本国的传统艺术，进行创作表达。这个过程中，学生不仅要运用美术创作的技巧，还需要调动社会学、历史学等学科的知识，了解不同文化对艺术创作的影响。这种跨学科的学习模式，不仅丰富了学生的艺术视野，还帮助他们更好地理解艺术作品背后的社会背景和文化意义。

三、项目式学习对学生创造力的激发

在美育课程中，学生通过参与项目式学习，能够在动态的艺术创作过程中突破传统的思维框架，从而培养出更加灵活的创新能力。项目式学习不仅仅是一个简单的知识教授过程，它强调的是在实际创作中，学生如何从中发现问题、分析问题并找到解决方案。这种从具体项目中获得的创意启发，对于学生创造力的培养至关重要。

（一）项目式学习中创造力的培养机制

创造力的核心在于思维的灵活性与独特性。在美育课程的项目式学习中，学生被鼓励通过解决实际问题来表达自己的情感和思想，这一过程促进了他们的思维转变。通过将艺术创作与现实世界的挑战结合，学生能够在不断的尝试和调整中逐渐拓宽自己的思维边界。比如在设计一个艺术作品时，学生不仅要考虑传统的技巧和艺术形式，还要结合项目的主题、背景和目的，创新地运用材料、色彩、构图等元素。这一过程，要求学生跳出固有的思维模式，将创作与生活、与社会现实相连接，从而产生新的创意。

在项目式学习的过程中，教师的角色不仅是知识的传授者，更是学生创造性思维的引导者和支持者。教师通过设计富有挑战性的项目，鼓励学生在创作中自由表达自己的想法，尝试不同的艺术形式和表现手法，探索创新的解决方案。例如，在进行一项以"传统文化与现代艺术融合"为主题的艺术项目时，学生需要在理解传统文化的基础上，创造性地将其与现代艺术风格相结合。这样一个任务，促使学生在思考和创作中逐渐打破传统艺术创作的局限，培养出独特的艺术视角和创新思维。

（二）项目式学习中的多样性任务对创造力的促进

项目式学习的一个重要特点是任务的多样性，这种多样性为学生提供了丰富的创作空间。在美育课程中，项目任务往往是跨学科的，涉及多种艺术形式和表现方式。学生需要根据项目的主题与要求，结合个人的兴趣和特长，选择适合的创作方式。这种任务的多样性促使学生在创作过程中不断进行尝试和探索，进而培养出灵活多变的创新思维。例如，在一个多媒体艺术项目中，学生需要通过摄影、视频制作、数字艺术等方式表达某一主题。在这个过程中，学生不仅要运用传统的艺术技巧，还要结合现代科技手段，通过视觉、听觉等多种感官方式进行创作。这种创作方式的多样性，不仅能增强学生的创造性思维，还能让学生了解和掌握不同的艺术表达形式，拓宽他们的艺术视野。在这个过程中，学生面临的挑战包括如何将不同的艺术形式进行整合、如何在视觉表达中传达情感、如何通过技术手段增强艺术效果等，这些都需要学生发挥创新性思维和解决问题的能力。

通过这些多样性的任务，学生不仅能够体验不同艺术形式的魅力，还能从中获得解决问题的启发和灵感。任务的多样性为学生提供了灵活的创作空间，让他们在实践中不断探索，推动了他们创造力的进一步发展。

（三）反思与反馈在创造力培养中的作用

在项目式学习的过程中，学生的创造力并不是一蹴而就的，而是在不断的反思和反馈中逐步提升的。艺术创作本身具有较强的主观性，学生在创作过程中可能会遇到诸如创意瓶颈、技巧难题等困境，只有通过不断的反思和调整，才能够突破这些局限。因此，在项目式学习中，反思与反馈是激发学生创造力的重要环节。

学生通过定期的反思，能够更好地理解自己的创作思路和方向，评估自己的创作效果，并在此基础上进行调整和优化。反思的过程促使学生从多个角度审视自己的创作，不仅仅从技术层面，更要从情感、表达以及创意等方面进行综合评价。例如，在完成一幅画作或一段舞蹈编排后，学生可以进行自我评估，思考自己在创作中是否突破了原有的思维模式，是否创造出了新的艺术形式，是否有效地传达了创作意图。

教师的反馈也在这个过程中起到至关重要的作用。通过及时而建设性的反馈，教师能够帮助学生发现创作中的优点与不足，并提供改进的建议。尤其是在美育课程中，艺术创作本身并没有统一的评价标准，而是以个性化的表达为主。因此，教师通过具体的反馈，帮助学生认识到自己的创意在哪些方面取得了突破，在哪些地方还需要进一步努力。这种反馈不仅仅是对最终作品的评价，更是对创作过程的指导，促使学生不断调整自己的创作方法和思维方式，从而不断提升创造力。

（四）项目式学习中的团队合作与创新

项目式学习通常需要学生在小组中进行合作，团队合作的过程在促进学生创造力方面具有重要意义。在美育课程中，艺术创作往往是一个集体协作的过程，通过合作，学生能够相互启发，激发新的创意。尤其是在涉及较大规模创作的项目中，团队成员之间的讨论、协作和意见交流，能够使得创意得到进一步的扩展和优化。比如在一个集体舞蹈项目中，学生需要合作编排一段舞蹈，团队成员各自提出自己的想法，共同制订编排计划。在这个过程中，学生不仅要发挥自己的艺术特长，还要考虑到团队成员的意见和创意，最终通过协调合作完成一幅艺术作品。通过这种集体创作，学生的创新思维能够得到增强，因为他们需要在多个创意之间找到平衡，整合不同的思路，并最终达成一个具有创新性的艺术成果。

团队合作不仅能够增强学生的创新能力，还能提高他们的沟通与协作能力。在美育项目中，学生通过与他人的合作，不仅学到了新的创作方法，还学会了如何尊重他人的创意、如何进行有效的沟通和协调。团队合作的过程本身就是一个培养创新精神的过程，它要求学生在实践中不断挑战自我，突破创作的限制，提升自己的艺术创造力。

（五）项目式学习对美育课程创新的推动

项目式学习的应用不仅推动了学生创造力的发展，也在一定程度上推动了美育课程的创新。传统的美育课程往往侧重于技术训练和艺术欣赏，教学内容较为单一。而项目式学习的引入，强调了跨学科的整合与创作的实践性，极大地丰富了美育课程的教学形式和内容。

通过项目式学习，学生不仅能够提升自己的艺术技能，还能够学会如何将艺术创作与社会、文化、科技等多方面内容结合，发展出更加综合的艺术视野。比如在一些项目中，学生需要将传统艺术与现代科技结合，探索虚拟现实技术在艺术创作中的应用。这种创新性的跨领域学习，不仅开拓了学生的艺术思维，也使得美育课程在内容和形式上更具多样性与创新性。

在美育教学中，项目式学习的应用使得课程更加生动、富有挑战性，也更符合现代教育对创新和实践能力培养的需求。通过实际的创作任务，学生能够将学到的知识和技能转化为实际能力，真正做到学以致用。项目式学习的创新，推动了美育课程的转型，使其更贴合当代学生的需求和社会发展的要求。

四、项目式学习评估与反馈机制

在美育课程的项目式学习中，评估与反馈机制的设计尤为重要，因为艺术创作涉及大量的主观表达和个性化特征。与其他学科相比，艺术创作的标准更加宽泛，且每个学生的艺术表达都是独一无二的。因此，项目式学习中的评估不仅要考量学生最终创作成果的艺术性和技术性，还要考虑到学生在创作过程中的努力、创新性和团队合作等多方面的表现。有效的评估机制能够帮助学生在项目过程中及时调整自己的学习策略，改进创作方法，同时也能为教师提供重要的反馈信息，帮助他们优化教学方法和内容。

（一）项目式学习评估的维度

在项目式学习中，评估应当涵盖多个维度，不仅包括学生的知识掌握和技能应用，还应涉及学生的创造力、团队合作、解决问题的能力等方面。美育课程中的项目式学习强调过程导向和成果导向并重，这意味着评估体系必须同时关注学生在项目进行中的每一个环节，以及最终完成的作品或任务。

项目式学习评估的维度可以包括但不限于以下几个方面：创意与创新性、技术能力、团队协作、解决问题的能力、参与度、沟通和表达能力等。创意与创新性是美育项目中至关重要的评价标准，它反映了学生在艺术创作中对问题的独特理解和个人风格的表达。技术能力的评估则关注学生是否掌握了必要的艺术创作技巧，并能够在实践中有效运用。而团队协作和解决问题的能力则评估学生在团队中的合作表现，是否能够有效沟通、协调分工、共同克服挑战。此外，参与度和沟通能力也是项目式学习评估的重要内容。美育中的项目往往需要学生通过讨论、反馈和展示等方式进行互动，评估学生在团队中的参与度和沟通能力，不仅能反映学生的学习态度，还能促进学生在合作中提高自己的人际交往能力。

（二）过程性评估与成果性评估结合

在美育的项目式学习中，评估不仅仅是在项目结束后对学生成果的单一评价，更应当强调过程性评估。过程性评估注重学生在整个项目学习过程中的表现，通过对学生的阶段性进展进行跟踪，及时发现问题，提供反馈，并帮助学生不断调整和改进自己的学习方法。与传统的终结性评估不同，过程性评估更加注重学生的学习过程，而非单纯的最终成果。例如，在一个艺术创作的项目中，教师可以通过定期的阶段性评估，观察学生在创作初期的构思、过程中的尝试、修改与调整等方面的表现。通过对学生每个阶段的学习情况进行评价，教师能够更好地理解学生的学习进度，及时发现学生在创作中遇到的困难，并提供相应的指导。①通过这种方式，学生不仅能够从评估中获得具体的改进意见，还能在创作过程中不断积累经验，从而提高艺术创作的能力。

成果性评估则主要关注学生最终完成的艺术作品或任务。在美育课程中，成果性评估通常涉及对作品的艺术性、技术性和表达力等方面的评价。②评价标准可以包括作品的创新性、情感表达、形式感、结构安排等多个维度。这类评估为学生提供了对自己创作成果的反思和总结，有助于学生认识到自己的优点和不足，激励他们进一步提升自己的创作水平。

过程性评估与成果性评估的结合，使得学生能够在整个项目实施过程中持续获得反馈，教师也能够在学生的学习进程中及时发现问题并进行调整。这种评估模式能够充分发挥学生在项目中的主动性，激发其自我反思和学习动力，进一步提高美育课程的教育效果。

（三）自我评估与同行评估的机制

除了教师的评价外，自我评估和同行评估也是项目式学习中不可忽视的评估方式。自我评估可以帮助学生更好地认识自己在项目中的表现，提升自我认知能力。通过反思自己的学习过程，学生能够发现自己的优点与不足，进而调整学习策略，提高学习效果。自我评估的过程，鼓励学生主动进行自我批判，不断寻求改进与突破。在美育课程中，学生的创作过程往往包含了多次的修改与调整，自

---

① 黄乐慧. 心理激励策略在美术教学中的实践应用［J］. 新课程研究，2020：82-83.
② 季正辉. 区域推进信息技术学科融合创客教育的实践探索［J］. 中小学电教：下，2021（08）：1-2.

第五章
大学生美育的创新教学模式与技术应用

我评估的实施可以帮助学生总结每一阶段的经验，提升自我管理能力。比如，在完成一幅绘画作品时，学生可以在创作后进行反思，评估自己在色彩搭配、构图设计以及情感表达方面的优劣，从而为下次创作做好充分准备。自我评估不仅能够帮助学生自我改进，还能激发学生主动学习的兴趣和动力。

同行评估则是一种通过学生间相互评价来提高学习效果的方式。在项目式学习中，学生不仅是知识的学习者，也是学习的评估者。通过对同伴作品的评审和反馈，学生可以学会如何从不同的角度分析和评价艺术作品，了解他人创作的优点与不足。这种评估方式鼓励学生互相学习，促进了合作精神和团队意识的培养。在美育课程中，同行评估不仅帮助学生改进自己的作品，也让他们在欣赏和评价他人作品的过程中，培养自己的艺术鉴赏力和批判性思维能力。同行评估的实施不仅能提高学生的评价能力，还能促进团队成员之间的沟通与合作，增强学生对创作过程的责任感。在美育课程中，同行评估有助于学生在团队项目中更加积极地参与，并且能够从团队成员的反馈中获得宝贵的创作建议。

随着教育理念和技术工具的不断发展，项目式学习评估与反馈机制也在不断创新和完善。未来，随着信息技术的进步，数字平台和智能化评估工具将越来越多地被应用于美育课程的评估中，进一步提高评估的效率和准确性。比如通过大数据分析和人工智能技术，教师能够更加精准地掌握学生的学习进度和创作水平，进而为每个学生提供个性化的评估和反馈。此外，未来的评估机制将更加注重学生的个性化发展和艺术创作的独特性。随着教育的多元化和全球化，学生的艺术创作将更加丰富多彩。评估标准和方法也需要随着时代的发展不断创新，帮助学生在美育中获得更多元、更自由的学习体验。

项目式学习中的评估与反馈机制，作为美育课程的重要组成部分，不仅帮助学生在创作过程中发现问题并加以解决，还通过对过程和成果的全面评估，提升学生的艺术修养、创新能力和团队合作精神。通过有效的评估与反馈机制，学生能够在不断的创作与反思中成长，最终成为具有艺术素养、创新思维和社会责任感的全面发展的人才。

第六章
大学生美育的校内外实践活动

第一节　校园文化活动的组织与实施

一、校园文化活动的规划与设计

校园文化活动作为大学生美育的一个重要组成部分，扮演着非常重要的角色。它不仅是学生在校期间艺术素养的培养平台，也是促进学生全面发展的一个重要途径。美育活动的设计和组织，不仅要注重内容的丰富性和多样性，还要注重活动形式的创新与教学意义的融合。因此，如何规划和设计校园文化活动，成为提升大学生美育水平的关键。

在进行校园文化活动的规划与设计时，首先需要明确活动的目标与宗旨。美育活动应该以培养学生的审美能力、创新思维和艺术素养为核心目标。活动的内容应当紧跟时代的步伐，注重学生综合素质的提升，不仅要有艺术性和趣味性，还应具有教育意义和社会价值。美育活动不仅仅是为了提升学生的艺术技巧，更要帮助学生构建正确的审美观和价值观，引导学生欣赏生活中的美，并将这种美的感知转化为实际的行动和情感表达。在设计活动内容时，需要结合学生的兴趣和社会需求，选取与学生生活和专业相关的主题。比如可以结合学生群体的特点，设计一些符合当代大学生审美观的艺术展览、音乐会、戏剧表演、文学创作等活动。这些活动可以围绕社会热点、文化传承、当代艺术等主题展开，既能培养学生的艺术欣赏能力，又能增强学生的社会责任感和集体认同感。

在美育活动的规划中，要充分考虑学生的参与度和互动性。美育活动不应是单向的艺术展示，而应当注重学生的参与和体验。无论是音乐演出、绘画创作，还是戏剧表演、舞蹈比赛，都应设计互动环节，让学生有更多的机会表达自我、展示才华。在活动过程中，学生不仅能感受到艺术的美感和魅力，更能在参与的过程中提升自己的创新能力和团队协作精神。通过设计实践性强的活动形式，学生能够在互动中激发创意，形成自己的艺术风格，从而增强自信心与成就感。

活动的组织者需要确保在规划阶段充分考虑到活动的可操作性与可持续性。美育活动的组织和实施不仅是一次性的活动，而是一个长期的、渐进的过程。活动需要有前期的准备工作、中期的推进和后期的总结与反馈。每个环节的设计都应该具有明确的时间节点和目标要求。活动前期可以通过各种宣传方式，激发学生的兴趣和参与热情。在活动进行过程中，应注重对学生表现的引导和激励，确保学生能够在愉悦和轻松的氛围中进行艺术创作和展示。活动结束后，要及时进行总结与反馈，对活动效果进行评估，并根据实际情况进行调整和优化，以便为今后的活动设计提供借鉴和改进方向。

活动设计不仅仅是一个单纯的任务安排，还应融入教育理念和人文关怀。在设计校园文化活动时，要尊重学生的个性，尊重学生的选择和兴趣，尽量提供多样化的活动选择，让不同兴趣的学生都能找到适合自己的展示平台。同时，在活动设计中，还应注重培养学生的社会责任感和团队精神。比如可以通过组织学生参与社会公益艺术项目、文化交流活动等，让学生在实践中体会到艺术的社会功能和价值，进而通过艺术活动实现自我超越和社会参与。

校园文化活动的设计还要考虑到资源的整合与优化。在大学校园内，艺术、文化、社会等资源非常丰富，如何有效地整合这些资源，设计出既有创意又具有高效益的文化活动，是一个重要的课题。在设计过程中，活动策划者可以根据学校的文化特点、学科优势、艺术传统等因素进行整合，选择与之相契合的活动形式，打造具有特色的校园文化活动。比如可以根据学校的历史文化背景，设计一些具有学校特色的艺术展览或文化演出，通过展示学校的艺术特色和文化底蕴，提升学生的归属感和自豪感。

在美育活动的设计中，组织者还应注意合理的时间安排和合理的活动规划。大学生的学业压力较大，如何安排活动的时间，使其不会影响学生的正常学习，又能够激发学生参与活动的积极性，是一个需要精心考虑的问题。活动时间的安排应合理，尽量避开考试季和高峰期，选择在学期中的空闲期进行。同时，活动的时间长度也需要适度，不宜过长，以免学生疲劳或失去兴趣。活动中应保持一定的灵活性，避免活动形式的单一性和枯燥性，确保活动内容和形式的多样化。

为了确保活动的效果，评估与反馈机制同样是美育活动设计中不可或缺的一部分。在活动结束后，及时进行反馈和总结，不仅可以帮助学生认识到自己的成长和不足，还能为活动的进一步改进提供数据支持。通过收集学生的反馈意见，了解他们的需求和期望，能够帮助教师和组织者更好地调整活动内容和形式，提高活动的质量和效果。评估不应仅仅依赖于学生的反馈，还应通过对学生创作成果的客观评价，检验活动的教育效果。这种综合性的评估体系，能够确保活动设计不断改进和完善，为学生提供更加丰富的美育体验。

活动的效果评估不仅仅要依赖于学生的参与度和创作成果，更应考虑到学生在活动中的情感投入、团队协作、创造性表现等方面的综合表现。通过多维度的评估,能够更加全面地了解学生在美育活动中的收获与成长,确保美育教育目标的实现。校园文化活动的规划与设计是一项系统性工作,既需要关注学生的兴趣和需求,也需要结合社会和时代的发展需求,设计出符合教育目标的活动形式和内容。在美育课程中,活动的设计不仅要注重艺术性和趣味性,更要注重其教育意义,确保学生在参与过程中获得成长和提升。通过精心设计和科学组织的校园文化活动,能够有效促进学生的艺术素养、创新能力和社会责任感的培养,推动大学生美育目标的实现。

二、活动实施中的师生角色与参与

在校园文化活动的组织与实施过程中,师生的角色与参与形式是决定活动成败的关键因素之一。美育活动的成功不仅仅依赖于活动本身的创意与设计,还深深植根于师生间的互动、合作与共同参与。美育活动的意义不仅仅在于学生能够通过参与获得艺术技能的提升,更在于师生共同参与的过程能够加深学生对艺术的理解与感悟,激发其创意和社会责任感。因此,明确师生在活动实施中的不同角色,合理规划各自的职责与互动方式,对于提升活动的教育效果具有重要的意义。

(一)教师在活动中的角色与作用

在校园文化活动中,教师的角色不仅仅是传统的知识传授者,更是活动的组织者、引导者和促进者。教师的任务不仅是设计和实施具体的活动内容,还要在活动的过程中引导学生思考、激发学生的创意,并通过适当的反馈帮助学生从活动中获得有益的启示。美育活动中的教师,通常是活动的组织者和主持者,需要全面掌握活动的每个细节,确保活动能够顺利进行,同时有效引导学生参与其中。

教师的角色首先是活动的策划者和设计者。在校园文化活动的规划和设计阶段,教师需要根据美育的目标和学生的实际需求,设计富有创意的活动内容与形式。这一过程不仅需要教师具备专业的艺术素养,还需要他们具备一定的组织能力和创造性思维,能够根据活动的主题和目标,选择合适的艺术形式和表达方式,使活动既能激发学生的兴趣,又能够达到教育的目的。比如在设计一个融合传统文化与现代艺术的展览活动时,教师需要深刻理解艺术形式和文化背景,通过巧妙的设计让学生感受到传统与现代的碰撞与融合,同时让学生从中获得艺术创作的启示。其次,教师在活动中充当引导者和参与者的角色。美育活动的核心目标之一是帮助学生提升艺术欣赏力和创作能力，而这正是通过教师的引导和示范来实现的。在活动实施的过程中，教师需要通过细致的讲解、示范和指导，帮助学生深入理解艺术创作的技巧和方法。在艺术创作中，教师不仅要关注学生作品的完成情况，还要重视学生在创作过程中的思维与情感表达，提供及时的建议与鼓励。例如，在绘画活动中，教师不仅要教会学生如何使用绘画工具，还要通过对作品的分析和评价，引导学生如何在色彩和构图中表达自己的情感。

在活动过程中，教师还应当注重对学生情感与思维的引导。在美育活动中，艺术创作常常承载着学生的个人情感与思想。教师要通过与学生的互动，了解他们在创作中的困惑和难题，通过个别指导帮助学生克服艺术创作中的障碍，激发他们的创作热情。教师的角色不仅是知识和技巧的传授者，更是学生思想和情感的启发者，帮助学生通过艺术创作释放情感、表达自我，并在创作中实现自我成长。

（二）学生在活动中的角色与作用

学生是校园文化活动的主要参与者，他们不仅仅是知识的接受者，更是美育活动的创造者和执行者。在活动实施过程中，学生的角色应该是主动的、积极的，他们不仅要完成活动所要求的任务，还要在活动中发挥创意、展示个性，通过自己的参与推动活动的深入发展。学生不仅是艺术作品的创作者，也是团队协作的核心成员，承担着与其他同学合作的责任。学生在活动中的角色首先是创作者和表现者。在美育活动中，学生的创作不仅是完成任务，更是展示个人创意、表达思想和情感的过程。美育活动的最终目标，是让学生能够通过艺术创作，表达自我、突破自我。因此，学生需要在活动中主动思考、敢于尝试，并通过实际创作展现出自己的艺术理解和创新精神。通过这种方式，学生不仅能够提升自己的艺术技能，更能通过创作激发思考，增加对美的感知和认知。

学生在活动中也是协作者和组织者。尽管在美育活动中，学生主要负责创作和表现，但在一些较大规模的团队项目中，学生还需要承担一定的组织和协调任务。学生在活动中需要与其他成员合作，共同完成任务。在这一过程中，学生不仅要发挥自己的创作能力，还需要具备团队合作意识，协调与其他学生的分工，保证任务的顺利完成。团队合作能够促使学生学会尊重他人意见、接受批评和建议，并通过集体智慧共同完成艺术作品。通过这种合作，学生能够提升沟通能力、解决问题的能力，以及团队协作精神，这对于他们未来的社会适应性和职业发展具有重要的意义。此外，学生在活动中的角色还包括反馈者和反思者。在活动实施过程中，学生不仅是创作主体，也是活动过程中的反馈参与者。在参与活动的过程中，学生需要进行自我反思，评价自己的表现，发现创作中的问题，并通过与教师和同学的互动调整创作策略。同时，学生还可以通过观察和评价他人作品的优缺点，提升自己的艺术鉴赏力。通过反馈和反思，学生能够不断提升自己的创作水平，并在实践中获得成长。

（三）师生互动与合作的方式

美育活动的成功离不开师生间的有效互动与合作。在活动实施过程中，教师和学生的角色是相互联系、相互促进的。教师通过指导与引导，帮助学生克服创作中的困难，激发他们的创新思维；而学生则通过自己的创作与实践，展示出他们的学习成果和艺术风采，从而进一步促进教师的教育工作。师生间的互动应当是双向的。在美育活动中，教师不仅要指导学生的创作，还要鼓励学生发表自己的意见和看法。通过这种互动，学生能够更好地理解艺术创作的内涵，提升对艺术的感知和表达能力。学生的创作思维和表达方式常常充满个性和独特性，教师通过鼓励学生表达自我，能够帮助学生发掘自己的潜力，并帮助他们在创作中突破自我。

在合作方面，教师与学生之间的互动应当建立在平等、尊重和信任的基础上。教师要尊重学生的创作个性和表达方式，不仅要关注学生的技术能力，还要鼓励他们展示自己的独特视角。教师可以通过设计团队合作项目，促使学生与他人合作，共同完成创作任务。在这种合作中，学生不仅能够汲取他人的创作灵感，还能够学会如何与他人共同协调、合作，提升团队协作能力。通过师生共同的努力，学生不仅在艺术创作上获得提升，还在团队合作和解决问题的能力上得到锻炼。

校园文化活动中的师生互动与合作，在活动的设计与实施中起着至关重要的作用。教师作为引导者和支持者，通过合理的规划和设计，为学生提供创作的机会和平台，激发学生的艺术创意；而学生作为创作者和参与者，通过与教师和同学的合作，能够更好地展示自己的才华，提升自身的艺术水平。在这种互动与合作的过程中，学生不仅获得了艺术技能的提升，还在团队合作、沟通表达和问题解决等方面得到了全面发展。通过师生的共同努力，校园文化活动能够实现教育的目标，并为学生的全面发展打下坚实的基础。

三、校园文化活动的管理与评估

校园文化活动的管理与评估不仅是对活动成果的反馈，也是对整个美育体系优化和完善的促进力量。合理的管理机制和评估方法能够为校园文化活动的长远发展奠定坚实基础。

(一)校园文化活动的管理体系

校园文化活动的管理体系是确保活动顺利进行的基础。有效的管理体系不仅能规范活动流程，确保活动按计划进行，还能促进各个环节的协调合作，使得活动更具吸引力和影响力。管理体系的构建，通常需要涵盖活动的策划、组织、实施、监督、反馈等各个方面。活动的策划是管理体系的起点，它直接关系到活动的方向和效果。在策划阶段，管理者需要根据学校的实际情况、学生的需求以及社会的变化来确定活动的主题和目标。这一阶段的任务是确立活动的目的，使其能够紧扣学生的兴趣点，同时也服务于教育的整体目标。活动策划要注重全面性，除了艺术表演、展览等直接的艺术形式外，还要考虑到学生的参与性和体验感，注重跨学科的融合和多元化的表达方式。

活动的组织环节是管理体系中的核心部分。它包括活动的资源分配、人员安排、场地选择、时间安排等具体的操作内容。在组织过程中，管理者要确保资源的合理配置，避免资源的浪费或不足。比如场地的选择不仅要考虑到活动的规模，还要考虑到活动的艺术效果。场地的布局、音响设施、灯光设计等因素，都需要精心安排，以确保活动的质量和氛围。

活动实施阶段是管理体系中的关键环节。活动实施的过程不仅涉及组织者的具体执行，还包括对学生的管理和引导。活动实施过程中，管理者需要根据预定计划，灵活调整应对突发状况。比如活动现场的协调工作、学生的引导和组织、创作作品的展示等，都需要有专人负责并实时监控。管理者还要注重学生在活动中的表现，及时给予指导和反馈，帮助学生更好地融入活动，并通过参与提升自身的艺术素养。

监督和反馈是活动管理中的重要环节。在活动实施过程中，管理者要对活动的进展进行持续的监控，确保活动按预定的流程顺利推进。活动结束后，管理者需要进行详细的总结与评估，分析活动的优缺点，为今后的活动提供参考和改进方向。反馈不仅仅是活动结束后的总结，也可以通过参与者和观众的意见收集，了解活动的社会影响力和教育效果。

(二)校园文化活动的评估方法

活动的评估是判断其效果和质量的重要手段，是提高活动质量和确保教育目标实现的关键。评估不仅仅是对活动成果的反馈，它还对未来活动的规划和管理提供了宝贵的经验。评估的方法可以分为定量评估和定性评估两种，二者结合使用，能够更全面、科学地反映活动的影响力与教育价值。

定量评估通常侧重于活动的参与人数、活动的覆盖范围、学生的创作成果等数据指标。定量评估可以帮助管理者直观地了解活动的规模和影响力。比如在一个校园歌舞比赛中，可以通过统计参与人数、观看人数、观众的反馈等数据，评估活动的受欢迎程度和社会影响力。此外，通过对学生创作成果的统计，管理者可以了解学生在活动中的艺术表现水平和创新能力，从而为活动的调整和优化提供数据支持。

定性评估则更多关注活动的教育价值和学生的精神成长。美育活动的效果不仅仅体现在学生创作出的艺术作品上，更体现在学生通过参与活动所获得的思想启迪和情感体验上。定性评估通常通过对学生的访谈、观察、问卷调查等方式，收集学生在活动中的表现和收获。比如通过问卷调查了解学生是否从活动中获得了艺术审美的提升，是否在活动中获得了团队合作和创新思维的提升。这种定性数据可以帮助管理者了解活动的深层次影响，并为未来的活动设计提供指导。

在评估过程中，学生自评与互评也是一种有效的方式。通过自评，学生可以深入反思自己的创作过程和表现，总结经验和教训，帮助自己更好地成长。而互评则可以通过学生间的交流与评价，促进学生间的互相学习和合作，从而提高整体的艺术素养和创造力。自评与互评能够增强学生对活动的参与感和责任感，使他们更加主动地投入活动中，并从中获得更大的收获。

除了定量与定性评估外，活动的长期效果评估也是重要的一环。校园文化活动的意义不仅体现在一时的活动效果上，更在于其对学生长期发展和思想观念的影响。长期效果评估通过跟踪学生参与活动后的变化，能够了解活动对学生未来发展的深远影响。比如评估学生在参加美育活动后的艺术创作能力、创新思维和社会责任感等方面的变化，可以帮助管理者进一步优化活动设计，提升美育活动的持久影响力。

（三）活动管理中的挑战与应对策略

尽管校园文化活动在美育中占据重要地位，但在管理和实施过程中，仍然会面临多种挑战。比如资源分配不足、学生参与度不高、活动形式单一等问题，都会影响活动的效果。因此，在活动管理中，管理者需要及时识别和应对这些挑战，确保活动的顺利进行。资源分配不足是校园文化活动中常见的问题，尤其是在经费有限或活动规模较大的情况下。为了克服这一问题，管理者可以通过合理调配资源，优化活动方案，避免资源浪费。比如利用学校已有的资源，如图书馆、实验室、运动场等，来辅助活动的开展。在资金方面，可以通过校内外合作、赞助等方式增加活动经费，确保活动能够顺利实施。

学生参与度不高是另一个常见的挑战。学生的兴趣和时间安排直接影响他们的参与积极性。因此，管理者需要根据学生的兴趣和需求，设计富有吸引力的活动形式，并通过宣传和推广吸引学生参与。比如可以结合当前社会热点和学生关注的主题，设计与时俱进的文化活动，使学生能够从中获得新的体验和启发。同时，管理者可以通过设置激励机制，如奖励和证书，鼓励学生参与并展现才华。活动形式单一是许多校园文化活动中普遍存在的问题，尤其是在传统的艺术展示活动中，活动形式容易变得千篇一律。为了解决这一问题，管理者需要创新活动的形式和内容，加入更多互动性和体验性。比如可以结合现代科技手段，如虚拟现实、互动装置等，丰富活动的表现形式，让学生在参与中得到更加丰富的体验。

校园文化活动的管理与评估不仅仅是对活动本身的反馈，它还涉及对美育整体体系的优化与改进。通过科学的管理与全面的评估，能够帮助活动设计者发现问题并及时调整，提升活动的影响力，使美育活动能够更好地服务于学生的成长与发展。

第二节　大学生美育与社会实践

一、美育与志愿服务的结合

大学生志愿服务活动在社会实践中扮演着重要角色，而美育为这一过程提供了情感与艺术上的支持。通过将美育融入志愿服务，学生不仅能在艺术创作中找到情感的出口，提升自我素质，还能通过文化交流与艺术体验，深入社会、了解社会需求，从而更好地服务社会。美育与志愿服务的结合，不仅强化了大学生的社会责任感，也在很大程度上促进了他们的心理成长、情感调节和社会适应能力。

（一）美育与志愿服务结合的教育意义

美育与志愿服务的结合具有深远的教育意义。首先，它帮助学生在实际服务他人中实现自我认同。美育通过艺术和审美活动使学生能够更好地认识和表达自我，而志愿服务则使学生能够将自我表达转化为社会责任和行动。通过这种方式，学生不仅能够提升个人艺术素养，还能在服务过程中培养团队合作精神、沟通能力和解决问题的能力。其次，结合美育与志愿服务有助于学生情感的培养和调节。在志愿服务过程中，学生常常接触到社会中不同背景、不同需求的人群，通过艺术的形式进行沟通与表达，这种互动不仅让学生能够为他人带去温暖和帮助，也使他们自身的情感得到了升华。比如在为贫困地区的儿童进行美术教学时，学生不仅传授艺术技巧，还通过作品展览和艺术创作激发孩子们的创造力，进而帮助他们提高自信心和情感表达能力。这种活动本身就是一个双向互动的过程，既提升了受助者的艺术感受和情感体验，也增强了志愿者的社会责任感与情感共鸣。

艺术在志愿服务中的作用远不止于表面上的美学呈现，它通过触动人心的方式，在不同文化和社会背景之间架起了一座沟通的桥梁。许多大学生在志愿服务的过程中，通过组织和参与艺术展览、音乐会、戏剧表演等活动，发挥了艺术的社会功能，帮助服务对象通过艺术走出困境，提升了社会文化水平和精神面貌。这种跨文化、跨社会阶层的互动，不仅帮助学生拓宽了视野，还让他们在实践中理解了艺术的深层次价值，促进了社会的包容性与多元性。

（二）志愿服务中的美育实践案例

美育与志愿服务的结合在实践中已经取得了显著的成效，许多高校和社会组织已开展了相关项目，尤其是在农村教育、社区服务、文化传承等领域。通过艺术实践活动，学生不仅能够展示自我，也能够在公益活动中获得成长。在贫困地区的志愿服务活动中，许多大学生通过开设美术、音乐、舞蹈等艺术课程，帮助孩子们提升艺术素养，激发他们的创造力。这些艺术课程不仅仅是传授技能，更多的是通过艺术形式让孩子们表达情感、认知自我，从而塑造他们的精神世界和世界观。在这些活动中，学生通过艺术带给贫困地区孩子们的情感关怀与文化熏陶，帮助他们克服生活中的困境，建立起积极的自我认知和社会认同感。通过这些活动，学生不仅为贫困地区的孩子们提供了教育机会，也为自己带来了情感上的满足和认同。

此外，在社会服务中，美育也能够通过文化传播的形式，帮助促进社会成员的精神文化提升。比如学生通过组织公益性艺术展览、文化展演、社会公益活动等形式，带给社区居民文化的滋养和艺术的启迪。在这些活动中，艺术成为人与人之间情感交流的载体，社区成员通过艺术展示感受到社会的温暖，也进一步促进了社区内部的团结与和谐。在其他志愿服务项目中，如为老年人、残疾人等群体提供文化艺术服务，学生通过组织合唱、绘画、戏剧等活动，不仅为他们提供了艺术娱乐，还通过艺术表达帮助他们打破孤独和隔阂，提升他们的生活质量和心理健康。这种服务使艺术活动不仅限于艺术创作本身，而成为情感支持与社会关怀的有效工具。艺术的普及化和日常化，让更多的人能够享受艺术的美好，同时也培养了学生的社会责任感和服务意识。

（三）美育与志愿服务结合的实施策略

美育与志愿服务结合的实施，需要合理设计活动内容和形式，同时制定有效的策略来确保活动的可持续性和效果。高校和社会组织可以从多个维度入手，探索更加有效的融合路径。活动设计应与社会需求和学生兴趣相结合。美育活动的组织者应深入了解服务对象的需求，并根据受众的特点设计艺术活动内容。比如针对老年群体的美育活动可以偏向传统文化的传承，如书法、国画等，而针对儿童群体的活动则可以融入更多的创意性元素，如绘画、手工艺制作等。此外，活动设计要注意学生的兴趣和特长，使学生能够在参与中发挥自身优势，并激发他们的参与热情。通过与学生兴趣的结合，可以使美育活动更加生动和有意义，提升学生参与的积极性。

活动的实施应注重多方协作与跨学科合作。美育活动不仅仅是艺术学科的单一体现，还可以与社会学、心理学、教育学等学科相结合，形成综合性的社会服务项目。比如大学生可以与心理学专业的学生一起合作，为心理障碍群体开展艺术治疗，帮助他们通过艺术创作释放情感，促进心理健康。在这种合作过程中，学生能够运用不同学科的知识来丰富活动内容，提高服务的深度和广度。活动实施后应进行评估与总结，以便为未来的志愿服务提供指导。评估不仅包括对艺术活动本身的评估，还应包括对学生和受助者的反馈。通过访谈、问卷等方式，了解学生在活动中的收获和成长，了解受助者对活动的感受和需求。根据评估结果，及时调整活动形式和内容，确保活动能够最大化地发挥其美育和社会服务功能。

尽管美育与志愿服务的结合取得了不少成效，但在实际操作过程中仍然面临一定的挑战。一方面，活动的资金和资源问题依然是制约其发展的瓶颈。许多学校和社会组织在组织这些活动时，面临着资金不足、设备缺乏等问题，导致活动的规模和质量受到限制；另一方面，受众群体的多样性和需求的复杂性，也给美育活动的实施带来了挑战。如何确保活动内容能够符合不同群体的需求，并为其提供有效的艺术服务，依然是一个亟待解决的问题。美育与志愿服务的结合将朝着更加多样化和专业化的方向发展。随着社会的发展和艺术教育的不断普及，更多的大学生将有机会参与到社会服务中，利用自己的艺术才能和专业知识为社会提供帮助。高校可以通过与社区、非政府组织等各方合作，拓宽服务领域，提高服务质量。同时，随着信息技术的发展，线上与线下相结合的艺术服务也将成为未来的重要趋势。通过虚拟艺术展览、网络教育等方式，可以让更多的人受益于美育，促进社会文化的全面提升。

二、美育在社会问题解决中的作用

在当今社会，面临着种种复杂的社会问题，如文化认同的冲突、社会情感的疏离、环境污染带来的心理压力等，如何通过教育途径有效地解决这些问题，成为现代教育的重要议题之一。美育作为一种独特的教育方式，它通过艺术的手段、审美的体验以及情感的培养，能够在多方面促进社会问题的解决，尤其是在社会文化、情感共鸣、社会认同感及心理健康等领域。美育不仅仅是培养艺术素养的过程，更重要的是，通过艺术和文化的力量，帮助个体与社会建立起深层次的情感联系，进而推动社会和谐与可持续发展。它通过艺术表现的独特方式，能够有效地触动人们内心的情感，激发社会成员的共鸣，从而在解决社会问题，特别是文化冲突、社会认同、心理健康等方面发挥不可或缺的作用。

（一）美育在促进社会和谐中的作用

社会和谐是现代社会发展的基础，而文化认同和情感共鸣在社会和谐的构建中起到了核心作用。在这个过程中，美育提供了促进社会和谐的独特途径。在面对社会纷繁复杂的价值观冲突时，艺术作品往往能够以其独特的表达方式架起桥梁，促进不同群体间的理解和沟通。比如社会中的一些边缘群体，如少数民族群体、低收入群体等，常常面临文化认同的困境和心理隔阂。美育通过艺术形式的传播，可以让这些群体通过艺术表达自我，增强自信心与社会认同感。在这种情境下，美育不仅是艺术表现的工具，它还具有社会融合和文化认同的功能。比如在一些民族文化的艺术创作和展示中，少数民族的大学生可以通过歌舞、绘画等形式，传递自己独特的文化和情感体验，进而帮助社会其他成员更好地理解和尊重这些文化，促进文化的共融与社会的和谐。

在促进社会和谐的过程中，大学生通过参与美育活动，不仅能够提高自我认知，还能够通过艺术的形式将个人情感与社会责任相结合。比如学生参与公益性艺术创作活动、社区文化活动等，可以增强对社会的责任感和使命感。通过艺术，学生能够帮助更多人打开心扉，减少文化隔阂，增强社会群体间的情感连接。

（二）美育在环境保护和社会责任中的作用

环境问题日益成为全球面临的重大挑战，如何通过教育改变人们的环境意识，推动可持续发展，已经成为社会各界的关注重点。美育在这一过程中起到了独特的作用。通过艺术教育，学生不仅能够提高自身的审美和创造力，还能在艺术作品的创作和欣赏中，培养出更强的环保意识和社会责任感。

艺术的独特魅力使其成为传播社会问题和解决社会矛盾的有效工具。在环境保护的倡导中，艺术作品不仅能够唤起人们对自然环境的关注，还能通过作品反映社会中的不公平现象、生态问题以及人类对自然的侵害。许多艺术作品通过展现地球环境的恶化，激发观众的环保意识，并促使他们在日常生活中采取更多的环保措施。大学生通过参与环保主题的艺术创作和社会实践活动，能够更深刻地理解社会责任与生态保护之间的关系，从而增强他们在未来社会中的责任感与使命感。比如许多高校组织学生参与环保主题的艺术创作，如"绿色校园"摄影展、环保海报设计大赛等。通过这些活动，学生能够通过艺术的方式表达对环境保护的关切，同时也能通过活动展示对社会责任的认知与担当。通过这种方式，美育不仅提升了学生的艺术素养，更促进了他们在社会实践中的积极参与，推动了社会文化向环保与可持续发展的方向发展。

（三）美育在促进社会公平与文化多样性中的作用

在多元化、全球化的当代社会，文化差异和社会不平等问题日益突出。如何通过教育促进文化的多样性和社会公平，成为全球面临的重要问题之一。美育为解决这一问题提供了新的视角和途径。通过艺术的形式，学生能够深入了解并尊重不同文化、不同社会阶层的价值观念，从而促进文化认同与社会公平。在社会实践中，美育通过各种艺术形式推动文化多样性的保护与传播。许多大学生通过参与社会志愿活动、国际文化交流项目等，不仅展示了自己文化的魅力，也加深了对其他文化的理解与尊重。美育通过这种跨文化的艺术交流，推动了文化多样性和社会公平的理念，使学生在全球化的背景下，能够更加包容、尊重和理解不同文化背景和社会群体的价值观。

艺术作为文化传承和创新的载体，能够促进社会公平与文化平等。在许多社会公益活动中，大学生通过组织艺术展览、音乐演出、戏剧表演等形式，传播社会公平与文化多样性理念，推动弱势群体的声音得以表达。这种通过艺术传达社会问题和文化平等的做法，不仅提高了社会的文化水平，也使学生更加清晰地认识到艺术在社会发展中的重要性。美育通过多种形式的社会实践，能够有效地帮助解决社会中的许多问题，包括促进社会和谐、提升心理健康、增强社会责任感和推动文化认同等。通过美育的多维度作用，学生不仅能够在艺术创作中找到情感的表达和疏解，还能够通过社会实践提升对社会问题的认知和解决能力。美育为解决社会问题提供了全新的视角和方法，它不仅仅是艺术教育的内容，更是社会文化建设和社会问题解决的重要工具。

三、美育与社区文化建设的关系

社区作为社会组织的基础单元，是促进社会和谐、文化传承与创新的重要平台。美育通过艺术教育、文化传播和情感体验，能够为社区带来新的活力和创造力，提升社区居民的文化素养，增强他们的归属感和认同感，从而推动社区文化的繁荣与发展。在当今社会，随着城市化进程的加快，许多社区面临着文化认同、社会参与、代际沟通等方面的问题。在这种背景下，美育不仅能作为一种文化滋养的手段,还能够促进社会成员在价值观、审美情感和文化传承方面的共同认知与理解。通过美育的引导,社区成员能够共同感受艺术的魅力,享受文化创造的过程,增进社区凝聚力,从而实现社区的整体文化提升与和谐发展。

(一)美育对社区文化认同感的促进

社区文化认同感是指社区成员对其文化传统、价值观以及集体生活方式的认同与归属。它是社区文化建设的重要组成部分,直接影响到社区的凝聚力和社会的和谐度。美育通过艺术和文化活动为社区文化提供了重要的支持。艺术和文化不仅能够帮助居民更好地理解自己的历史、传统与文化,还能够通过创作与表现加深他们对社区的认同感。

在许多城市社区中,社区文化活动往往以传统艺术、地方戏曲、民间工艺等形式为主,这些活动不仅是文化传承的重要途径,也是社区居民建立文化认同的桥梁。比如许多社区通过组织传统节日的庆祝活动、民间艺术表演等形式,帮助居民了解并参与到地方文化的保护与传承中。这些活动为居民提供了一个共同的文化平台,使他们能够在欣赏艺术作品、参与艺术创作的过程中,感受到文化的力量,激发起对家乡和社区的情感。

艺术创作与欣赏的过程是一个深刻的情感体验过程。无论是歌唱、绘画、舞蹈,还是手工艺制作,居民在创作和参与的过程中,逐渐产生归属感和认同感,感受到自己文化传统的独特性与宝贵性。美育通过这一过程,不仅提升了居民的艺术素养,还帮助他们理解并接受多元文化,从而增强社区的文化认同和凝聚力。

(二)美育对社区文化创新的推动

文化创新是社区文化建设中的一个关键点,它能够为传统文化注入新的活力,同时为社区成员提供更广阔的发展空间。美育在推动文化创新方面发挥着独特的作用。通过艺术创作和文化活动,美育为社区提供了一个创新的平台,使传统文化得以与现代社会相融合,创造出符合时代需求的文化形式和表达方式。

在美育的影响下,许多社区已经开始进行文化创新的探索。通过结合现代艺术形式和传统文化元素,社区能够创造出新颖而有吸引力的文化活动和作品。比如许多社区通过举办现代艺术展览、文化创意集市、街头艺术表演等活动,吸引了年轻人参与到社区文化的建设中来。这些创新活动不仅丰富了社区的文化生活,还增强了居民对传统文化的认同,促进了传统文化与现代文化的有机融合。

美育在推动社区文化创新的过程中,不仅仅关注艺术作品本身的创新,更关注文化创作背后的精神和理念。通过美育,社区成员能够在欣赏和创作的过程中,感受到自我表达的自由和创造力的释放,从而激发他们对生活的热情和对社区文化的责任感。尤其是年轻一代，在美育的影响下，能够以更加开放和包容的心态，推动社区文化的多元化与创新性发展。

（三）美育与社区文化活动的互动促进

美育与社区文化活动的结合，不仅增强了社区的文化氛围，也促进了社区成员间的互动与沟通。通过文化活动的组织和参与，居民不仅能够共享艺术带来的愉悦，还能通过集体活动建立起更强的社会关系与互助精神。美育通过促进社区成员间的情感交流，增强了社区的凝聚力和归属感，推动了社区文化的全面发展。在许多社区中，美育活动通常与社区节庆、公益活动等结合，形成丰富多彩的文化活动形式。这些活动不仅让居民在欣赏艺术的过程中获得美的享受，更加深了他们与社区的情感联系。居民通过共同参与文化活动，培养出深厚的社区情感，形成共同的价值观和文化认同。比如社区文化节、艺术展览、集体舞蹈、社区音乐会等活动，吸引了大量居民的参与。这些活动成为社区凝聚力量的纽带，促进了不同年龄、不同背景的居民间的互动，推动了社区文化的繁荣。

美育活动还可以通过促进代与代之间的互动，提升社区的文化包容性和传承性。老年人通过参与艺术活动，不仅能够表达自我，还能够将自己对传统文化的理解与经验传递给年轻一代，促进代与代之间的情感沟通与文化传承。年轻一代通过参与这些活动，能够更好地理解传统文化的价值，并在现代社会的背景下重新审视和创新这些文化元素，从而推动社区文化的创新与传承。

（四）美育对社区居民心理健康的促进

社区文化建设不仅仅是物质文化和精神文化的建设，它还关系到居民的心理健康和社会适应性。美育通过艺术教育和文化活动的开展，能够有效地促进社区居民的心理健康。艺术作为一种情感表达和心理调节的工具，能够帮助社区居民特别是老年人、青少年群体在情感上得到疏导和调节，从而提高他们的心理素质和社会适应能力。

美育通过提供情感表达的空间，帮助居民在日常生活中面对压力和困扰时，能够通过艺术创作进行情感的释放和心理的调节。比如社区通过开设音乐疗法、艺术治疗、手工制作等活动，帮助心理有困扰的居民放松情绪，减轻心理负担。这些活动不仅对参与者的心理健康产生积极影响，也为整个社区营造了更加和谐与温馨的氛围。此外，美育活动能够帮助居民通过艺术的形式表达自己内心的情感，增强自信心和自我认知。在许多社区中，艺术展览、表演等活动为居民提供了展示自我的平台，居民通过参与这些活动，能够获得成就感与满足感，从而提升其自我认同感和心理健康水平。社区通过美育活动，能够帮助居民获得情感支持、心理慰藉，并通过集体活动促进社会适应力的提升。

美育与社区文化建设的结合，将为未来社会提供更多的创新路径和解决方案。随着社会的多元化发展，社区文化建设需要不断地适应新的社会需求和文化趋势。美育作为一种独特的文化教育形式，能够为社区文化注入新的活力与创造力，推动社区文化从传统向现代化、国际化发展。美育将更加注重与社区的深度融合，不仅限于传统的艺术展览、演出和创作，更将涵盖社会服务、文化创新、教育普及等多个方面。通过加强学校与社区的合作，促进资源共享，推动更多创新型的美育活动，将进一步提升社区文化的多样性和包容性，创造更加和谐的社会环境。

第三节　国际化美育活动的推广与实践

一、国际美育交流活动的内容与管理机制

在全球化和信息化的今天，跨文化交流与合作已成为推动社会发展的关键之一。美育作为一种跨文化、跨学科的教育形式，在促进国际理解、增进文化多样性和推动全球合作方面具有不可忽视的作用。国际美育交流活动作为美育实践的一部分，不仅帮助学生拓宽视野，提升艺术与文化素养，更在增强国际理解、构建和谐社会等方面发挥着积极作用。这类活动通过各种形式的艺术创作、展览、演出、学术讨论等，为不同文化背景的人群提供了一个共同交流的平台，促进了文化的理解、传播与融合。国际美育交流活动的形式多样，内容丰富。它不仅仅局限于艺术作品的展示或演出，还涵盖了艺术理论的交流、艺术教育的合作、文化艺术节的举办等多层面的互动与合作。这些活动为艺术家、学生、教师提供了跨国界、跨文化的互动机会，也为普通民众提供了更多的文化享受和艺术体验，进一步促进了世界范围内的文化共识与合作。

（一）国际美育交流活动的主要内容

国际美育交流活动主要包括艺术展览、文化交流、艺术表演、学术研讨以及艺术教育合作等形式。这些形式不仅通过艺术的表现让不同国家和地区的人们交流思想，还通过实际的文化互动和合作，拉近了文化差异，提升了文化认同感。

艺术展览与文化活动是最常见的国际美育交流形式之一。通过举办各类艺术展览，艺术家和学生能够展示其创作与作品，同时让其他国家的观众欣赏到不同文化背景下的艺术形式。比如在国际艺术节上，各国的艺术作品可以通过绘画、

雕塑、摄影等形式展示，促进不同文化的相互理解。在这些展览和活动中，不仅仅是作品本身得到展示，艺术创作背后的思想与文化背景也通过互动和讲解得以传递，增加了观众对不同文化的理解与尊重。艺术表演作为另一重要形式，也在国际美育交流中占有重要地位。无论是音乐会、舞蹈表演、话剧演出，还是传统民间艺术的展演，艺术表演能够直接触动观众的情感，增强文化间的情感共鸣。比如国外的音乐节、歌剧院、戏剧节等活动，吸引着世界各国的艺术家与观众参与，成为文化交流的重要平台。艺术表演不仅是文化展示，更是文化交融的体现，通过这些形式，参与者和观众能够跨越语言的障碍，通过艺术语言进行心灵的碰撞与对话。

学术研讨与文化讲座也是国际美育交流的重要形式之一。通过学术讨论，来自不同文化背景的学者、艺术家和教师可以就美育的理念、实践经验以及未来发展进行深入交流。研讨会通常围绕美育的具体议题展开，如跨文化教育、艺术教育的国际比较、艺术和社会发展的关系等，探讨全球化背景下的美育趋势和问题。通过这些学术活动，学者们不仅能够共享研究成果，还能够促进全球范围内美育教育理论和实践的发展。艺术教育合作是国际美育交流中不可或缺的一部分。通过开展国际的合作办学、交换生项目和艺术教育培训等活动，不同国家和地区的学生能够互访、互学，获得不同文化艺术的学习经验。这种合作不仅有助于提升学生的艺术素养，还能帮助他们形成国际化的视野和跨文化的理解。国际艺术教育合作通过教师的交流和学生的互动，进一步推动了美育教育内容和方法的创新。

美育的内容始终围绕审美的培养、艺术创作的启发、情感的升华与精神境界的提升展开。然而，在国际美育交流的框架下，除了这一传统内涵外，更多地关注如何通过艺术推动社会文化发展、如何通过艺术教育促进全球理解和合作等内容。国际化的美育交流注重文化间的互动和对话，重视不同文化背景下艺术教育的共性与差异。其核心目标在于通过艺术及其教育手段促进世界各国人民的情感共鸣和社会责任感的提升。美育的国际交流内容不仅仅局限于艺术的传统形式，它还涵盖了新的艺术表现形式和现代艺术教育方法。在数字化、网络化的今天，许多国家已经通过虚拟展览、在线课程和远程教育等新形式，推动美育教育的普及和国际交流。互联网和新媒体的快速发展为美育活动的开展提供了新的空间和平台，艺术作品和教育理念可以更加快捷地跨越国界进行传播与交流。

艺术不仅是一种情感和美学的表达，它也是一种社会责任的体现。在国际美育交流中，艺术作品往往承担着社会教育的功能。通过艺术，参与者不仅能够感受美和享受情感的升华，还能够在作品中理解艺术家的社会责任和人文关怀。比如许多国际美育交流活动都通过艺术作品反映当代社会的重大问题，如环境保护、社会公正、文化多样性等。这些艺术作品的展示和讨论,不仅增强了艺术的社会功能,也为全球范围内的社会问题提供了文化层面的解读和反思。国际美育交流活动的内容也涉及全球化视野下的艺术教育的创新与挑战。随着全球化的不断推进,传统的艺术教育模式和内容逐渐无法适应新的时代要求,艺术教育的跨文化性和多样性要求更多的创新。通过国际美育交流,参与者能够共享各国在艺术教育中的创新经验和成果,学习如何将本国的艺术文化与全球文化进行对接,为未来艺术教育的发展提供新的思路。

(二)国际化美育活动的管理

国际化美育活动的管理涉及多个方面,从活动的规划、组织到实施和评估,每一环节都需要有序衔接和精心安排。成功的管理不仅要求活动内容符合美育的基本原则,还需要根据不同国家和文化背景的需求灵活调整,使活动能够在全球化的背景下实现文化的交流与融合。

在管理国际化美育活动时,首先,要明确活动的教育目标和实施计划。这些目标应根据不同国家和文化的差异性来设定,同时也要考虑到参与者的艺术素养、需求和兴趣。管理者需要为活动设定清晰的框架和执行标准,确保活动的设计符合教育要求,同时又能够尊重和融入当地的文化特色。其次,活动组织者必须关注参与者的多样性和互动性。在全球化背景下,学生来自不同的文化和教育背景,因此,管理者需要设计能够促进跨文化理解的活动形式。比如组织艺术创作、跨文化艺术交流、文化表演等项目,不仅要让学生展示自己的文化,还要鼓励他们理解和欣赏其他文化的艺术形式。这种互动性的活动能够促进学生间的文化交流,提升他们对不同艺术形式的尊重与理解。

管理过程中,协调和合作也是成功的关键。由于国际化美育活动往往涉及多个国家、地区和教育机构,因此活动的组织需要多方合作与协调。比如高校可以与国际艺术团体、文化交流机构等合作,共同举办艺术展览、文化节、学术论坛等活动。此外,随着信息技术的迅速发展,许多国际化美育活动也开始在线上开展,这要求管理者在面对跨时区、跨文化的背景下,能够灵活地运用技术手段,确保活动顺利进行。最后,管理者需要建立有效的沟通和反馈机制。在跨文化活动中,文化差异可能会带来一些误解或障碍,因此,活动的组织者需要时刻关注参与者的感受和需求,及时调整活动内容和形式。同时,活动结束后,管理者应进行全方位的反馈收集,了解参与者的体验与建议,以便对未来的活动进行改进。

评估是确保国际化美育活动有效性的关键环节。通过科学合理的评估,可以了解活动是否达成了预期的教育目标,是否实现了跨文化交流和艺术教育的深度融合。评估不仅是对活动成果的量化分析，更是对活动过程的质量控制，它能够帮助教师识别不足，改进教学设计，并为未来的活动提供有益的经验。评估方法通常包括定量评估和定性评估两种方式，二者相辅相成，共同反映活动的成效。定量评估主要通过收集活动的参与人数、作品展示数量、观众反馈等数据，评估活动的受众广度和直接影响。而定性评估则侧重于对参与者的体验和感受的分析，包括他们对活动的文化认同感、艺术理解能力、情感表达和创作能力等方面的提高。

国际化美育活动的管理离不开有效的反馈机制。反馈不仅是对活动过程和结果的总结，也是改进和优化未来活动的重要依据。在跨文化美育活动中，反馈机制尤为重要，它可以帮助管理者及时发现问题，调整活动的目标和方式，以更好地服务学生和参与者的需求。有效的反馈机制应当具备多层次的反馈途径，既包括参与者的反馈，也包括组织者和外部专家的评价。学生的反馈是了解活动效果和学生需求的核心途径，而教师和组织者的反馈则可以为活动的管理提供改进意见。通过不同层次的反馈，管理者能够全面了解活动的优势和不足，从而为下一次活动的设计与组织提供依据。

国际化美育活动不仅要关注短期的效果和成果，还应着眼于长期的文化交流和教育合作。随着全球教育理念的不断发展，国际化美育活动需要更加注重与其他教育领域的融合，如与科学、技术、社会学等学科的交叉合作，为学生提供更加全面的跨学科教育。同时，全球合作也需要更加深入和广泛的参与，合作的内容可以涵盖学术交流、文化项目、共同创作等多个方面，促进全球范围内的美育共同发展。

二、海外交流项目中的美育实践

海外交流项目的美育实践不仅仅是单纯的艺术交流，它还是一个培养学生全面素质，提升国际化视野的过程。学生通过参与海外的美育活动，不仅增强了对艺术的认知，还拓宽了文化理解的深度与广度，进一步强化了他们对全球文化多样性和社会问题的关注。

美育在海外交流项目中的核心任务之一是帮助学生通过艺术形式实现跨文化交流。在这些项目中，学生有机会参与不同国家的艺术创作、展览、表演和文化活动等，这些活动通过艺术形式加强了不同文化间的互动，促进了对艺术的多样性和跨文化表达的理解。比如许多海外艺术交流项目会邀请中国学生与其他国家的学生一同参与艺术创作，进行集体艺术表演。通过这样的合作，学生不仅能欣赏到他国的艺术形式，还能在共同的创作过程中增进理解，培养尊重文化差异和多元价值观的态度。

—— 第六章 ——
大学生美育的校内外实践活动

在这一过程中,学生往往会在具体的艺术实践中探索不同的艺术表现形式。这些艺术活动通过身临其境的体验,使学生对本国与他国文化的艺术特色和表现形式有了更直观的理解。同时,通过集体创作和展示,学生能够相互借鉴艺术创作的方法和理念,拓宽艺术表现的视野,进一步提升创作能力和跨文化交流的能力。参与海外美育实践活动的学生,往往能够感受到艺术表达对沟通的独特作用。艺术作为超越语言和文化障碍的媒介,可以帮助学生更好地理解他国的文化背景、历史传统和社会问题。通过参与文化艺术的交流与展演,学生不仅提高了个人的艺术修养,还深刻体验到艺术在促进文化认同、推动国际理解方面的独特作用。

海外美育项目往往将文化教育和艺术实践结合起来,不仅注重艺术作品的展示,更关注通过艺术教育提升学生的跨文化意识与社会责任感。在跨文化艺术教育的框架下,学生能够通过与不同国家学生的合作与交流,深入了解他国的艺术理念、文化观念和社会情境。比如在一些国际艺术节或文化交流活动中,学生不仅展示自己的艺术作品,还参与到他国的艺术教育活动中,了解他国的艺术历史与发展脉络。在这种跨文化的艺术教育中,学生不仅能够汲取其他文化中的艺术精髓,也能够通过艺术创作与他人分享自己文化的独特性。艺术教育成为学生间文化认同和理解的重要桥梁。这种通过艺术与文化的互动,促进了学生从不同角度去思考社会问题、文化多样性和全球公民意识。跨文化艺术教育帮助学生树立了国际化的艺术眼光,并培养了他们在全球化背景下处理复杂问题的能力。

通过参与海外的美育项目,学生能够接触到不同的教育模式和艺术思想,这对他们的综合素质、创新思维和全球视野的提升具有重要作用。跨文化艺术教育不仅为学生提供了学习艺术的机会,也为他们提供了丰富的社会实践经验,帮助他们更好地理解全球社会中的不同文化、价值观与艺术表达。

在海外交流项目中,艺术和文化创新往往是美育实践的重要内容。学生不仅可以通过学习和模仿他国的艺术形式,还可以在创作过程中融合不同文化元素,进行跨文化的艺术创新。海外美育项目为学生提供了展示自我艺术创意的舞台,同时也为他们提供了一个反思本国艺术传统与发展趋势的机会。艺术创作的过程中,学生能够通过对本国艺术文化的理解和他国艺术表现的学习,激发创作灵感,探索跨文化的艺术创新。比如一些跨文化艺术项目可能会邀请来自不同国家的艺术家和学生共同创作一部作品,作品的内容和形式往往融合了多种文化的特色,创造出既有创新性又充满全球视野的艺术作品。这种文化和艺术的融合,不仅提升了学生的艺术创新能力,还增强了他们对全球艺术发展的认识。此外,海外美育实践中的艺术与文化创新还体现在对现代技术与艺术表现的结合上。随着信息技术和多媒体技术的快速发展,越来越多的美育项目开始将现代技术与传统艺术创作结合起来，比如通过数字艺术、虚拟现实技术、互动艺术等方式进行创作与展示。学生在这些项目中不仅能够学习到新的艺术创作方法，还能够体验到技术在艺术创作中的应用，增强其创新思维和跨领域的能力。

虽然海外美育实践为学生提供了丰富的文化交流与创作机会，但在实际操作过程中也面临一些挑战。不同文化背景下的艺术教育体系差异、教育理念的碰撞以及文化适应问题，都需要在美育项目设计与实施中加以关注和克服。此外，如何平衡艺术创作的自由与社会责任，如何在国际化背景下保持本国艺术文化的独立性与创新性，也是值得深入探讨的问题。未来，随着全球化步伐的不断加快，海外美育实践将会迎来更多的发展机遇。全球艺术教育将更加重视跨文化交流和创新，未来的美育活动不仅需要关注艺术本身的创作与欣赏，还需要更加注重文化理解、社会责任以及全球视野的拓展。美育与社会责任的结合，将进一步推动全球文化的互通有无，艺术创作的多样性与全球化将为学生提供更多的艺术创作与展示空间。通过美育，学生不仅能够提升艺术素养，更能增强跨文化沟通与全球责任感，成为未来社会的重要力量。

第四节　国内推广美育实践活动优秀案例

国内高校近年来在美育教育的推广与实践中取得了诸多值得借鉴的成果。通过整合校内外资源，开展形式多样的美育实践活动，许多高校探索出了具有特色的美育模式。以下结合清华大学、中央美术学院和复旦大学的实践案例，分析这些活动的成功经验及其对全国高校的启示。

一、清华大学"美育大讲堂"活动

清华大学以其"美育大讲堂"活动为依托，将美育教育与艺术实践有机结合，探索出了一条兼顾理论学习与实际操作的教育新路径。这一活动不仅是清华大学美育工作的亮点，也是全国高校美育教育的重要参考模式。"美育大讲堂"通过定期邀请国内外知名艺术家、设计师和文化学者举办专题讲座和艺术工作坊，为学生提供了一个高水平的艺术学习和交流平台。这些讲座内容涵盖广泛，从艺术史、审美理论到当代艺术创作实践，旨在通过专家的视角帮助学生理解艺术的多样性和深度，培养其审美能力和创新思维。在一次主题为"建筑与自然"的讲座中，一位知名建筑师通过对清华校园建筑风格的讲解，引导学生理解建筑美学与环境和谐的关系。讲座不仅介绍了建筑设计的基础理论，还详细解析了清华大学校园内标志性建筑与自然景观的融合理念，让学生在感受美学价值的同时，深入理解了建筑对环境的尊重和文化的传承。活动结束后，学生以团队形式展开实践创作，结合讲座中学到的理论知识，设计了一系列融合自然元素的建筑草图。这些作品在校内展出，得到了师生的广泛好评，展示了学生将美育学习成果转化为创意设计的能力。

"美育大讲堂"的链条式活动模式，不仅让学生从理论学习走向实践操作，还通过创作与展示的环节增强了他们的艺术表达能力和团队协作意识。活动中特别注重学生的参与度和主动性，鼓励他们在创作中融入自己的独特视角与情感表达。这种理论与实践相结合的教学模式，突破了传统课堂的局限，为美育教育注入了更多的灵活性和互动性。"美育大讲堂"还为学生提供了与艺术大师面对面交流的机会，使他们能够直观感受到艺术创作的多元性与创新性。这种面对面的学习体验，不仅开阔了学生的艺术视野，也激发了他们对艺术创作的热情和探索精神。同时，通过工作坊的实践环节，学生能够亲身体验艺术创作的过程，从中培养解决问题的能力和跨学科的思维方式。

清华大学的"美育大讲堂"活动充分体现了美育教育的价值，不仅在艺术素养培养方面取得了显著成效，还通过创意实践将美育教育的成果辐射到更广泛的领域。这种模式既提升了学生的艺术修养，也为其他高校推广和创新美育活动提供了宝贵的借鉴意义。在未来，这一模式有望进一步优化和推广，为全国高校的美育教育提供更多的启示和动力。

二、中央美术学院的"数字文化与艺术创新实践"活动

中央美术学院依托其先进的数字艺术平台，推出了"数字文化与艺术创新实践"活动，将传统文化的保护与现代科技的应用相结合，为学生提供了一个探索数字化艺术创作和文化创新的平台。活动旨在通过引导学生利用三维建模、增强现实（AR）等现代科技手段，重新诠释传统文化主题，使之焕发出新的生命力，同时帮助学生掌握科技赋能艺术的创作方法，培养其创新思维和跨学科能力。在一次主题为"非遗数字化保护与创新"的实践项目中，学生团队深入挖掘传统技艺的文化价值，通过数字化手段对濒危的非物质文化遗产进行重建和再现。比如某团队选择了中国古代陶瓷烧制工艺作为研究对象，学生首先查阅了大量文献资料，与相关领域的专家进行深度访谈，详细了解这一技艺的历史背景和工艺流程。随后，团队成员利用三维建模技术对古代窑炉和烧制过程进行虚拟还原，并结合增强现实（AR）技术开发了一款交互式应用，让观众能够通过移动设备或AR眼镜"走进"古代陶瓷烧制的场景，体验这一传统技艺的独特魅力。通过这种沉浸

式的数字展示方式，学生不仅实现了对传统文化的现代化表达，也为观众提供了更直观、生动的学习体验。

该活动的影响远超预期。通过虚拟展示，中国古代陶瓷烧制技艺吸引了大量年轻人的关注，尤其是对数字技术感兴趣的观众。活动期间举办的展览不仅获得了业内的高度评价，还成功激发了观众对传统文化的兴趣和认同感。同时，这一实践项目也促使学生在技术与艺术的结合中提升了自身的综合能力。通过与技术团队的合作，学生深刻体会到跨学科协作的重要性，学会了如何在艺术创作中融入技术元素，同时在实践中不断完善创意和执行力。"数字文化与艺术创新实践"活动为高校美育教育提供了重要的示范价值。它通过将传统文化与现代技术结合，不仅实现了传统美育内容的现代化转型，还为高校美育教育在数字化时代的发展提供了新思路。活动的成功表明，美育教育可以通过科技手段更深入地挖掘文化资源，使学生在学习中体验到文化传承的意义与科技创新的魅力。

这一活动的意义在于突破了传统美育教育的局限，开创了一种全新的教学模式，让学生在数字化环境中感受艺术的力量，同时用现代化的方式传递文化价值。未来，这种模式有望进一步推广到其他高校，通过丰富多样的实践项目推动美育教育的数字化与多样化，为培养具有创新精神和社会责任感的艺术人才奠定坚实的基础。这一探索不仅是对传统文化的保护和创新，更是美育教育在现代社会的重要使命。

三、复旦大学的"城市公共艺术计划"

复旦大学的"城市公共艺术计划"是一项以城市空间艺术性提升为目标的创新实践项目，通过推动艺术创作融入社会生活，将高校美育教育拓展至更广泛的社会领域。在这一计划中，学生团队深入上海的城市社区，以城市公共空间为创作背景，通过艺术作品提升空间的文化内涵和功能性，使艺术不再局限于校园内的课堂，而是成为社区居民日常生活的一部分。在具体实践中，学生团队以社区公园为切入点，通过与当地居民的深入访谈了解他们的日常活动、兴趣爱好和实际需求。在这些基础上，学生结合艺术创意与社区需求，设计并安装了一组互动性雕塑装置。这些雕塑不仅具有审美价值，还具备功能性，成为居民日常活动的参与场所。比如某个雕塑作品以自然元素为灵感，结合休憩座椅和遮阳功能，为居民提供了一个兼具美感和实用性的公共艺术空间。这种设计既增添了社区的文化氛围，也满足了居民的实际生活需求。

"城市公共艺术计划"的成功之处在于其高度的人文关怀和社区参与。通过与居民的合作，学生在创作过程中充分尊重了社区文化和人群的多样性，避免了艺术创作的孤立性和形式化。他们不仅用艺术语言表达了对城市公共空间的理解，也为社区居民带来了更高的生活质量。这种结合功能性与审美性的创作方式，不仅改善了社区环境，也增强了居民的归属感和认同感，使社区成为更具活力和凝聚力的空间。此外，这一计划还对学生的艺术实践能力和社会责任感的培养起到了积极作用。在项目实施过程中，学生需要综合运用艺术设计、社会调研、沟通协作等多种技能，从最初的调研到作品的创意设计，再到最后的安装展示，每一个环节都锻炼了他们将理论知识转化为实践成果的能力。同时，学生在与社区居民的互动中，深刻体会到艺术作为一种社会工具的重要价值，这种经验使他们对艺术创作的社会功能有了更加全面的理解。

复旦大学的"城市公共艺术计划"不仅是一次成功的美育实践，也为其他高校开展校外美育活动提供了宝贵的参考。这一计划展示了艺术在改善社会环境、增进文化交流中的独特作用，证明了美育教育可以通过公共艺术的形式，深入社会生活，为人们带来切实的文化体验和情感连接。未来，这一模式有望进一步推广，在更多的城市和社区中开展，成为高校美育教育服务社会的重要桥梁。这种将艺术创作与社会需求紧密结合的实践，为美育教育提供了新的方向，也为城市文化建设注入了持续的创新动力。

四、地方政府与高校合作的推广案例

地方政府与高校的合作为美育活动的普及与推广注入了强劲动力，为高校美育教育走向社会化和多样化提供了新的契机。这种合作模式充分发挥了政府资源整合能力和高校学术优势的叠加效应，使美育活动在更广泛的范围内实现了深度推广和有效覆盖。比如北京市推出的"艺术进校园"活动便是这一模式的成功范例。该活动邀请知名艺术家与高校师生走入中小学，通过艺术讲座、现场展示和创意工作坊等形式，让中小学生"零距离"接触艺术创作过程。这样的活动不仅激发了学生的艺术兴趣，还为他们打开了了解艺术世界的大门，帮助他们在感受艺术魅力的同时，提升审美素养。

浙江大学与杭州市博物馆联合推出的"大学生艺术导师计划"则是另一种创新实践。这一计划选派艺术专业的大学生担任博物馆的志愿讲解员，通过引导公众参观艺术展览、解读艺术作品背后的历史与文化内涵，让大学生在实践中发挥专业所长，同时提升博物馆的公众服务水平。大学生在这一过程中不仅锻炼了自己的表达能力和艺术知识的转化能力，还通过与参观者的交流，深入感受到艺术传播的意义和社会责任感。这种模式为美育教育提供了新的路径，让高校的艺术资源得以走出校园，与城市文化生活紧密相连。

地方政府与高校的合作不仅限于形式上的活动推广，更注重搭建长期稳定的合作机制。比如在一些省市，美育工作已被纳入地方教育发展的重要议程，政府通过专项资金支持美育活动的开展，同时借助高校的专业力量，为美育教育的深化和创新提供智力支持。这种合作模式为高校美育活动注入了更多的实践资源，也为地方文化事业的繁荣发展提供了有力支撑。

这些案例的成功实践说明，地方政府与高校的合作可以在资源共享、专业优势互补的基础上，实现美育活动的社会化拓展。一方面，高校的艺术专业资源通过地方文化平台得以发挥更大的社会价值；另一方面，地方政府的支持为美育活动提供了更广阔的推广空间和实施保障。未来，这种合作模式有望进一步深化，推动美育教育在更大范围内的普及和提升。比如可以探索跨省市的美育交流计划，通过区域间的文化资源共享，实现更广范围内的文化联动；或者通过数字化平台，将高校的艺术课程和资源在线化，使更多人能够便利地参与美育活动。

通过地方政府与高校的合作，美育活动不仅在形式上更为丰富，还在内容上更加贴近社会实际需求，成为文化传播和社会发展的重要抓手。这种合作模式不仅助力高校美育教育的实践化，也为地方文化建设和社会教育注入了新的活力，为中国美育事业的发展提供了可持续的推进动力。

五、国内高校美育推广实践案例的借鉴意义

从国内高校美育推广实践的众多案例中可以看出，成功的美育实践活动具有以下几个显著的共同点：一是以学生为主体，注重激发学生的主动性和创造性。在这些活动中，学生不仅是知识的接收者，更是艺术创作的主导者。比如学生通过团队协作完成公共艺术项目或数字化艺术创作，不仅锻炼了个人的艺术表达能力，还通过实践感受到团队合作的重要性和艺术的社会功能；二是强调理论与实践的有机结合。这些实践活动通常将课堂教学的美学理论延伸至实际创作中，使学生在具体项目中体会到美育的社会意义。比如通过城市公共艺术设计，学生将美育学习型社会实践紧密结合，在解决现实问题中提升自身综合能力；三是充分整合校内外资源，通过与政府、社区和企业的合作，实现资源的高效配置。这种多方合作模式不仅为美育活动提供了更多的实践平台，也使高校的美育教育更具社会价值。比如与地方政府合作开展的"艺术进校园"活动，不仅将高校艺术资源带入中小学，也为大学生提供了实践与传播艺术的机会；四是结合时代需求，将传统美育内容与现代技术手段深度融合。这种融合拓展了美育的边界，使其更加贴近时代脉搏。比如借助虚拟现实、增强现实和人工智能等技术，学生能够在沉浸式环境中探索艺术创作的新形式，这不仅让传统美育焕发新生，还培养了学生的科技素养和跨学科思维能力。

这些成功经验为国内其他高校提供了宝贵的借鉴模板，也为推动全国美育教育的全面发展奠定了实践基础。通过这些案例可以看出，美育教育不再局限于课堂教学，而是向更加开放和多元的方向发展。高校在开展美育实践时，应进一步挖掘自身特色，结合地域文化和时代需求，设计出更具针对性的实践项目。比如可以加强虚拟现实技术与美育教学的结合，开发沉浸式艺术创作体验，让学生通过虚拟环境创作和体验艺术作品，从而更加直观地理解艺术的精髓。此外，高校还可以积极与国际机构合作，引进先进的美育理念和实践方法，将全球化视角融入美育课程中。比如通过开展跨文化艺术项目，让学生在了解本土文化的同时，感受到不同文化间的共性与差异，从而培养更具国际竞争力的艺术人才。同时，整合校内外资源，构建更加开放和多元的美育生态系统，也是未来美育教育的关键。通过与企业合作，提供更多贴近产业需求的艺术实践项目，或者通过社区合作，将高校美育资源辐射至更广泛的社会群体，都能够进一步提升美育教育的影响力。

随着美育教育的重要性愈加凸显，高校需要从这些优秀实践案例中汲取灵感，不断探索和创新美育教育的模式。通过坚持以学生为主体、理论与实践相结合、多方资源整合以及技术与传统的融合，高校美育将更加深入地融入学生的学习生活，成为培养创新型人才、推动文化传承与创新以及塑造社会文化价值的重要途径，为中国教育现代化和文化繁荣贡献更多力量。

第七章
大学生美育与社会文化认同

第一节　美育与大学生文化认同的培养

一、文化认同的定义与构建

文化认同是一个复杂且多维的概念，它不仅涉及个体对自己文化背景的认同，还涵盖了与其他文化的互动、碰撞和融合。大学生作为一个特殊的群体，其文化认同的构建不仅是个人成长的重要组成部分，也是社会文化发展的关键因素。在全球化的背景下，大学生的文化认同面临着多元文化交织、信息流动迅速以及社会价值观变化的挑战。美育作为一种促进文化认同的教育手段，其作用愈加突出。通过艺术教育和审美活动，大学生不仅能加深对本土文化的理解，还能在尊重和包容其他文化的过程中，形成自己的文化认同。

文化认同的构建并非一蹴而就，它是一个长期的、动态的过程，涉及文化自觉、文化认同感、文化归属感以及对全球文化的认同。在这一过程中，大学生通过审美活动、艺术创作和文化交流等方式，深化对本民族文化的认知与情感联结，同时也通过跨文化的接触和互动，拓宽自己的文化视野，提升全球公民意识。

文化认同涉及个体如何看待自己所属的文化背景，它不仅是情感的认同，也是对该文化价值、历史、传统和社会行为模式的认同。文化认同不仅是对特定文化的认同感，它还反映了个体对文化归属的情感依附。对于大学生而言，文化认同的形成过程，涉及他们在外部世界的文化互动和内在价值体系的形成。通过不断的文化学习、艺术创作与社会实践，大学生能够在不断的自我认知与外部世界的互动中，找到自我与社会、传统与现代之间的平衡。

文化认同的内涵还包括个体对文化符号的认知与归属感。文化符号如语言、艺术、风俗习惯、信仰体系等，都在塑造着个体的认同感。对于大学生而言，他们往往面临传统文化与现代文化、民族文化与全球文化的碰撞和融合。如何在多元文化的冲击下保持自我文化的独立性，同时能够与其他文化和平共处，成为当代大学生文化认同的重要命题。

文化认同的构建是一个多层次、多维度的过程。在大学生的成长过程中，学术教育、社会实践、家庭背景以及文化交流等因素，都在影响着他们文化认同的形成。美育作为一种重要的文化教育形式，在这一过程中起到了积极作用。美育通过艺术教育的方式，不仅帮助学生提升审美能力，也促进了他们对自己文化的深刻理解和认同。艺术教育是文化认同构建的重要途径。通过美术、音乐、舞蹈等艺术形式，大学生能够更加直观地感受并理解本土文化的精髓。这些艺术形式所承载的历史、传统与思想，能够帮助学生建立起对自己文化的情感认同。在中国，传统的国画、书法、京剧等艺术形式，是中国文化的重要符号。通过学习这些艺术，大学生能够更好地理解中国文化的独特性与历史渊源，激发他们对本民族文化的自豪感。

跨文化交流与对外文化的接触也有助于大学生文化认同的构建。在全球化的背景下，大学生有更多机会接触和体验其他国家和地区的文化。通过参加国际艺术节、跨文化研讨会和海外留学等，学生不仅能够了解世界其他地区的艺术与文化，还能够在不同文化的碰撞中发现自己文化的独特性。在这一过程中，大学生逐渐学会尊重和包容其他文化，同时也在对比中加深了对自己文化的认同感。社会实践活动是文化认同构建的重要途径。大学生通过参与社会实践，能够将理论与实践相结合，更加深入地了解社会的多样性。通过志愿服务、社会调研、文化宣传等形式，学生能够直接接触社会，感知不同社会群体的文化需求与差异。在这种实践过程中，学生能够更好地理解和融入社会，提升文化认同的广度和深度。美育不仅是艺术素养的培养，更是文化认同的培育土壤。通过美育，大学生能够在艺术创作和审美活动中，更加深刻地理解文化的内涵和价值，进而形成对文化的认同。美育的核心是审美体验与艺术教育，它让学生通过审视、反思和创作，不断增强对本民族文化的认知与情感联结。

通过音乐、绘画、舞蹈等艺术形式，大学生不仅可以感受到艺术创作的愉悦，还能从中感受到本土文化的独特魅力。艺术作品作为文化的载体，承载着民族的历史与精神，通过对这些作品的学习与体验，大学生能够形成对自己文化的认同感。比如在中国传统书法与绘画的学习过程中，学生不仅学习艺术技巧，更重要的是，理解其中蕴含的哲理与精神价值。通过这些艺术形式，学生能够感受到中国文化的深厚底蕴，激发他们的文化认同。同时，美育还能够促进学生跨文化的认同与理解。在全球化日益加深的今天，大学生不仅要认同自己的文化，还要学会理解与包容其他文化。通过跨文化艺术交流，大学生能够深入了解其他文化的艺术表达与社会价值观，在这一过程中，学生会逐渐认识到文化的多样性和复杂性，同时也增强了对自己文化的认同与自信。

在现代社会，文化认同不再是单一化的，它具有多元性和动态性。大学生的文化认同不仅仅是对本土文化的认同，还包括对世界文化的尊重与认同。美育在促进文化认同的过程中，起到了重要的桥梁作用。通过艺术和文化的教育，学生能够在保留本民族文化特色的同时，也能够包容和接纳其他文化，形成更加多元化的文化认同。美育通过跨文化的艺术交流，不仅拓宽了学生的视野，还增强了他们对全球文化的理解和认同。通过在艺术学习和创作中对不同文化的探索，大学生能够更好地认识到各文化间的相互联系与相互依存，从而形成更加全面和多元的文化认同。这种多元文化认同的形成，不仅帮助学生建立了全球化视野，还促进了他们在社会中更加积极地参与和贡献。通过美育，大学生能够培养更加开放和包容的心态，在全球化背景下，承担起促进文化理解与文化交流的责任。

尽管美育在大学生文化认同的构建中发挥了积极作用，但在现实中，大学生的文化认同建设仍然面临着多重挑战。全球化带来了多元文化的交融，但也导致了文化认同的碎片化与冲突。在这种背景下，如何平衡本土文化认同与全球化文化认同，成为当代大学生文化认同构建中的难题。此外，现代科技的快速发展和信息传播的便捷性，使得大学生在接受大量信息时面临文化同质化的风险。信息碎片化和文化快速变化的特征，使得大学生容易忽视本土文化的精髓，而追求外来文化的表面魅力。如何通过美育帮助学生在多元文化的冲击中，保持对本土文化的认同和尊重，成为当前美育教育的重要课题。

随着文化全球化和多样化进程的不断推进，大学生文化认同的构建将更加注重多元化、包容性和动态性。美育应通过更加多样化的教育手段和艺术形式，帮助学生在认同本土文化的基础上，也能够理解和尊重其他文化，为全球文化交流与理解作出贡献。

二、美育对大学生文化认同的促进

大学生文化认同的培养是当今教育体系中重要的目标之一。随着社会的多元化与全球化，大学生不仅面临着传统文化与现代文化的交融挑战，还需要在复杂的文化环境中找到自我认同的支点。美育在这一过程中扮演了极为关键的角色，它不仅能增强大学生对本土文化的认同，还能帮助他们在跨文化交流中建立健康、平衡的自我认知。美育对大学生文化认同的促进，涉及对传统文化的继承与创新、对全球文化的尊重与包容，以及通过艺术形式塑造具有全球视野的文化自信。

（一）美育对本土文化认同的强化

本土文化认同是大学生文化认同的核心内容之一，它是学生自我身份认知的基础。美育通过多种艺术形式，帮助大学生更深入地理解和体验本土文化的精神和内涵。中国传统文化，作为大学生文化认同的重要组成部分，其深厚的历史背景、丰富的艺术表现形式，以及与道德、哲学、宗教等方面的紧密联系，都是大学生文化认同的重要源泉。

美育通过艺术教育，尤其是传统艺术的学习，如书法、国画、戏剧、民乐等，能够帮助大学生理解和接纳这些艺术形式中所蕴含的文化价值。在学习过程中，学生不仅了解艺术技巧，还能更好地领会到背后代表的文化精髓。这种深入的艺术教育不仅是对技能的训练，更是对文化的沉浸式体验。通过参与这些艺术活动，学生能够与本土文化产生更深层次的情感联系，从而增强对自身文化的认同感。比如通过学习和体验中国书法，大学生能够理解汉字的形态变化和书写的艺术性，进而感受到中国传统文化中的哲学思想与审美情趣。这种认同感不仅仅是对书法艺术本身的欣赏，更是对中国古代文化精神的共鸣。美育通过这样的艺术实践，强化了学生的文化归属感，使他们在面向现代化和全球化的挑战时，能够保持文化自信。

（二）跨文化交流中的文化认同

随着全球化的深入发展，大学生接触到的文化越来越多样，外来文化的影响日益加强。这种文化交流对大学生的认同产生了深远影响。美育在这一过程中，起到了调节文化认同与外来文化互动的重要作用。它不仅帮助学生加深对本土文化的认知，同时也培养他们对其他文化的理解和尊重，从而在全球文化的碰撞中找到平衡。

通过跨文化艺术交流，大学生能够接触和体验来自世界各地的艺术形式。在这种艺术交流中，他们不仅能欣赏到不同文化的艺术魅力，还能在艺术的共同语言中感受到文化间的共鸣。美育通过跨文化艺术的体验，使大学生在接纳多元文化的同时，能够更清晰地认识到本土文化的独特性与重要性。比如大学生通过参与国际艺术节、跨文化艺术展览等活动，能够接触到不同国家和地区的文化艺术作品。在这种过程中，学生不仅能欣赏到他国的艺术风格，还能在对比与反思中更加深刻地理解自己文化的特征与价值。这种文化认同的提升，不仅体现在本土文化的坚守上，也体现在对其他文化的包容和尊重上。通过美育，学生不仅能够保持对本土文化的认同，还能在跨文化交流中建立起全球文化视野。这种文化认同的多元化特征，使大学生能够在全球化的背景下，展现出更高的文化包容性与全球公民意识。

（三）美育促进文化认同的情感纽带

文化认同不仅仅是理性层面的认同，它还涉及情感的认同。对于大学生而言，文化认同的构建不仅是通过知识的学习和文化符号的识别，更是在情感上的深刻体验和认同。美育通过艺术作品的体验和艺术创作的实践，为学生提供了一个情感表达和认同的载体。

通过美育，学生能够更深刻地体验到艺术作品所传递的情感和思想。无论是通过欣赏一幅传统的山水画，还是通过听一段经典的民族音乐，学生都能够感受到艺术作品背后蕴含的文化情感。这种情感的认同，帮助学生将个人的情感体验与文化认同相结合，从而使他们在情感上更加认同自己的文化身份。

美育作为促进大学生文化认同的重要手段，能够在多元文化的冲击下，帮助学生保持对本土文化的认同和自信，同时在跨文化交流中拓宽自己的文化视野。通过美育，大学生不仅能建立起更加坚定的文化认同，还能在全球化的背景下，成为具有文化自信和全球视野的公民。

三、传统文化与美育的结合

在当今时代，随着全球化的深入发展和信息传播的日益加快，世界各地的文化交融与碰撞愈加频繁。同时，许多年轻人对传统文化的认同感逐渐减弱，特别是在大学生群体中，西方文化的影响更加明显。如何通过教育使学生在现代化和全球化的背景下，依然保持对本土传统文化的认同和自信，成为教师面临的重大挑战。在这种背景下，美育作为一种教育手段，承担了促进大学生传统文化认同的重要职责。通过美育，尤其是结合传统文化的艺术形式，能够帮助学生在了解和认同本土文化的基础上，树立起文化自信，进而培养其健康的文化认同。

（一）传统文化与美育的内在联系

传统文化不仅是民族的根基，也是个人文化认同的重要源泉。中国传统文化悠久深厚，涵盖了哲学、艺术、文学、道德等多个层面，而这些内容都可以通过美育的形式加以传承和发扬。美育能够通过艺术形式让学生更直观地理解和体验传统文化的精神和内涵。比如国画、书法、戏曲、民间艺术等，都是承载中国传统文化精髓的重要方式。通过这些艺术形式，学生不仅能够学习技巧，更重要的是，能够通过艺术作品理解传统文化中的哲学思想和道德观念。美育通过这种艺术化的学习方式，帮助学生感知传统文化的魅力，从而加深对其的认同。在传统文化与美育的结合中，艺术教育并非仅仅是技巧的培养，它更为重要的作用在于将传统文化的核心价值与思想理念通过艺术的形式传递给学生。这种结合让学生从情感和理性两方面感受到传统文化的深度与宽广，进而内化为个人的文化认同。

(二)传统文化与美育的实践路径

大学生美育的任务之一,是帮助学生在日益多元化的文化环境中保持对传统文化的认同。要实现这一目标,可以通过结合传统文化的多种艺术形式,将其与美育的具体实践路径相结合。

在美术教育方面,传统文化中蕴含着丰富的艺术元素,这些艺术元素可以通过国画、书法等形式进行传承和创新。国画作为中国传统文化的重要组成部分,不仅仅是一种绘画形式,它蕴含着中国哲学、自然观念和审美取向。在美术课堂中,教师可以通过讲解中国山水画的艺术手法和其中体现的"天人合一"思想,帮助学生了解传统文化中的宇宙观、人文精神以及人与自然的和谐关系。通过创作与欣赏,学生不仅能够掌握传统艺术技法,更能够通过艺术语言感知其中所包含的深刻哲理。

书法教育是另一个重要的传统文化元素,它不仅是书写技巧的训练,更是文化认同的载体。书法中的笔画、结构、气韵与书写者的情感和思想息息相关。在书法课堂上,学生不仅要学习字体的写法和艺术表现的技巧,更要理解其背后的文化符号与象征意义。比如通过临摹王羲之的《兰亭序》,学生能够感受到书法中的行云流水般的流畅感,同时也能体会到其中表达的情感寄托与历史背景。书法这种独特的艺术形式,正是学生感知传统文化、增强文化认同的重要途径。此外,传统文化与美育的结合不仅仅局限于视觉艺术领域,音乐、舞蹈和戏剧等艺术形式同样能够成为文化认同的重要载体。比如传统的戏曲艺术通过其独特的表现形式和丰富的表现技巧,能够传递中国传统文化的思想精髓。在美育中融入戏曲表演,不仅可以帮助学生学习艺术技巧,还能使他们理解和体验传统文化中的人物性格、历史背景与文化情感。这些艺术实践让学生在实际操作中,不仅感受传统文化的魅力,还能将其内化为自我认同的一部分。

(三)传统文化中的美育价值

传统文化中的美育价值体现在其对个人精神世界的塑造以及对社会道德的影响。美育通过传统艺术形式对大学生进行的教育,往往不只是单纯的艺术欣赏或技能培训,更是对其文化素养与品格修养的全面提升。比如儒家文化中的"修身、齐家、治国、平天下"的教育理念,强调个人的道德修养、家庭的和谐、社会的稳定以及国家的强盛。在美育的过程中,这些思想能够通过艺术的呈现,让学生更直观地感知和体悟,从而提升其对社会和文化的责任感。

通过美育,大学生能够更加深入地理解和认同传统文化中提倡的"和谐"理念。"和"是中国传统文化的核心价值之一,无论是儒家的"和而不同",还是道家的"无为而治",都强调人与人、人与自然之间的和谐关系。在美育的过程中,通过欣赏和创作艺术作品,学生能够通过艺术形式对"和谐"思想有更直观的体验,从而形成和谐的世界观和人生观。这种文化认同的增强,不仅提升了学生的文化素养,也促进了他们更好地适应社会和融入集体。

(四)传统文化在现代美育中的创新

在传统文化与美育的结合过程中,创新是不可忽视的元素。随着时代的变迁和社会的不断发展,单纯的传统文化教育往往不能满足现代大学生的需求。因此,将传统文化与现代艺术形式相结合,进行创新性传承,成为当前美育课程设计中的重要方向。比如在美术教育中,可以将传统的中国画与现代艺术相结合,通过跨界创新,让学生在创作中自由发挥、表达个人情感的同时,也能够传承和发展传统文化。通过这种创新的方式,传统艺术形式不仅得以保存和发扬光大,也能够与现代社会的审美观念相契合,让更多的大学生在创新中接触和认同传统文化。同样,在音乐和戏剧的结合上,现代的创作手法可以与传统的艺术形式相融合,通过现代音乐的编排、舞台效果的创新等方式,将传统文化的艺术形式表现得更加生动和吸引人。这种创新不仅让传统艺术形式焕发了新的生命力,也使学生在新的艺术环境中获得对传统文化的深层次认同。

在全球化背景下,传统文化的保护与传承显得尤为重要。美育作为文化认同的重要载体,承担着弘扬传统文化的重任。通过美育,大学生不仅能够在艺术创作中感受和体验传统文化的精神内涵,还能通过艺术形式将这些传统文化的精髓转化为自我认同的一部分。美育通过与传统文化的结合,既让学生深刻理解并传承文化,又通过创新的方式激发学生对文化的创造性思考,为传统文化的现代化传承开辟了新的路径。

四、美育与民族自信心的构建

民族自信心是民族文化认同的重要表现,它是一个民族对自己文化的自豪感、尊严感和独立性的认识。作为具有深厚历史和文化积淀的国家,中国在面对全球化与现代化的进程中,尤其是面对西方文化的影响时,如何保持并激发民族自信心,成为教育领域尤其是美育工作中的重要课题。美育作为培养大学生综合素质的重要手段之一,在塑造民族自信心方面起着至关重要的作用。

美育不仅是培养学生艺术欣赏与创造力的工具,更是传递和弘扬民族文化、增强民族自信的重要平台。通过对传统文化和现代文化的融合教育,美育能够帮助大学生深入理解中华文化的独特魅力,增强他们对本民族文化的认同感和自豪感。美育通过艺术形式的学习和创造，使学生在欣赏艺术作品和创作艺术的过程中，对自己所处的文化背景产生深刻的理解，从而提升他们对民族文化的认同度和对未来发展的自信心。

（一）美育对民族自信心的培养机制

美育通过多种途径促进民族自信心的构建，尤其是在艺术教育和文化传承方面具有独特的作用。艺术教育不仅仅传授学生技巧和知识，更重要的是，通过艺术作品让学生感受到其中蕴含的历史文化和价值观。这种情感和认知的提升，直接影响到学生对民族文化的认同与自信心的增强。

美育通过历史文化艺术作品的呈现，帮助学生认识到中华文化的悠久历史与辉煌成就。中国有着五千年的文明历史，丰富的文化遗产不仅包含了哲学、宗教、道德等深刻的思想体系，也孕育了极具艺术性和表现力的文化形式，如京剧、书法、国画等。这些艺术形式承载着历史的脉络，是文化传承的载体。在美育的课堂中，学生通过学习这些艺术形式，能够更直观地感受到其中的智慧和价值，从而加深对本民族文化的敬仰与自豪。比如在欣赏中国传统绘画时，学生不仅要学习其中的技法，还要理解每幅画作所传递的文化内涵。中国山水画的"天人合一"哲学、书法中的"气韵生动"理念，以及陶艺中的"和谐之美"，都折射出中国文化独特的世界观、人生观和价值观。这些艺术作品在激发学生的美学感受的同时，也增强了他们对中华文化的深刻理解和自信心。

（二）美育对民族精神的传承作用

民族自信心的构建离不开民族精神的传承。中华民族精神包括爱国主义、集体主义、艰苦奋斗等核心价值，而这些精神价值常常通过美育的方式得以传播与深化。通过艺术教育，学生不仅能理解民族精神的本质，还能够通过艺术创作和体验，更好地传承这种精神。美育能够通过艺术作品的教育功能，帮助学生将民族精神内化为自身的文化认同。民族精神不仅仅是一种抽象的思想，更是一种文化行为的表现。美育通过艺术表现形式，使这些精神得以具象化，从而加深学生对这些精神的感知和认同。比如在诗歌、戏剧、音乐等艺术形式中，表达了浓厚的家国情怀和历史使命感。这些艺术作品能帮助学生更好地理解中华文化中积淀的家国情怀，并激发他们为国家、社会和民族发展的责任感与使命感。

在美育的过程中，学生通过对这些艺术作品的欣赏、分析和创作，深刻体验到其中的家国情怀、民族气节与历史责任感，从而培养起强烈的民族自信心。通过美育，学生不仅能获得情感的共鸣和艺术创作的满足感，还能在此过程中感受到民族精神的力量，增强他们的文化认同和民族自信。

（三）美育与现代社会的民族自信心塑造

在现代化、全球化的浪潮中，许多大学生面临着文化认同的危机，特别是随着西方文化的广泛传播，个体的文化认同感与自信心也可能受到影响。在这种背景下，美育作为文化认同的重要路径，能够帮助学生在接触外来文化的同时，始终保持对本民族文化的自信与自豪。美育能够通过艺术教育的现代化形式和创新方法，让学生在欣赏和创作中感受到传统文化的生命力与现代意义。现代美育不应仅仅是传统艺术的再现，而应在尊重传统文化的基础上，进行适应时代需求的创新。比如现代设计和影视作品中的传统文化元素，可以与现代科技相结合，通过新的表达形式和艺术语言，展示中华文化的当代魅力。这种跨文化的创新不仅使传统文化焕发新的生命力，也为学生树立了文化自信的榜样。

此外，美育能够帮助大学生在全球化背景下形成开放的文化视野，同时保持对自己文化的深厚认同。在国际化的艺术交流中，学生通过与世界各国文化的碰撞与对话，能够更深刻地理解中华文化的独特性和重要性。通过美育，学生不仅能够欣赏世界各国的艺术形式，还能通过比较和对比，进一步强化对中华文化的认同感。美育使学生在多元文化的环境中，保持对自己民族文化的骄傲与自信，成为民族文化的传播者和创新者。

（四）文化自信与美育的实践路径

在具体实践中，如何通过美育促进民族自信心的构建，也是一项具有挑战性的任务。高校美育应当设计出能够激发学生民族自信心的教学内容和形式，并将其与实际的社会和文化背景相结合。比如在课程设计中，可以通过讲解中国历史文化中的重要人物、重大事件和重要艺术成就，使学生深入了解民族历史和文化。通过音乐、绘画、戏剧等形式，展示中国优秀的传统文化和精神价值，帮助学生在艺术的熏陶中增强对民族文化的认同和自信。此外，学校应当通过组织学生参与传统文化的体验活动、艺术创作和文化交流等，营造出具有浓厚民族文化氛围的校园环境。通过文化节、书法比赛、传统戏剧表演等活动，让学生在参与和创作中体验传统文化的魅力，并通过这种实践活动，加深对自己文化的认同与自豪感。这些活动不仅能够增强学生的艺术能力，也有助于他们对民族文化产生更深刻的情感认同。

在全球化和多元文化的背景下，大学生的民族自信心面临着前所未有的挑战。美育作为文化认同的重要途径，通过对艺术的学习和创作，不仅帮助学生培养艺术能力，更是激发和塑造学生文化认同的重要途径。通过美育，学生能够深入理解和认同中华文化的精髓，增强他们的民族自信心。在这个过程中，传统文化与现代美育的结合、民族精神的传承、创新路径的探索，都是促进大学生民族自信心的重要因素。通过美育的实践，大学生不仅能够在艺术创作中体验民族文化的魅力，还能在多元化的全球背景下，坚定自己的文化认同和自信心，进而为民族文化的传承与发展贡献力量。

第二节　美育与大学生公民意识的培养

一、美育与公民意识的关系

美育与大学生的公民意识之间存在着密切的联系。公民意识是指个体对于自己作为社会成员所应承担的责任和义务的认知及其对公共事务的参与和关心。它不仅仅是对法律、政治制度的了解与遵守，更重要的是，在日常生活和社会互动中对社会规范、集体价值和公序良俗的自觉认同。美育通过艺术和文化的影响，能够有效地促进大学生公民意识的形成，培养他们成为具有社会责任感、参与意识和创造力的公民。通过美育，学生的审美意识、社会责任感以及对公共事务的关注都得到了提升，进而推动他们形成积极的公民意识。美育能够通过艺术的方式让学生从内心认同社会的文化规范和道德准则，并通过艺术创作与社会实践的结合，进一步加强他们对社会公共事务的责任感。

公民意识的形成是一个长期的、渐进的过程。在这个过程中，文化教育发挥着至关重要的作用。美育作为一种文化教育形式，通过艺术的感性形式和思想的理性引导，使学生在艺术体验中逐渐认识到个体与社会间的关系。艺术作品往往反映了社会现实，并呈现了不同的社会问题。通过艺术的体验和分析，学生能够对社会生活产生深入的思考，进而对社会责任、社会公正和公共利益产生认同。美育通过艺术教育向学生传递了许多重要的社会价值观，如公平、正义、合作、和平与包容等，这些价值观与公民意识的核心理念息息相关。比如通过欣赏和学习有关人权、平等和自由的艺术作品，学生能够感知到这些"普世价值"对社会和谐与进步的重要性。无论是历史题材的电影、文学作品中的社会议题，还是艺术创作中对社会不公的揭示，都能够唤起学生对公共事务的关注和思考。这种对社会问题的关注，是公民意识的核心构成部分，它帮助学生从内心深处认识到自己不仅是家庭的一员，更是社会的一员，肩负着共同体的责任和义务。美育通过这些艺术活动，帮助学生理解个人和社会、个体和集体间的关系，从而逐步形成具有高度责任感的公民意识。艺术不仅仅是在欣赏中传达美的感受，更是在感性层面引发学生对社会规范和公共价值的深度认同。美育通过对社会问题的艺术再

第七章
大学生美育与社会文化认同

现,使学生能够在艺术表达中找到自己与社会间的联系,并在日常生活中通过行动支持这些公共价值。

美育通过艺术作品和活动对学生的情感和道德产生深远的影响。艺术不仅仅是审美的享受,它承载着丰富的社会、政治和文化信息,并且在情感层面上对学生产生直接的共鸣。艺术作品中的情感张力、道德冲突和社会主题能够激发学生的情感反应,并促使他们从情感上认同和理解公民责任。比如许多艺术作品通过生动的情节和人物塑造,展示了个体在面对社会问题时的选择和责任。通过这些艺术形式,学生能够感受到面对社会不公、弱势群体困境等问题时,作为公民的责任和义务。艺术通过情感的力量让学生产生共鸣,进而激发他们对公共事务的关注与参与。这种情感的引导作用,是美育在培养公民意识中的一项重要机制。通过艺术的手段,学生能够在情感上与社会产生联系,并在内心深处感受到自己作为公民的责任。

道德教育也是美育的一个重要组成部分。通过美育,学生能够理解和认同社会中的道德规范和伦理价值。这些道德规范不仅涉及个人行为,还关系到学生在社会中的角色和身份。通过艺术作品中的道德冲突、价值选择和行为后果,学生能够在审美的过程中理解和吸收社会道德准则。比如在观看戏剧《哈姆雷特》时,学生不仅能够从情节中体验到复杂的道德抉择,还能在感情的冲击下对伦理问题产生深刻的理解。这种道德感的培养,不仅提升了学生的个人修养,也让他们在面对社会问题时能够作出更加理性和负责任的判断。

美育通过艺术的形式培养学生对社会责任感的认知和行动,进而促进公民意识的形成。在美育活动中,学生不仅是受众,还是创作者和参与者。艺术教育通过创造性的实践活动,引导学生将个人情感、思维和社会责任结合在一起,通过艺术表达向社会传递积极的信息。通过这种结合,学生能够在艺术创作中体验到社会责任感的重量,并通过自己的作品反映社会价值和社会责任。美育在这一过程中通过实践和创作,将学生与社会问题紧密联系在一起。学生通过参与社会服务、公益项目、社区文化建设等活动,将美育的理念和价值观转化为实际行动。这种行动不仅促进了学生个人的艺术修养和社会责任感的提升,还加强了他们对公共事务的参与意识和社会责任感。美育让学生意识到,作为未来社会的建设者和领导者,他们需要具备更高的社会责任感和对公共事务的参与意识,而这一切都始于艺术教育的熏陶和体验。

美育不仅在学生的在校学习期间对公民意识的形成有积极影响,长远来看,它还对学生步入社会后对社会责任的承担起到了积极的推动作用。通过美育课程的培养,学生在审美与社会意识的互动中,不仅提高了个人艺术素养和思想深度,也在不断的社会实践中，形成了较为成熟的公民身份和责任感。随着社会的快速发展，大学生作为未来的中坚力量，承担着越来越重要的社会责任。美育作为一种综合的教育手段，在提升学生个人艺术素养的同时，也为社会培养了具有责任感的公民。美育让学生学会如何与社会互动、如何理解和认同社会价值，进而在日后的工作和生活中成为负责任的社会成员，推动社会和谐与进步。

美育在促进大学生社会责任感和公民意识方面，具有不可忽视的作用。通过艺术作品、创作实践以及社会活动，学生在感性和理性层面都能够对社会责任有更深刻的认识和更强烈的认同感。美育不仅在提升学生的艺术能力和文化素养上起到关键作用，它还通过情感的熏陶、道德的引导和社会实践的结合，帮助学生形成积极的公民意识。美育课程的价值不仅局限于艺术本身，它为学生提供了一个全方位、立体的社会责任感培养平台，为学生未来成为负责任的社会成员奠定了坚实的基础。

二、美育对个体责任心的培养

个体责任心是指个人对自己的行为及其后果负责的意识和态度，它涵盖了个体在社会中扮演的角色以及他们对自己、他人和社会的义务感。美育通过艺术教育的形式，不仅塑造学生的艺术修养，还能深刻影响他们对社会责任和个人责任的理解，从而促进其责任心的全面发展。在大学生的成长过程中，责任心的培养是其人格发展的重要组成部分。大学生不仅要完成学业任务，还要承担对家庭、学校、社会甚至国家的责任。美育作为一种具有独特教育功能的课程，通过艺术作品的感染力以及创造活动的实践性，为学生提供了一个深入思考个人行为、价值取向和社会责任的平台。在艺术的熏陶下，学生能够更加清晰地认识到自己的行为对社会、他人以及自身的影响，逐步增强个人责任感。

美育不仅是对学生艺术能力的培养，也是通过艺术的表现和创作，让学生深刻理解责任的多维含义。通过对经典艺术作品的欣赏，学生能够从中汲取艺术家的责任意识与社会责任感。这些作品往往体现了对社会现象的深刻反思与人类情感的真实表达，艺术家通过作品传递了自己对世界、对社会的责任。学生在与这些作品的互动中，能够体验到个体责任感的提升。比如文学作品中的英雄人物、历史人物的选择与担当，往往会使学生对责任的理解产生共鸣。在欣赏这些作品时，学生通过角色的经历和成长，能够反思自己的人生轨迹，进而认识到自己对社会、家庭、他人的责任。艺术作品通过情感与理智的双重作用，让学生形成强烈的责任意识，并促使他们在面对生活中的各种问题时，能够从全局出发，考虑自己的行为后果及其对他人和社会的影响。

第七章
大学生美育与社会文化认同

艺术创作和表现是美育课程的核心内容之一，而通过艺术创作，学生得以亲身体验责任感的培养过程。在创作过程中，无论是画一幅画、写一篇文章、作曲或表演，学生都需要面对创作的难题和挑战。他们通过反复修正、完善作品，不仅锻炼了自己的艺术技巧，更在此过程中不断提升自己的责任心。每次的失败和成功都使学生意识到，无论是在艺术创作还是生活中的其他领域，个体责任感都至关重要。这种通过艺术创作反复锤炼的责任心，不仅提升了学生的个人能力，也在情感层面加深了他们对责任的认知。

艺术教育中，责任心的培养往往伴随着艺术活动的参与和实践。无论是团队合作、艺术创作还是艺术表演，学生都需要明确自己的角色和责任。特别是在团队艺术活动中，学生通过合作与协调，能够深入理解责任心的重要性。艺术创作并非孤立的个体行为，尤其是涉及集体创作和表演时，每个成员都需承担起自己应尽的责任，以确保作品的顺利完成。学生在集体创作中逐步认识到，个体责任与集体成功密不可分，责任心不仅局限于自己的创作，也包括对他人和集体的贡献。通过参与这些活动，学生能够在实践中锤炼责任感。在创作和排练的过程中，学生要不断调整自己、完善作品，这一过程是责任心的体现。特别是当学生在参与集体艺术表演时，明白了自己的一举一动如何影响到团队和集体目标的达成。这种感知让学生在生活中也能更加注重对自己行为后果的考虑，并增强他们的社会责任感。

责任心的培养不仅仅是为了增强学生的社会责任感，它还与学生的个体成长密切相关。通过美育的培养，学生逐步认识到责任心与个人发展间的密切关系。具备责任感的个体，能够更加积极地面对生活中的挑战，并在面对困境时表现出更强的适应能力和应对能力。在艺术创作和表演的过程中，学生不断积累经验，形成自己的责任心。每一次的艺术创作和实践都促使学生在面临压力、困难和挑战时能够更加沉着冷静，及时调整自己的思维和行为方式。艺术教育为学生提供了一个平台，让他们在创作中体验到责任的重量，也让他们通过不断的努力和探索，感受到责任带来的成长与进步。这种个人责任心的提升，不仅仅是在艺术活动中表现出来，也在学生的学习、工作和社会生活中得到了体现。艺术教育培养的责任心，不仅让学生能够对自己的艺术创作负责，也促使他们在日常生活中更加注重行为的后果，做到言行一致、责任到位。这种责任心的培养，使得学生能够在未来的社会中成为具有社会责任感、道德意识和公民素质的成熟个体，推动社会的进步和发展。

美育在大学生责任心的培养中扮演着不可或缺的角色。通过艺术的熏陶与创作实践，学生在感性和理性层面逐步形成了强烈的责任意识。美育不仅帮助学生提升艺术修养，更让他们深刻理解个人责任与社会责任的密切关系。在这一过程中，学生的社会责任感与个体责任心得到了全面培养，为他们未来的成长和发展打下了坚实的基础。

三、美育与社会和谐的作用

美育对社会和谐的作用是多层次、多维度的，尤其在大学生群体中，美育的价值不仅体现在艺术素养的培养上，更在于它如何通过提升学生的社会责任感、道德修养以及团队合作意识，促进整个社会的和谐发展。大学生是社会未来的中坚力量，如何通过美育让他们具备良好的社会适应能力、沟通能力和协调能力，对于促进社会和谐有着重要的现实意义。美育通过这种精神的传递，使得大学生成为社会和谐的建设者和推动者。

美育对大学生社会和谐的影响，从社会认同的角度来看，是不可忽视的。社会认同是个体对社会群体的认同，是个体与社会间情感纽带的体现。在多元文化的背景下，社会认同感往往成为衡量社会和谐的一个重要指标。美育通过艺术的形式，能够帮助学生建立与社会的认同感。在艺术活动中，大学生能够通过欣赏和创作感受到社会群体的共性，进而认同社会的文化价值、社会规范与共同责任。

在大学生的美育过程中，艺术不仅仅是情感的表达工具，它还是社会认同的桥梁。通过对不同文化艺术作品的欣赏和创作，学生逐渐理解社会的多样性和复杂性，从而在尊重差异的基础上形成社会认同感。艺术作品，特别是那些具有社会意义的作品，能够通过表现社会的理想和价值，激发学生对社会的认同与归属感。比如音乐、舞蹈、戏剧等艺术形式，常常通过表现社会的现实困境或理想追求，激发个体的情感共鸣，引导他们自觉地投入社会的建设中。

美育在调节社会情感、提升社会凝聚力方面，具有显著的作用。在现代社会，个体间的情感联系常常面临着种种障碍。社会的高速发展和全球化进程，使得社会的构成日益复杂，文化的差异和矛盾也日渐突出。美育通过艺术的感染力和共鸣效应，可以有效调节社会情感，推动社会成员间的理解与包容。艺术，尤其是音乐、戏剧和舞蹈，作为社会情感的载体，能够跨越语言、民族、文化的界限，促进不同群体间的情感共鸣。在欣赏一场音乐会、观看一场戏剧或舞蹈表演时，观众能够在艺术作品中找到情感的共鸣，这种共鸣调节了社会情感，提升了社会的凝聚力和向心力。大学生作为社会的未来，他们在参与艺术创作与欣赏的过程中，能够更加敏锐地感知社会的情感需求和社会的情感变迁，从而在情感上与社会形成紧密的联系。这种通过艺术活动激发的情感共鸣，帮助学生更好地融入社会，增强社会的和谐感。

美育不仅关注艺术素养的提升，还涉及对学生个体行为的规范。在大学生的成长过程中，行为规范是社会和谐的基础。美育通过对艺术作品的欣赏与创作，帮助学生建立正确的行为准则和道德观念。通过对艺术作品中人物行为、社会问题的反思，学生能够认识到个人行为对他人、对社会的影响，从而更好地调节自己的行为，确保行为的规范性。美育通过艺术教育，引导学生思考社会问题、关注他人，树立起尊重他人、服务社会的行为规范。比如许多艺术作品通过表现个体对社会的责任与贡献，展现出行为规范和道德责任的内涵。通过艺术教育，学生不仅培养了艺术素养，也在行为层面得到了规范和引导，为社会和谐提供了坚实的个体基础。

美育通过情感、行为和认同三个层面的作用，促进了社会和谐。在当今社会中，社会和谐不仅仅是社会成员间关系的和谐，也包括文化的和谐与情感的和谐。美育通过艺术形式的多样性，调节了个体与社会、个体与他人之间的情感关系，使得社会在文化多样性与冲突中能够保持相对的和谐。艺术教育能够帮助学生在多元文化的社会中形成更为宽容和包容的心态。通过对不同文化艺术的学习和欣赏，学生能够更好地理解和尊重不同的文化背景和社会规范。这种文化的多元性和包容性，有助于消除社会中的隔阂和对立，推动社会成员间的理解与合作，从而促进社会的整体和谐。

美育不仅仅是对大学生艺术素养的培养，它还在促进社会和谐方面发挥着不可替代的作用。通过美育，学生在感性和理性层面逐步认识到自己的社会责任，增强了对社会的认同感与归属感。在集体艺术活动的参与中，学生学会了合作与协调，进一步加深了对社会和谐的理解和认同。艺术教育不仅能够提升学生的艺术修养，更能够通过情感共鸣、行为规范和社会认同的培养，促进社会成员间的和谐互动，推动社会整体的和谐发展。

第三节　美育与大学生的社会适应

一、美育对大学生人际交往能力的提升

美育在大学生人际交往能力的提升方面，扮演着至关重要的角色。大学生正处于人生的关键阶段，面对着从校园到社会的过渡，他们不仅要面对学业的挑战，更要不断适应社会生活中的各种人际关系。这些关系不仅仅是专业或学术上的互动，更包括情感、价值观、文化认同等方面的互动。因此，美育作为一种综合性和跨学科的教育形式，能够为大学生提供丰富的情感体验和社会互动的机会，从

而帮助他们提升人际交往能力,更好地适应社会生活。

在美育的过程中,艺术活动成为促进大学生人际交往能力提升的重要平台。通过参与各种艺术创作和团队活动,学生能够与他人建立起更为紧密的联系。在集体艺术活动中,如合唱、舞蹈、戏剧表演等,学生不仅要进行艺术表达,还需要与他人协作,协调个人与集体间的关系。这种团队合作的过程本身就是一种人际交往的锻炼。无论是在排练、创作、讨论,还是在表演、展示的过程中,学生都需要通过有效的沟通与他人互动,达到共同的艺术目标。

通过合作,学生学会了如何在不同的意见和观点中找到平衡,如何在多元化的团队中实现自我与他人的有效结合。艺术活动要求学生在彼此的不同性格、价值观和文化背景中进行互动,这种多样性让学生能够更好地理解他人的感受,学会适应不同的社会环境。在美育活动中,学生不仅仅是表达自己,更重要的是与他人共享情感,理解他人的需求与情感,从而提升他们的社交适应能力。比如在音乐合奏中,学生必须协调音符的高低、节奏的快慢,这种协调不仅是对技术的挑战,更是对人际沟通和情感共鸣能力的锻炼。通过团队中彼此的倾听与配合,学生逐步学会如何在复杂的环境中与他人沟通与合作。这种集体艺术活动的体验,不仅帮助学生提升艺术表达能力,还增强了他们的团队协作能力,促进了与他人间的理解和合作。

美育通过艺术作品的欣赏与创作,激发学生的情感共鸣,提升他们的情感认知能力。在欣赏一部作品或参与创作的过程中,学生必须理解和感知作品背后的情感传递。这种情感的共鸣,使学生能够在生活中更敏锐地觉察他人情感的变化,从而更好地进行人际沟通。在美育中,学生学习如何通过艺术作品的情感表达,去理解自己与他人之间的联系,建立起对他人感受的同理心和理解力。

美育活动通过情感共鸣的方式,帮助学生提升社会适应能力。情感共鸣不仅是对他人情绪的敏感感知,更是对人际关系的积极回应。通过艺术的形式,学生学习如何感知他人的情感需求,如何在适当的时候给予回应和支持。这种情感的敏感性,是学生在未来社会中建立有效人际关系的重要能力。通过对艺术作品中人物的理解,学生可以看到不同人物在不同情境下的情感反应,进而从这些情感中汲取社会交往的智慧,帮助自己在复杂的社交环境中作出更加得体的反应。

在多元化的社会中,大学生面临的最大挑战之一就是如何在多元文化中实现有效的沟通与协作。美育通过艺术的跨文化交流,为学生提供了一个理解和尊重文化差异的平台。在美育活动中,学生有机会接触到不同国家、不同文化背景的艺术形式,进而增加对文化差异的敏感性和理解力。这种文化意识的培养,帮助学生在跨文化的交往中能够尊重他人的文化背景,避免冲突,促进沟通。通过欣赏世界各国的艺术作品，学生不仅能够感受到艺术的美，还能体会到不同文化中情感和价值观的差异。在参与跨文化的艺术交流时，学生学习如何理解和接纳不同文化中的独特性，并将这种理解转化为日常交往中的包容性和尊重。美育为学生提供了丰富的跨文化交流机会，帮助他们在全球化的背景下更加顺利地与来自不同文化背景的人进行交流和合作。

美育不仅注重学生的情感共鸣和团队合作，也注重学生的个人表达能力。在艺术活动中，学生不仅是集体的一部分，也是独立个体的表现者。通过艺术创作，学生能够充分表达个人情感和思维，从而提升他们在社交场合中的自信心和沟通能力。艺术创作给学生自由表达的空间，这种自我表达的能力对日常人际交往至关重要。在绘画、音乐、舞蹈等艺术形式的实践中，学生通过表达个人内心世界的方式，增进了对自我的认识和理解。这种自我认知的提升，反过来又增强了学生在与他人互动时的自信心，使他们能够更加自然、舒适地与他人沟通。在美育课程的推动下，学生不仅能够提升艺术素养，还能够学会如何在日常生活中通过有效的沟通表达自我，进而提高其人际交往的能力。

美育通过艺术和情感表达的形式，帮助学生调节自身的情绪状态。在复杂的社交环境中，情感调节能力至关重要。学生在面对压力、焦虑或情感冲突时，能够通过艺术活动找到情感的出口，缓解负面情绪，从而以更加积极和冷静的态度面对人际交往中的挑战。通过参与美育课程，学生不仅能够提升艺术技巧，更能够通过艺术创作与欣赏，学会如何控制情绪，如何在与他人互动时保持情感的平衡。通过艺术表达，学生能够更加自如地管理自身情绪，避免情绪失控对人际关系的负面影响。这种情感调节能力的提升，使得学生能够在面对人际冲突时，采取更加理智和成熟的应对方式，从而促进良好的人际关系的建立。

美育对大学生人际交往能力的提升，表现在多个层面。通过艺术活动的参与，大学生不仅能够提升自己的艺术素养，更能够在实践中培养情感共鸣、团队合作、自我表达和情感调节等重要的社会适应能力。美育通过艺术的形式，帮助学生理解自己与他人间的情感联系，提升了他们的沟通技巧和人际关系管理能力。在多元文化背景下，美育还帮助学生增强了跨文化沟通的能力，使他们能够更加顺利地融入全球化的社会中，建立良好的社会关系。在美育的帮助下，大学生能够成为更加成熟和自信的个体，能够在复杂的社会环境中应对挑战、发展人际关系，进而促进个人与社会的和谐发展。

二、美育在培养大学生团队合作精神中的作用

美育在培养大学生团队合作精神方面，起着非常重要的作用。团队合作精神不仅是大学生学术和职业成功的关键因素之一,也是他们在社会生活中与他人和谐共处的重要能力。美育作为一种注重情感表达、审美体验和创造力的教育形式,通过艺术活动和集体创作,能够在多个维度上促进学生的团队协作能力,帮助他们在集体中理解和适应他人,增强沟通与合作的能力,提升协同工作的效率。在集体艺术活动中,大学生不仅能体会到艺术创作的乐趣,还能在合作与互动中培养团队合作精神。这种团队合作的培养,不仅仅是为了完成一个艺术作品,更多的是让学生在实践中学习如何与他人共享资源、协调任务、处理冲突和协作解决问题。

团队合作精神的培养,首先体现在艺术合作中。艺术创作本身就需要依赖团队成员的共同努力。通过参与这些艺术团队,学生学习如何在群体中发挥个人特长,同时又能尊重他人的不同意见和个性,这对于提升他们的团队合作精神有着至关重要的作用。比如在合唱团中,学生需要与其他成员共同配合,保持音准、节奏和情感的统一。这种音乐上的协调不仅要求学生具备个人的艺术表现力,更重要的是,如何与他人紧密配合,做到"集体的声音"。在此过程中,学生需要倾听他人、调节自己的表现,以达到集体的最佳效果。在这个过程中,学生学会了如何与他人共享任务、分工合作以及在冲突中寻找到达成共识的方式。

同样,戏剧表演和舞蹈团的团队活动也要求学生在创作与表演中与他人密切协作。每个成员的表演、舞蹈和台词都在为整体作品服务,任何一个环节的失误都可能影响到整个团队的成果。因此,学生需要在团队合作中承担自己的责任,并学会如何与他人有效沟通。艺术活动中的这种合作精神,能够有效地提升学生的人际沟通能力与团队意识。

美育在团队合作中的一个重要作用,就是促进情感共鸣的产生。在团队合作的过程中,成员之间往往需要通过互动、交流和情感的共享,建立起共同的理解和认同感。美育通过艺术作品的共同欣赏、创作和表演,帮助学生在集体活动中感受到彼此的情感连接,进而增强他们的协作精神。比如在共同欣赏一部艺术作品时,学生可以分享各自对作品的感受和理解,进而通过讨论和反思增强对他人情感的共鸣。在集体创作过程中,每个人的创意和努力都在为集体目标贡献力量,而这种力量的积累并不仅仅体现在技能的提升上,更是在情感层面的相互激发和鼓励。在美育的学习过程中,学生不仅是通过理性思考进行沟通,更通过情感共鸣产生了强烈的团队归属感,这种归属感是团队协作成功的核心动力。

在团队合作的过程中,冲突和分歧是不可避免的。如何有效管理冲突、处理不同意见,成为团队合作中的一项关键技能。美育通过艺术教育帮助学生培养冲突管理的能力,提升他们在集体活动中的协调和调解能力。在艺术创作和团队表演的过程中,学生需要不断地与他人讨论、交换意见,并在这个过程中学会如何通过有效的沟通解决分歧。比如在音乐演奏中,乐器演奏者需要与其他乐器的演奏者共同合作,调整彼此间的音量、节奏和旋律,以确保整体效果的一致性。如果出现演奏上的冲突或不同步的情况,团队成员需要迅速调整自己的表现,与他人达成共识。这种合作与调整的过程,有助于学生在团队合作中学会如何处理冲突、平衡不同的声音和意见。

在戏剧和舞蹈的集体创作中,团队成员需要在不断磨合中达成一致。每个人的表现和表达方式不同,可能会有些许不协调,这时候团队成员要学会尊重他人的艺术风格。同时通过集体讨论和协作,使团队的整体表现达到最佳效果。这一过程中,学生的冲突管理能力和合作技巧得到了极大的锻炼和提升。

团队合作不仅仅需要成员之间的协调与合作,还需要有一定的领导力和责任感。在美育活动中,学生不仅是团队成员,也常常需要担任不同的角色,包括领导者、组织者和协调者等。在这种角色扮演中,学生学会了如何在集体中承担责任,如何有效地引导和组织他人共同完成任务。通过参与美育活动,学生不仅学会如何与他人协作,还学会如何在集体中发挥自己的领导作用。在合唱团、戏剧表演、舞蹈团等活动中,学生们通过扮演不同角色,培养了自己的领导能力、责任感和协调能力。领导者需要调动团队成员的积极性,协调各方资源,确保任务的顺利完成。通过这种实践,学生不仅了解如何发挥自己的长处,更能够在团队中承担更多的责任和义务。

美育在这一过程中,帮助学生建立了良好的领导意识,培养了他们的责任感和对集体目标的高度关注。团队合作中的领导力培养,不仅使学生在美育活动中更为积极主动,也为他们未来进入社会、职场以及各种团队中发挥作用奠定了坚实的基础。

通过美育,大学生能够在多样化的艺术活动中,培养起深厚的团队合作精神。这些能力不仅有助于学生在美育活动中的表现,也为他们未来进入社会、职场以及各种集体组织中提供了必要的团队合作技能。在美育的培养下,大学生不仅能提高个人的艺术素养,更能通过团队合作形成良好的社交能力,为未来的社会生活和职业发展打下坚实基础。

三、美育对大学生情感管理与社会互动的促进

大学生正处于情感发展和人格形成的重要阶段,情感管理对于他们的心理健康和社会适应具有至关重要的作用。美育通过多种艺术形式的参与,培养学生识别、理解和调节情绪的能力。在美育过程中,学生在面对艺术作品时,往往会产生强烈的情感反应，无论是通过欣赏、创作，还是通过参与艺术活动，他们都会在艺术的世界中找到情感的出口和释放。比如音乐是一种直接影响情绪的艺术形式。音乐的旋律、节奏和音调能够调动人们的情绪，使学生能够在情感高峰时释放压力，在情感低谷时获得心理的安慰与支持。通过参与合唱团或器乐演奏，学生不仅能在音乐的律动中放松自我，还能够通过对音乐的深度理解，提升情感调节能力。当学生通过音乐创作表达自己的情感时，他们能够更加明确自己内心的想法，学会从艺术的角度看待和处理复杂的情绪问题。

绘画和舞蹈等形式同样在情感管理中具有重要作用。在绘画创作过程中，学生通过笔触、色彩和构图表达内心的情感。每一笔、每一画都在无声地传递着情感的信息，这种表达不仅让学生释放内心的压抑情绪，还帮助他们在艺术创作的过程中找到情感的平衡。舞蹈则通过肢体的律动和空间的流动来表达情感。在舞蹈的过程中，学生需要完全投入身体，感知节奏与动作，整个过程充满了身体与情感的结合。舞蹈能够帮助学生在动静之间找到自我调节的节奏，从而减轻压力，增强情感管理能力。

美育在大学生的社会互动中不仅能够促进情感的表达，还能有效促进人际关系的构建和情感的共鸣。在大学生活中，学生不仅要适应集体生活，还需要与同学、教师以及外部社会的不同群体进行交流与合作。美育为学生提供了一个艺术的载体，通过艺术形式的集体参与和互动式学习，学生能够学会在多元文化与多样化的人际关系中找到自己独特的表达方式和沟通渠道。艺术教育的互动性和表达性帮助学生提高了与他人沟通和合作的能力。在参与集体艺术活动如合唱、舞蹈、戏剧等时，学生需要与他人密切配合，协调节奏、动作和情感。此类活动不仅仅是个人艺术表现的展示，更是通过集体合作达成共同目标的过程。在这一过程中，学生学会了如何在团队中协调、沟通与协作，提升了与他人合作的能力。通过艺术活动，学生能够更加自信地表达自我，同时在与他人交流的过程中学会聆听和理解他人观点，从而增强人际交往能力。

美育活动中的团队合作性，尤其是在集体创作和表演中，培养了学生的协作意识。戏剧表演要求学生深入理解角色，并与其他演员共同构建剧本中的情感和情节。在这种合作中，学生通过与他人的互动，逐步学会如何处理分歧、协调意见，并最终达成一致。这一过程中，不仅提升了学生的沟通技巧，还增强了他们在人际互动中的情感共鸣能力。

在现代大学生的生活中，社交焦虑和人际冲突是常见的心理问题。由于对社交场合的陌生感，许多学生在与人交往时会感到不安和紧张。美育通过多种艺术形式的参与，能够有效地帮助学生减轻这种社交焦虑。艺术创作和表现形式为学生提供了一个情感表达和释放的空间，帮助他们减轻因社交压力所带来的焦虑感。在这一过程中，学生通过参与集体艺术活动，逐步学会如何在集体环境中找到自我定位，培养自信心，减少与他人互动时的心理压力。艺术活动的共鸣性和互动性也能有效调节学生的人际冲突。在任何集体活动中，冲突和意见分歧都是不可避免的。美育在这一过程中通过艺术形式帮助学生更好地理解和接受他人的观点，促进彼此之间的情感沟通。当学生在艺术创作过程中与他人发生分歧时，他们通过交流与协作，最终达成共识。这种解决冲突的能力，不仅在艺术活动中得以体现，也会在日常的社会交往中得到积极的影响，帮助学生更好地适应多元化的社会环境。

美育不仅能够帮助学生调节个人情感，还能够促进他们对文化多样性的理解与尊重。在全球化的背景下，大学生在面对不同文化和背景的人时，往往会遇到文化差异带来的困惑和挑战。美育通过艺术的普遍性和跨文化的表达方式，为学生提供了理解和欣赏多元文化的途径。在参与国际化的艺术交流或多元文化的艺术活动时，学生能够通过不同文化背景的艺术作品，提升他们对文化差异的敏感性和尊重度。这种文化理解的提升，不仅帮助学生在跨文化的社交互动中更加自如，也提高了他们在全球化社会中的适应能力。

第八章
大学生美育的多元文化教育与国际视野

第一节 多元文化教育的基本理念与实践

一、多元文化教育的理论基础

多元文化教育是一种基于对不同文化的认知、尊重和包容的教育理念，其核心目标是通过促进学生对全球文化多样性的理解，培养他们的跨文化沟通能力、国际视野以及在全球化背景下的适应能力。作为大学生教育的重要组成部分，多元文化教育不仅关注文化差异和文化背景的多样性，还强调文化交流与融合的意义。在当今信息化、全球化迅速发展的时代，大学生作为未来社会的主要建设者和引领者，必须具备广阔的视野和对不同文化的深刻理解。

多元文化教育的理论基础是对文化多样性、文化认同与文化权利的关注和研究。从最初的文化差异性理论到后来的文化融合理论和跨文化交流理论，教育学者逐步提出了多元文化教育的核心理念：文化是社会结构的重要组成部分，尊重和包容不同文化是促进社会和谐、推动全球发展和实现国际理解的必要途径。

在多元文化教育的理论框架中，文化相对主义和文化普遍主义是两种主要的对立观点。文化相对主义主张，文化应该被视为社会的一个相对独立的部分，任何文化都不应该被单纯地与其他文化进行比较，而应当根据其自身的历史背景、价值体系和社会结构进行评价。文化普遍主义则认为，虽然各地的文化形式不同，但有些基本的文化价值观和人类需求是普遍存在的。多元文化教育正是站在这两个对立的观点之间，倡导在尊重文化差异的基础上，寻求各文化间的共性与交流。多元文化教育的理论基础还涵盖了教育学、社会学和人类学等学科的研究成果。比如文化认同理论强调个体与群体在文化认同过程中的互动和影响，认为每个人的文化认同都不是孤立的，而是通过与他人、社会和环境的互动逐步形成的。此外，跨文化教育理论提倡通过教育促进不同文化之间的理解和互动，减少文化冲突和误解，促进全球化时代的人类共识与合作。

多元文化教育的核心目标是培养学生的全球视野与跨文化交际能力。在全球化时代，国家和地区之间的文化差异不仅仅体现在语言、风俗习惯等表层文化上，还深刻影响着社会、经济、政治等各个领域。因此，大学生作为未来社会的领导者，必须具备对不同文化的理解与尊重，并能够在全球背景下与来自不同文化背景的人进行有效的沟通和合作。首先，帮助学生认识到文化差异的存在，并且尊重和包容这些差异。其次，鼓励学生去探索并理解不同文化的内涵与价值观，从而增强其对多元文化的敏感度与理解力。再次，多元文化教育强调文化融合与创新的价值，倡导在相互尊重的基础上实现文化的交流与融合，避免文化孤立主义和文化霸权主义。最后，培养学生成为具有全球责任感的公民，能够积极参与全球文化的交流与合作，为构建更加和谐的国际社会作出贡献。

多元文化教育的实施不仅仅局限于课堂教学，更多的是要融入学生的日常生活和校园文化中。为了实现这一目标，学校和教师应当设计一系列具有针对性和创新性的教学策略。课程设计方面应当更加注重跨学科融合，鼓励不同学科间的协作与整合，使学生在多元文化教育的过程中能够综合运用不同领域的知识进行思考与解决问题。比如在文学、历史、艺术等课程中，教师可以引入不同文化背景的案例和作品，让学生感受到不同文化的丰富性与独特性。学校应当通过校园文化活动的多样化来促进多元文化教育的实施。文化节、国际日、艺术展览、电影放映等活动不仅为学生提供了展示自己文化的舞台，也为他们了解和体验他国文化提供了机会。这些活动能够帮助学生在实践中更好地理解文化差异，增强他们对全球文化的认同感和归属感。

此外，教师的角色也至关重要。教师不仅要传授知识，还要通过自身的言行和教学理念来引导学生尊重和理解文化差异。教师应当不断提高自己的跨文化素养，能够敏锐地捕捉和理解课堂中学生的文化需求和文化差异，并通过合适的教学方法和策略来促进学生之间的文化交流和互动。

在全球化日益加深的今天，各国间的文化交流和相互影响已经成为不可忽视的趋势。多元文化教育在这一背景下显得尤为重要。它不仅能够帮助学生更好地适应全球化带来的变化，也为社会的文化繁荣和发展奠定了基础。全球化使得不同文化的交流更加频繁和直接，国际化的教育环境和开放的社会空间让学生接触到的文化形式更加多元化。在这种背景下，大学生如果没有良好的文化适应能力和跨文化交际能力，将面临很多困难和挑战。通过多元文化教育，学生可以更好地理解和接纳来自不同文化背景的观念和价值观，从而增强自己在全球化环境中的竞争力和适应能力。

多元文化教育不仅仅是知识的传授，更是价值观的培养。在全球化进程中，不同文化之间的冲突和碰撞不可避免，而多元文化教育则为这种冲突提供了缓解的途径。通过教育的方式，学生能够学会如何理性看待文化差异，如何通过平等、尊重和包容的态度解决文化冲突，进而促进全球文化的和谐发展。

二、多元文化在美育中的重要性

多元文化教育在现代社会中占据着越来越重要的地位，尤其在高等教育领域，已成为培养学生全面素养和全球视野的关键要素。大学生正处于知识、人格、价值观的塑造阶段，而美育作为一种教育形式，致力于通过艺术和审美的方式提升学生的情感、认知和文化素养。随着全球化的深入发展，文化的多样性和差异性成为社会生活中不可忽视的现象，如何在大学生美育中有效地融入多元文化教育，成为教师和学者思考的核心问题。

（一）多元文化对美育教学的作用

多元文化教育为美育教学提供了理论支持与实践指导，它强调在艺术欣赏和艺术创作过程中，学生能够触及并理解多样的文化形态与艺术表达方式。这一过程不仅仅是对技术和技巧的学习，更是对多元文化观念、价值和表达的深入体悟。艺术作品本身具有跨越国界、跨越语言的特性，而通过对不同文化的艺术作品的欣赏，学生能够感知到文化的丰富性和多样性。与此同时，学生还能够通过艺术创作表达他们对世界多样性的理解与感悟，进一步增强对其他文化的认同和尊重。比如欣赏和创作具有地方特色或民族文化背景的艺术作品时，学生不仅能够学习到艺术技巧，更能够感受到特定文化背后的历史脉络、社会习俗与价值观念，这对于培养学生的文化敏感性和审美能力具有重要意义。通过与他国文化的接触，学生能够超越传统的文化界限，将自我审美提升到一个更为包容和开放的层次。

美育中融入多元文化的教学模式，鼓励学生通过对不同文化的艺术作品的批判性分析与深度思考，理解每种文化的艺术表现和内在意义。无论是传统的中国艺术，还是西方的现代艺术，又或者是非洲、拉美等地区的民族艺术，学生都能够从中汲取多种文化精髓，并反思这些文化背后所传递的价值观念和人类情感。因此，艺术的多元性不仅拓宽了学生的视野，也丰富了其对美的感知和理解。

（二）多元文化教育对学生文化认同的推动

多元文化教育的一个核心目标是帮助学生形成健全的文化认同。美育不仅仅是艺术技能的培养，更是通过艺术活动和体验，培养学生对自我文化的认同感，并通过对其他文化的理解与尊重，拓宽其国际视野。在多元文化教育的过程中，学生首先需要深入了解和认同自己的文化背景，进而在这个基础上去探索其他文化，并在尊重和理解中实现跨文化的互动和融合。

美育的过程，尤其是在大学教育中，涉及学生从家庭文化到学校文化再到社会文化的多重层次的认同构建。通过学习和体验多元文化，学生能够更好地理解自己文化的独特性和价值，从而培养对自己文化的自豪感和责任感。在这个过程中，美育提供了一个重要的平台，让学生不仅在审美上得到提升，更在文化认同上获得深层次的拓展。此外，文化认同的构建并非一蹴而就的过程，它需要通过与其他文化的对话和交流，逐渐形成。在美育中，学生能够通过艺术作品的展示、文化交流活动以及跨文化的合作，积极地参与到文化的建构和再造中。这不仅是文化的接受与传承，更是文化的创新性发展。艺术作品往往是文化认同的一个重要载体，它能够在全球化和文化冲突日益加剧的时代中，促进不同文化之间的交流和理解。

（三）美育在全球化背景下的文化适应与跨文化交流

全球化使得不同文化的碰撞和融合成为不可避免的趋势。大学生作为未来社会的中坚力量，他们的文化适应能力和跨文化交际能力，直接影响到他们在全球化背景下的社会融入和职业发展。美育通过提供一种独特的文化体验和艺术交流的方式，有效地帮助学生培养这一能力。

通过美育的方式，学生不仅能够学习和欣赏各国艺术的形式和技巧，还能够深入理解不同文化背景下的历史、社会、价值观等方面的内容。这种多维度的文化体验能够让学生在接触和了解其他文化的过程中，避免文化冲突的发生，同时帮助学生在面对文化差异时展现出更高的包容性和适应力。尤其是在当今国际化日益加深的背景下，具有跨文化理解和艺术素养的学生，能够在未来的社会中扮演更加重要的角色。

美育通过艺术创作和艺术欣赏的实践，帮助学生形成全球视野和文化适应能力。在全球化的进程中，学生不仅要学会与不同文化的人进行合作和交流，还要能够理解并尊重他们的价值观和生活方式。通过艺术语言这一无国界的表达方式，学生能够超越语言和地域的限制，深入体验和理解全球文化的多样性，并通过自己的艺术创作和审美活动，在全球文化的互动中找到属于自己的位置。

（四）多元文化教育与美育的协同发展

美育与多元文化教育的结合不仅提升了学生的艺术素养，更促进了其文化认同和全球视野的拓展。通过艺术的审美和创作，学生不仅能够理解文化的多样性，还能够在实践中感受到不同文化之间的共性与差异。在多元文化教育的推动下，美育的内涵和外延都得到了不断的拓展。这一结合不仅仅体现在艺术课程的内容上，还表现在校园文化活动的形式上。各类文化节、艺术展览、国际交流活动等都成为学生接触多元文化的重要平台。通过这些活动，学生能够在实践中体验并参与到全球文化的交流和合作中，从而提升自身的文化适应能力与跨文化交际能力。

三、多元文化教育的挑战与应对策略

在当前全球化日益加深的背景下，多元文化教育的实施面临诸多挑战，特别是在大学生美育教育中。随着国际化进程的推进，社会的文化多样性显现得愈加明显，如何在美育课程中有效地融合和推广多元文化，成为教育者亟待解决的重要课题。多元文化教育的目标不仅是提高学生的文化理解力，还要帮助他们发展跨文化交流的能力，从而促进全球公民意识的培养。然而，面对全球化带来的文化碰撞、价值观差异以及教育资源不均等问题，多元文化教育的实践和推广依然面临着许多挑战。

（一）文化差异与美育教学的整合挑战

文化差异是多元文化教育面临的一个核心挑战。在美育教学中，不同文化背景的学生具有不同的审美习惯、艺术表现方式和文化认知。如何在这样的多元文化背景下实现有效的教学，成为教育者亟须克服的问题。一方面，课程内容的选择需要考虑到各类文化的包容性，确保学生能够接触到各种艺术形式和文化表达方式；另一方面，教学方法和教学设计也需要灵活多样，以适应不同文化背景学生的学习需求。比如西方的美学观念与中国传统艺术的审美理念存在较大的差异，如何使学生在接受传统艺术教育的同时，也能感知并欣赏西方或其他地区的艺术形式，是美育教学中亟待解决的课题。课程中是否能够充分体现不同文化的审美价值，使得每位学生都能感受到文化认同，并且通过艺术形式与其他文化进行互动，是一个关键问题。此外，随着全球化的推进，不同地区和国家的文化进入了学生的生活，如何在美育教学中实现有效的文化碰撞与交流，避免文化的片面性与狭隘性，也是多元文化教育面临的一个挑战。在美育课堂上，如何尊重每种文化的独特性，同时避免文化的过度同质化，使得所有学生都能够感受到文化的多样性并理解文化的价值，成为教师的一个重要任务。

（二）资源分布不均与教育机会的不平等

教育资源的不平等是多元文化教育推广中的另一大挑战。在一些地区和院校，教育资源分配不均，尤其是在艺术教育和跨文化交流方面，缺乏足够的资金、教师和教学支持。这样的资源不足限制了多元文化教育在课程设计、教学方法和学习材料上的创新性发展，影响了多元文化教育的效果和深度。

美育课程的设计往往受限于现有的资源条件，尤其是在艺术教育设施、跨文

化交流机会和国际化师资方面。在一些较为偏远或经济发展较慢的地区，学校可能无法为学生提供足够丰富的艺术文化资源，无法进行有效的国际交流和合作。而在大城市或经济较为发达的地区，虽然可以接触到更多的文化资源和外部交流平台，但由于教学质量不稳定，课程设计和实施的水平参差不齐，也难以实现真正的多元文化教育。因此，要解决这一问题，学校和教育机构需要更加重视资源的合理分配，增加对美育课程和多元文化教育的投入。同时，教育体系应该加强与国际组织、文化机构和其他教育平台的合作，通过跨校合作、线上资源共享等方式弥补地区之间的差距，确保每位学生都能平等地享受到丰富的文化教育资源。

（三）学生文化适应问题

学生在面对多元文化教育时，往往会出现文化适应的困难。在接触不同文化的过程中，学生可能会遇到文化冲突或文化隔阂，尤其是对于来自不同文化背景的学生，如何平衡自己的文化认同与接受其他文化的挑战，成为教师需要特别关注的问题。

在美育课程中，艺术本身作为一种跨越文化和语言的交流工具，能够为学生提供一个适应和理解多种文化的窗口。然而，部分学生可能会因对某些文化的不了解或文化认同的固守，产生抗拒情绪，这时，教师需要通过正确的引导，帮助学生认识到多元文化的价值，并从中找到自我认同的空间。

针对这种文化适应问题，教师可以采取多种方式帮助学生建立跨文化的认知框架。比如在艺术作品的欣赏和创作过程中，鼓励学生对不同文化背景的艺术进行批判性分析，让学生通过艺术作品反思自身文化的价值与局限；同时，通过组织文化交流活动，增进学生对不同文化背景的理解和尊重，使学生在实践中体验和感悟文化的多样性。此外，美育教学还应注重通过学生的跨文化互动，促进他们在面对文化差异时，展现出更高的包容性和适应力。通过艺术作品的共同创作和展示，学生不仅能够实现文化的交流，还能在艺术的过程中感受到共同的人类情感和社会价值，从而增强其对多元文化的认同和理解。

（四）教学理念的更新与教师素质的提升

教师在多元文化教育中的作用至关重要。美育的有效实施不仅依赖于课程的设计与资源的支持，更取决于教师的素质和教学理念。在多元文化教育中，教师应具备较高的跨文化理解和沟通能力，能够在教学过程中灵活地处理不同文化背景学生的需求，并通过有效的教学方法，促进学生在多文化背景下的全面发展。然而，当前一些教师的跨文化教育理念和教学方法仍然存在一定的局限性，尤其是在一些传统的艺术教育体系中，教师往往更关注本国文化的传授，而忽视了对其他文化的融入。为了有效解决这一问题，教师需要不断提升自己的文化素养和跨文化交际能力，理解并尊重不同文化的多样性，形成一种更加开放和包容的教育态度。

在美育课堂中，教师不仅要教授艺术的基本技能和知识，还要引导学生理解艺术的文化背景、历史意义和社会价值。在多元文化教育的框架下，教师的角色应该是学生与多元文化之间的桥梁，帮助学生在文化差异中找到共性、在多样性中看到独特性。

虽然多元文化教育在实施过程中面临着许多挑战，但通过合理的应对策略和创新的教育方法，可以有效促进学生对多元文化的理解与接纳，同时推动美育在全球化背景下的深入发展。这不仅为学生的文化认同和全球视野的拓展提供了坚实的基础，也为社会培养具有跨文化适应能力和国际竞争力的人才提供了重要保障。

第二节 跨文化交流与美育的互动

跨文化交流的意义主要体现在对学生世界观、价值观和审美观的深刻影响。通过与不同文化背景的人和艺术作品的接触，学生能够突破自身文化的局限性，逐步培养全球视野和跨文化沟通的能力。这种交流不仅帮助学生增强对多元文化的尊重与理解，还促使他们在美育过程中逐渐培养出更为开放和包容的心态，从而形成更具社会责任感的现代公民。

跨文化交流对大学生美育的意义，不仅仅体现在艺术欣赏和创作的层面，更广泛地影响学生的思想观念、行为方式以及社会认同。通过接触不同文化的艺术形式和创作思维，学生能够更清楚地认识到文化的多样性及其深刻的历史渊源和社会背景。每个文化体系都有其独特的审美价值和表现方式，而这些艺术表现背后，往往承载着该文化的思想、哲学与历史。通过与不同文化的互动与交流，学生不仅仅是学习艺术的技巧与理论，还要感受到艺术背后的深层次文化内涵，从而在内心深处培养对全球文化的认同感与归属感。比如在参与跨文化艺术交流活动时，学生有机会欣赏到来自世界各地的戏剧、音乐、舞蹈和视觉艺术作品，这些作品往往具有强烈的文化特色。通过这些艺术作品，学生能够理解不同国家和民族如何在各自的文化背景中塑造美、表现情感以及传递思想。在这个过程中，学生的艺术素养不仅得到提升，他们的跨文化沟通与理解能力也得到了增强。艺术作品为学生提供了一个超越语言、超越地理的共同平台，使他们能够感受到人类情感和价值观的普遍性。

跨文化交流的模式可以有多种形式，在大学生美育中，不同的交流模式和活动形式各具特色，它们共同作用于学生的文化认知和艺术感受。一方面，艺术交流活动，如国际艺术节、艺术展览、戏剧表演和音乐会等，为学生提供了与其他文化直接互动的机会。通过这些活动，学生能够在观看和参与的过程中，领略不同文化的艺术风采，体验艺术创作的独特魅力。许多大学举办的国际艺术节、国际文化交流周等活动，不仅吸引了国内外的艺术家和学生，还促进了多元文化的碰撞与交融。学生通过参与这些活动，不仅能展示自己的艺术才能，还能深入了解其他文化的艺术传统和表现形式，从而拓宽自己的视野并提升审美能力；另一方面，学术交流活动，如国际学术会议、文化论坛、跨国合作项目等，则为学生提供了一个学术层面的跨文化对话平台。在这些活动中，学生不仅能够学习到最新的艺术理论和实践经验，还能与世界各地的艺术学者进行思想碰撞与合作。通过这些交流，学生不仅深化了对艺术的理解，也培养了批判性思维和创新能力。这种交流不仅局限于学术和艺术方面，还涉及文化、政治、经济等多个维度，学生在这些活动中能够更全面地了解全球化背景下的文化互动与碰撞。此外，数字化平台和在线教育也成为跨文化交流的重要途径。随着互联网技术的普及，许多大学和教育机构开设了在线跨文化交流项目，学生可以通过在线平台与世界各地的同龄人进行互动与合作。这些数字化平台不仅提供了丰富的艺术课程和资源，还为学生提供了与不同文化背景的艺术家、学者及同行交流的机会。通过线上交流，学生能够打破时间和空间的限制，在全球范围内拓宽自己的视野，增强对多元文化的理解和认同。

跨文化交流的加强直接推动了美育课程设计的创新。传统的美育课程通常围绕本国的艺术传统和文化背景展开，而在全球化背景下，单一的本土化教育模式已难以满足当代大学生对多元文化的需求。为了更好地培养学生的跨文化素养，美育课程的设计开始注重融合世界各国的艺术元素，尤其是不同国家和地区的艺术表现方式、审美标准、创作手法和文化价值等方面。美育课程设计的一个重要转变是，教师在教学过程中将更多的跨文化元素融入课程内容。比如通过引入世界各国的艺术史和艺术理论，学生能够从更广阔的视角理解艺术的多元性。在艺术创作和艺术欣赏过程中，学生不仅了解本国艺术的发展脉络，还能够认识到其他文化如何通过艺术表达他们的历史、哲学和社会价值。通过这样的课程设计，学生能够接触到世界各地的艺术形式，从而形成全球化视野和开放的艺术观。此外，跨文化交流的加强还促使美育课堂教学方法的变革。在传统的美育课堂上，学生通常处于被动接受的状态,主要通过教师讲解和示范来学习艺术技巧和理论。然而,在跨文化交流模式下,美育课堂的互动性和参与性得到了大幅提升。在课堂上,学生可以通过与来自不同文化背景的同学和教师进行互动,探讨艺术创作与文化交流的关系,学习如何在跨文化的环境中有效地沟通和合作。这样的教学模式不仅提高了学生的艺术能力,还培养了他们的跨文化交流和合作能力。

在跨文化交流的过程中,文化认同和全球公民意识的培养成为美育的重要目标。通过接触和学习不同文化背景的艺术作品和文化实践,学生能够理解和尊重不同文化的价值观与审美观,从而培养自己的文化认同感。与此同时,跨文化交流还能够帮助学生超越国界的限制,增强他们作为全球公民的责任感和使命感。在这个过程中,学生不仅学会欣赏和尊重不同文化,更能够在全球化的背景下理解人类共同的文化遗产和历史脉络。在美育的跨文化交流中,艺术作品往往成为文化认同的载体。学生通过对不同文化艺术作品的欣赏与创作,不仅能够更好地理解这些作品背后的文化意义,还能够在艺术实践中表达自己对全球文化的理解与认同。通过这种文化认同的构建,学生在艺术教育中逐步树立了全球视野和跨文化的价值观,成为更加开放、包容和具有社会责任感的现代公民。

未来,跨文化交流将不仅仅是文化和艺术的交流,更是科技、经济、教育等各个领域的综合互动。在美育教学中,如何充分利用信息技术,搭建全球范围内的跨文化交流平台,成为未来教育创新的重要课题。未来的跨文化交流将更加注重个性化和多样化的互动形式。随着数字化和在线教育的普及,学生将有更多机会参与到全球范围的跨文化交流项目中,不再局限于传统的面对面交流。通过虚拟现实(VR)、增强现实(AR)等技术的应用,学生能够在互动中更加真实地感受其他文化的艺术表现和创作方式,拓宽他们的国际视野。跨文化交流的进一步深化,意味着学生的艺术视野将更加开阔,全球文化将成为他们学习和创作的重要资源。在未来的美育课程设计中,教师不仅要注重学生的艺术技巧和审美素养的提升,还要注重学生的跨文化沟通能力、全球意识以及文化包容性。这不仅是艺术教育的目标,更是培养具有国际竞争力、跨文化适应力和社会责任感的新时代人才的重要途径。

第三节 国际视野下的美育发展

一、国际化背景下的美育理念

在全球化迅速发展的背景下,大学生美育的理念逐渐融入国际化教育体系中，形成了一种既符合当代需求又具有全球视野的多元化发展趋势。国际化背景下的美育理念，不仅要关注学生的艺术素养培养，更要强化他们的跨文化理解、全球视野以及社会责任感。如今，教育体系中的美育不仅仅关注学生个体的艺术欣赏能力，还特别强调学生在全球化环境下的适应能力、跨文化理解以及国际竞争力。

国际化背景下的美育，呈现出多元文化和全球视野的特点。其发展的核心在于如何在培养学生的艺术能力和审美素养的同时，增强他们的国际认同感和文化适应力。美育不仅仅是对学生艺术技能的培养，更是通过文化交流、审美教育和艺术实践，使学生在认知上接纳并尊重世界各地的多样性文化。这一理念的实现，不仅有助于提高学生的艺术欣赏能力，还能培养他们在全球化时代所需的跨文化沟通能力。

随着世界经济一体化与信息化的进程加快，文化的交流和碰撞越来越频繁，各国开始认识到文化自信和文化交流的重要性。美育的目标不再仅仅局限于提高学生的艺术修养，而是要通过艺术和文化的双重视角，培养学生的全球化视野。不同的艺术形式、文化表达和审美体系的相互碰撞，推动了美育从本国文化的传承扩展到全球文化的互动。这种互动不仅是对传统美育理念的丰富和拓展，也是大学生在全球化环境中更好适应和发展的关键。

美育的国际化发展，要求我们不只是关注艺术课程本身的教学，更要将跨文化的内容与方法引入课程设计中。这包括在教学中加入世界各国的艺术作品、不同文化的艺术语言，以及文化差异的理解与尊重，进而促使学生在多样化的文化视角中获得深刻的艺术理解和跨文化的交际能力。美育理念的国际化，不仅是艺术领域的教学创新，也是对学生全球视野的提升和社会责任感的培养。

在国际化背景下，美育理念的核心不仅是教授学生技能，更重要的是，通过艺术与文化的多维度交流，培养学生的跨文化理解和合作能力。文化的多样性要求教师在课程设计和教学方法上进行创新，积极探索不同文化的融合方式。艺术作为跨文化沟通的重要工具，能够有效地打破语言和文化的隔阂，促进不同文化之间的理解与尊重。跨文化艺术教育，特别是美育在其中的角色，主要体现在如何通过艺术形式让学生体会到其他文化的美好和独特之处。通过艺术创作和欣赏，学生能够感知到不同文化的艺术表现手法，理解背后的文化价值观，并从中汲取灵感。这种美育的全球化发展，使学生在感知艺术的同时，也能更深刻地理解和接纳多元文化。在美育的过程中，艺术作品不再是一个单纯的审美对象，而是文化交流和文化认同的重要载体。通过与国际艺术交流的互动，学生的视野得到了极大地拓展，他们能够认识到艺术和文化之间的联系，并学会在全球化的背景下进行文化对话。

全球化背景下的美育，强调对不同文化的理解和尊重，以及对全球艺术和文化遗产的继承与创新。现代艺术教育不能仅局限于本土文化的教授，还要将全球艺术和文化作为教育内容的组成部分。这不仅能够增加学生对世界艺术的了解，还能在审美体验中培养学生的文化自信心与认同感。全球视野下的美育，推动学生在艺术中发现世界的多样性。学生不仅欣赏本国的传统艺术，还应学习了解和欣赏世界各地的艺术形式与文化价值。从中国的传统山水画到非洲的部落面具，再到西方的现代艺术，各种艺术形式承载着不同民族的思想、历史与情感。通过对这些艺术形式的学习和讨论，学生不仅能够提升审美水平，还能加深对世界各国文化的理解与认同。这种文化认同并不是对本国文化的排斥，而是在全球视野的基础上，培养出具有文化自信和国际视野的现代公民。

全球艺术教育的发展，进一步促使美育在教育体系中的重要性逐渐凸显。在当今世界，艺术不仅仅是个人修养和审美体验的体现，更是文化交流和理解的桥梁。通过美育，学生在接触和学习世界各地艺术的同时，能够实现文化的互相尊重与欣赏，进而在全球化的背景下形成更为开放、包容和创新的社会态度。

要有效实施国际化美育理念，教育体系需要积极创新与调整。高校应在课程设计中加强全球艺术教育的内容，拓展艺术教育的范围，融入世界各地的艺术表现和文化内涵。通过组织国际艺术交流项目、邀请国际艺术家举办讲座和工作坊、开展跨国艺术展览等形式，学校能够为学生提供丰富的国际化艺术教育体验。此外，教师在国际化美育中也起到了至关重要的作用。教师不仅需要具备扎实的艺术教育背景，还需要具备跨文化沟通和理解的能力。在教学过程中，教师应帮助学生理解不同文化中艺术作品的独特性，并引导学生在跨文化的讨论和创作中，发掘艺术表达中的共性与差异。通过教师与学生、学生与学生之间的互动，学生能够在全球视野中理解和欣赏艺术的多样性，并从中汲取灵感，促进自身的成长与创新。

国际化美育的实施，不仅仅是课程内容的改变，更是教育理念的更新。只有通过持续的跨文化交流、艺术创作和审美实践，学生才能真正实现全球视野的拓展，培养出具有国际化视野和创新能力的现代艺术人才。这一过程不仅有助于学生艺术修养的提升，也为他们在全球化的未来社会中，树立了更强的文化认同和社会责任感。

国际化背景下的美育理念，不仅推动了艺术教育的发展，还促进了文化交流、创新意识与全球视野的培养。通过美育，学生不仅能够获得艺术素养的提升，还能够在全球化背景下更好地理解和尊重不同的文化，形成跨文化沟通的能力，为他们未来的社会适应和国际竞争力提供有力支持。

二、国际美育教育模式的借鉴

随着世界各国文化的交流与融合，美育不仅要在本土文化的基础上进行传承，还要通过国际化的视角，培养学生在全球化背景下的文化适应力与跨文化沟通能力。因此，借鉴国际美育教育模式，尤其是一些先进国家在美育方面的成功经验，对于提升中国大学生的美育水平，拓宽他们的国际视野，具有深远的影响。

（一）国际美育教育模式的基本特点

国际美育教育模式有许多共同的特点，它们不仅仅是艺术教育的形式，更深刻影响着学生的思想观念和文化认同。美育作为全球教育体系中的重要组成部分，旨在通过艺术和文化的教育，培养学生的创造力、审美素养、情感体验和社会责任感。在一些教育先进的国家，尤其是欧洲和北美地区，美育教育早在几十年前就已经开始注重其多元文化的功能，强调通过艺术与文化的交流，培养学生的全球视野与跨文化理解能力。

国际美育教育模式通常强调艺术教育与社会实践的结合。在这种模式下，学生不仅在课堂上学习传统的艺术形式和技能，还积极参与到跨文化的艺术活动和社会服务项目中，从实践中体会艺术的多样性和社会功能。这些教育模式不仅局限于知识的教授，还注重学生情感的培养与价值观的塑造。

在这种教育模式下，跨文化艺术交流成为重要的组成部分。通过对不同文化艺术形式的学习与交流，学生能够深刻理解各国文化的特点和艺术表现的差异，从而增强自身的文化包容性与创新思维。

（二）北美美育教育模式的借鉴

北美，特别是美国的美育教育模式，是国际上公认的先进模式之一。美国的美育理念强调"多元化"和"包容性"，通过艺术教育，培养学生的全面素养。美国教育体系中美育课程的设立，不仅注重学生的艺术技能培养，更重视学生在艺术教育中所获得的社会经验和文化认同。

在美国的教育体系中，艺术教育被认为是学生个性发展和批判性思维的重要组成部分。美育不仅仅局限于音乐、舞蹈、戏剧和美术等传统艺术形式，还融合了现代艺术、数字艺术和跨文化艺术等多元化内容。通过这些课程，学生可以接触到来自世界各地的艺术形式，从而拓宽自己的国际视野。

美国的美育模式还特别注重艺术与社会的互动。学校通过组织学生参与社区艺术活动、文化交流项目等，让学生在实际的艺术创作和社会实践中体验到艺术对社会的影响。这种模式鼓励学生通过艺术作品表达自己的思想、情感和社会关怀，同时也促使他们通过艺术的形式来解决社会问题，提升社会责任感和文化认同感。

（三）欧洲美育教育模式的借鉴

与美国的美育模式相比，欧洲的美育教育模式更加注重历史文化的传承与艺术的深度思考。欧洲的美育体系大多从文艺复兴时期开始发展，艺术教育不仅仅是个人审美与技巧的培养，更是文化传承和社会责任的体现。在欧洲的许多国家，特别是德国、法国和英国，美育教育被视为塑造学生人格和社会适应能力的核心内容之一。

在这些国家，学生通过广泛的艺术课程和项目，接触到本国的传统艺术和欧洲其他国家的艺术形式。以法国为例，法国的美育课程强调艺术的文化背景与历史内涵，学生通过学习西方经典艺术作品，理解艺术背后的哲学思想和社会历史，培养自己独立的艺术鉴赏能力和思考能力。同时，艺术课程不仅仅是讲解艺术技巧，更重视学生对艺术的社会意义的理解，尤其是在全球化背景下，如何通过艺术跨越文化界限、促进不同文化之间的理解与尊重。

德国的美育教育模式更注重学生的综合素质培养。德国教育体系强调培养学生的创造力与批判性思维能力，而这二者在艺术教育中尤为重要。在德国的学校中，艺术教育不仅仅是通过绘画和音乐等传统艺术形式来进行的，还注重通过现代艺术手段和创新方式激发学生的创意思维。通过这些课程，学生不仅能够提升个人的艺术素养，还能够增强他们对社会的批判意识和文化反思，进一步培养他们成为具有全球视野和社会责任感的公民。

（四）日本美育教育模式的借鉴

日本的美育模式具有深厚的文化底蕴，并在全球化背景下不断发展与创新。日本的美育教育注重艺术教育的普及性和全民性，尤其在基础教育阶段，艺术教育被视为培养学生综合能力的重要途径。日本的教育理念强调"和"，即人与人、人与自然之间的和谐。艺术教育被认为是培养学生"和谐心态"和社会适应能力的有效途径。

日本的美育教育特色之一是"审美教育"与"道德教育"相结合。通过艺术欣赏和艺术实践，学生能够从感性层面体验到美的存在，从而培养道德感和社会责任感。比如在日本学校的美育课程中，学生经常通过参与传统文化活动，如茶道、花道和书法等，来体验日本文化的精神内核。这些活动不仅是艺术实践，更是对学生道德和责任感的培养，使他们能够在全球化背景下保持对本民族文化的自信与认同。

（五）结合国内实践与国际经验的美育模式

随着全球化的深入发展，中国在借鉴国际美育教育模式的基础上，也开始形成适合本土发展的美育体系。在引进西方美育理念的同时，中国教师注重将传统文化元素融入现代美育课程中，尝试在保持文化自信的基础上实现多元文化的融合。

中国的美育发展与国际经验的结合，体现在如何将全球艺术教育的最新成果与本国文化的底蕴相结合。比如在大中院校中，通过开设多元文化艺术课程，学生可以接触到世界各国的艺术形式、艺术思想和文化价值观，逐步培养国际化的艺术视野和跨文化交流能力。此外，学校通过组织国际艺术交流活动和学生艺术项目，进一步推动美育的全球化和多样化发展。

中国的美育课程不仅关注学生的艺术表现力，还注重他们的社会责任感和创新能力的培养。随着中国经济和文化的崛起，越来越多的艺术家和文化工作者开始在全球范围内传播中国文化。在这样的背景下，美育教育不仅要帮助学生理解和欣赏中国艺术，还要培养他们成为文化交流的桥梁和创新的引领者。

三、全球化与本土化美育的平衡

在全球化日益加深的今天，如何在大学美育教育中实现全球化与本土化的平衡，已成为教育领域一个重要且复杂的课题。全球化不仅是文化交流的加速，它带来了多元化的文化背景、思想观念和艺术形式，同时也为本土文化带来了巨大的挑战与机遇。如何在这一过程中充分保护和发扬本土文化的独特性，又能够接纳和吸收外来文化的精髓，已成为现代大学美育教育的关键任务。全球化与本土化的平衡不仅是美育发展的战略方向，也是文化自信与创新能力建设的重要体现。

在大学美育的实践中，全球化与本土化的平衡并非简单的对立关系。二者的结合有助于学生在艺术教育中形成独立、包容的价值观，同时培养跨文化的理解能力和全球视野。全球化背景下的美育教育要求我们在传承本土文化精髓的同时，也要培养学生的国际化视野，使他们能够在多元文化的世界中自信地表达自我，进行有效的文化交流和互动。

这种全球化与本土化的互动关系，体现在美育教育中的多方面。全球化为学生提供了广泛的文化视野和艺术形式，使他们能够通过接触不同的艺术表现形式，理解世界文化的多样性与复杂性。同时，本土化教育则帮助学生深化对本国文化的认同与理解，培养他们在全球化进程中表达自我、交流思想的能力。通过这种互动关系，学生既能够了解外部世界的艺术和文化，又能够坚守本国文化的核心

第八章
大学生美育的多元文化教育与国际视野

价值，形成独立自主的文化认同。

全球化美育教育的核心目标之一，是让学生在接触世界各地文化的同时，培养他们的跨文化理解与沟通能力。随着互联网、数字技术和全球通信网络的不断发展，艺术和文化的跨国传播变得越来越便捷。现代美育教育应当不仅局限于传统艺术形式，还要将全球多元化的艺术形态、创作方式和审美标准纳入教育的范畴。这一转变不仅拓宽了学生的艺术视野，还加深了他们对全球文化背景下的艺术语言和表达方式的理解。比如许多大学在美育课程中引入了跨国艺术作品的分析与研究，学生可以通过对不同国家艺术作品的欣赏与反思，了解和体验不同文化对美的理解与表现方式。此外，学校还积极组织国际艺术交流项目，使学生有机会与来自不同国家和文化背景的艺术家进行互动与合作。通过这些交流，学生不仅能够获取不同文化的艺术观念与创作技巧，还能够提升他们的文化适应力和创新能力。

尽管全球化美育教育的理念和实践在当今社会中逐渐普及，但本土化的教育理念和内容依然不可忽视。美育不仅是艺术与审美的培养，它更与文化认同和社会责任紧密相关。每个国家和地区都有其独特的文化背景和历史传承，这些元素是构成个体文化认同的核心。而在全球化的背景下，本土文化的传承与发展显得尤为重要。中国的美育教育，在全球化的冲击下，注重培养学生对本土文化的认同和传承。通过美育课程，学生能够深入了解中国传统文化中的艺术瑰宝，比如京剧、国画、书法等，这些传统艺术不仅仅是技能的教授，更是文化价值的体现。通过这些课程，学生不仅学会了技艺，更加深了他们对中国文化的理解和认同。

本土化美育的深化还体现在对地方特色文化的挖掘和保护上。中国各地的地域文化、民族风情和地方艺术形式，如新疆的维吾尔族舞蹈、四川的川剧、陕西的皮影戏等，都是本土文化的重要组成部分。在美育课程中，学校通过组织相关艺术活动、课程和讲座，向学生普及这些地方特色文化，帮助他们理解和尊重多样的文化传统。通过本土化美育的推进，学生不仅能够感受到中华文化的独特魅力，还能够通过艺术表达形式将这些传统文化融入现代社会，做到传统与现代的和谐共存，确保文化的延续和创新。

在全球化和本土化的美育教育中，如何找到二者之间的平衡点，是当前教师面临的挑战。全球化背景下，艺术教育和文化交流的多元化促使教育内容更加丰富和多样化。但与此同时，如何在接纳外来文化的同时，保护和传承本国的文化特色，避免文化的同质化，是一个需要认真思考的问题。

实现全球化与本土化的平衡，首先需要在教育体系中注重跨文化教育和本土文化教育的融合。比如在美育课程中，可以通过引入全球艺术作品和本土艺术的比较与分析，帮助学生更好地理解不同文化之间的异同。通过这种方式，学生可以在欣赏和创作中找到全球化与本土化的交集，培养他们的跨文化沟通能力和创新精神。此外，学校应当鼓励学生参与本土文化的创作与传承活动。通过结合现代艺术创作和传统文化元素，学生可以在实践中将传统艺术形式与当代艺术创作相结合，既保留文化的精髓，又能创造出符合现代社会审美的作品。这样的实践活动不仅能够帮助学生提升艺术素养，也能够增强他们的文化自信，促进全球化与本土化的有机融合。在未来的教育发展中，全球化与本土化的平衡并非一成不变，而是随着时代的变迁而不断调整的过程。美育教育作为文化认同的载体和社会责任的教育平台，在这一过程中将继续发挥重要作用。

第九章
大学生美育的未来发展方向与创新路径

第一节 大学生美育的未来发展趋势

一、未来大学生美育的核心诉求变化

随着时代的不断发展和社会需求的变化，大学生的美育需求也在不断发生着深刻的变化。作为新时代大学教育的重要组成部分，美育不仅关乎艺术素养的提升，更关乎大学生个人价值的塑造、社会责任感的培养以及跨文化交流能力的提升。因此，未来大学生美育的核心诉求将呈现出更多元、个性化、互动性更强的特点。

（一）多元化与个性化诉求的增长

随着信息化时代的到来，大学生面临着更加丰富多元的社会环境与文化背景。全球化的进程让学生接触到不同的文化、价值观和艺术形式，这种文化交流带来了他们审美观念和个人表达的多样性。在这种环境下，大学生对美育的诉求呈现出更加多元化和个性化的特点。过去，大学美育主要是以集体化的艺术课程和标准化的审美活动为主，强调统一的教育标准与传统艺术形式的学习。如今，随着个性化教育理念的普及，学生对美育的需求不仅仅局限于传统的艺术技能和文化知识的学习，还包括如何通过艺术表达自我、如何发展个人的独特审美和创造力。

未来的大学生美育将更加注重个性化的培养路径，帮助学生根据自身兴趣、能力和价值观，选择符合自己特长和需求的艺术形式和表达方式。无论是绘画、音乐、舞蹈，还是数字艺术、跨学科的创作活动，都可以成为大学生在美育过程中的选择项。此时的美育将不再是一个标准化、统一化的教育过程，而是一个更加灵活、多样、个性化的培养过程。此外，大学生的审美需求也呈现出多元化的趋势。过去，学生的审美活动可能更多集中在传统的绘画、音乐等艺术领域，而如今，随着科技和文化的融合，新的艺术形式和表达方式也不断涌现。数字艺术、互动艺术、电影制作、游戏设计等新兴艺术形式成为大学生美育的新宠。在这种背景下，大学生对美育的诉求不仅限于传统艺术的欣赏和学习，更希望能够探索现代科技与艺术结合的领域，发挥创造力和跨领域的思维能力。

(二)社会适应与自我发展的诉求

随着社会竞争的加剧,大学生越来越认识到美育不仅仅是为了提升艺术素养,更是促进个人全面发展的重要途径。在这一过程中,美育不仅是追求外在艺术表现,更是帮助学生"回归育人初心",重新审视自身内心需求与社会责任的桥梁。通过艺术欣赏和创作,学生能够找到心灵的宁静,在喧嚣的世界中重拾自我,反思生命的本质与价值。美育在大学生的心理健康、情感管理、人际交往、团队合作等方面具有独特的作用。它引导学生通过艺术作品感受人类情感的普遍性,激发共鸣,从而更深刻地理解他人与社会的关联。这种回归初心的过程,让学生在面对多重压力时,不仅能提高社会适应能力,还能重新唤醒内心深处的热情与动力,助力他们实现自我发展与社会价值的统一。通过美育,大学生在艺术的熏陶中更能找到属于自己的初心,从而更有力量地迎接生活的各种挑战。

在未来,大学生美育的诉求将更加关注如何通过艺术教育促进学生的心理健康与情感表达。美育课程将不再仅仅是技能的教授,更要帮助学生理解自己的情感,学会管理情绪,培养积极向上的人生态度。尤其是在面对未来社会复杂的压力和多变的社会环境时,大学生更需要通过美育的参与,增强自我调节的能力,发展健康的心理状态和适应能力。此外,随着社会对大学生的综合素质要求不断提高,社会适应能力的培养将成为未来大学生美育的核心诉求之一。美育不仅能够帮助学生在情感上获得表达和释放的途径,也能够通过团队合作、集体创作等活动,提升学生的合作精神和集体主义精神,培养他们在社会生活中的责任感。未来的美育课程可能不仅仅局限于课堂上的艺术学习,更多的社会实践和跨文化交流活动将成为学生美育的重要组成部分。

(三)跨文化交流与全球视野的诉求

在全球化不断深化的今天,大学生的跨文化交流能力和全球视野越来越受到重视。随着国际化教育的普及和大学生出国交流的机会增多,大学生不仅是本国文化的传承者,也是全球文化的学习者和交流者。因此,未来大学生美育的诉求将更多地集中在如何帮助学生增强跨文化理解与沟通能力,如何培养具有全球视野的文化认同感。美育作为文化交流的重要途径,可以帮助学生理解不同文化的艺术和审美观念,并通过艺术活动与其他文化背景的学生进行深度互动与交流。在这种跨文化交流的过程中,学生不仅可以展示本土文化的特色,还可以吸收外来文化的优点,形成多元化的文化视角。在未来的美育教育中,大学生将更加注重如何通过艺术与文化进行跨国交流,如何通过美育课程与实践活动提升自己在全球化背景下的文化适应能力和跨文化沟通能力。

第八章
大学生美育的多元文化教育与国际视野

未来的美育教育还将鼓励学生参与国际艺术交流项目，进行国际艺术比赛、展览和表演，提升学生的国际文化素养。同时，跨文化的美育活动也将成为学生了解世界多元文化的窗口，增强他们的文化自信与世界责任感。这种跨文化交流与美育的结合，将有助于学生成为具有全球视野和跨文化能力的社会公民，推动社会的多元化发展与文化认同。

（四）创新与创意的诉求

随着科技与艺术的深度融合，大学生对创新与创意的诉求越来越强烈。美育作为创新与创意的源泉，不仅提供了艺术表达的平台，也激发了学生的创新思维。尤其是在数字化时代，学生不仅要学习传统艺术形式，还需要掌握新的艺术表达方式。这些新兴艺术形式不仅拓宽了学生的创意空间，也为学生提供了更多的创作可能。

未来的大学生美育将更多地关注如何培养学生的创新能力和创意思维。美育不仅仅是艺术技艺的提升，它更是创造力和艺术想象力的培养过程。通过艺术创作，学生可以在自由表达与创作过程中，不断激发自己的创新意识和思维能力，培养跨学科的创造力。美育教育将不再单纯地局限于某一学科或艺术领域的教育，而是通过跨学科、跨领域的艺术创作和实践，提升学生的创新能力和思维灵活性。

随着新媒体技术和数字技术的迅速发展，未来的大学生美育教育将更加注重技术与艺术的结合。在美育课程中，学生将不仅学习传统的艺术技巧，还需要掌握现代科技带来的艺术创作新工具，如数字绘画、3D打印、音乐制作软件等。这些创新工具的运用，将有助于学生探索新的艺术表达形式，激发他们的创意和想象力，推动艺术创作进入新的发展阶段。

（五）可持续发展的诉求

随着全球对可持续发展目标的重视，大学生对于环境保护、社会责任和可持续发展的关注也日益增强。在未来，美育将更加注重如何通过艺术教育引导学生关注社会问题和环境问题，提升他们的社会责任感和可持续发展的意识。美育不仅通过艺术创作帮助学生表达自己的情感，还可以通过艺术作品反映社会现实，探讨人与自然、人与社会的和谐关系。通过美育，学生可以学习如何在创作中融入可持续发展的理念，如何利用艺术去关注和表达社会公正、环境保护等问题。在未来的美育教育中，更多的社会实践项目、艺术创作活动和公益项目将成为课程的一部分，让学生在艺术教育中培养社会责任和可持续发展的意识。

未来大学生美育的核心诉求将更加多元化、个性化，并更加注重社会适应、跨文化交流、创新能力及可持续发展的培养。美育作为培养学生综合素质的重要途径，在教育过程中将不仅仅局限于艺术技艺的教授，而是更广泛地服务于学生的个人成长、社会责任感、创新能力及全球视野的塑造。在全球化与多元文化的背景下，大学生美育教育将面临更加复杂和多样的挑战与机遇。

二、美育与社会发展需求的契合

随着社会的持续变革和全球化进程的加速，大学生美育的功能和作用也在不断发展和调整。美育作为塑造全面人才的教育方式，已经不仅仅局限于艺术与文化的培养，它越来越与社会发展的需求紧密相连。在未来的发展过程中，美育的内容、形式以及教育目标将与社会发展需求之间形成更加密切的契合。

（一）美育教育将更加适应产业升级的需求

美育教育作为全面素质教育的重要组成部分，将逐渐成为适应产业升级需求的重要推动力量。在当今社会快速发展的背景下，产业结构的调整和升级对人才的创造力、综合素质以及文化认知能力提出了更高的要求。传统以技能和知识为核心的教育模式已无法完全满足现代产业对创新型、复合型人才的需求，而美育教育凭借其对学生艺术感知力、创造力和综合能力的培养，成为现代教育中不可或缺的一环，为产业升级注入了全新的动力。美育教育通过丰富的艺术课程和实践活动，使学生在提升审美能力的同时，也培养了创新思维和跨学科的整合能力。在文化创意产业、新媒体艺术、时尚设计、数字艺术等领域，美育教育的作用尤为突出。这些产业高度依赖于创意和创新能力，学生在美育课程中通过艺术创作、作品欣赏以及团队合作等方式，学会从多角度看待问题并提出新颖的解决方案。比如在数字艺术领域，美育课程可以引导学生运用虚拟现实技术创造交互式艺术作品，或者通过人工智能生成艺术表达，为文化创意产品注入科技创新的元素。这种创造力不仅提升了个人竞争力，也为相关产业的发展提供了新动能。

此外，美育教育将更加强调文化价值和艺术内涵的理解，为学生在快速变化的全球化环境中建立文化认同感提供了支持。特别是在文化产业领域，学生通过对传统文化的学习和艺术的再创作，能够将传统元素与现代需求相结合，推动文化产业的传承与创新。比如中国传统文化中蕴含的哲学思想、艺术形式和工艺技法，通过学生的创意转化，可以在时尚设计、影视制作、数字媒体等领域展现全新的生命力。美育教育通过这种方式帮助学生建立文化自信，使他们能够在国际舞台上更有力地讲好中国故事，推动本土文化走向世界。

未来在产业升级的过程中，科技与艺术的深度融合将为美育教育提供了更加广阔的发展空间。美育教育在这一背景下帮助学生在技术和艺术之间架起桥梁，培养出能够驾驭前沿科技并将其应用于艺术创作的跨学科人才。例如，艺术与人工智能的结合正在改变传统艺术的创作方式，学生可以通过算法设计、数据分析和图像生成等手段，创造出独特的艺术作品。这种融合不仅拓宽了艺术表达的边界，也为科技成果的应用提供了新思路，为产业升级注入了更多的可能性。与此同时，美育教育还将通过培养学生的综合素质，使他们在未来职场中具备更强的适应能力和竞争力。现代产业不仅需要技术型人才，更需要具有审美素养、创新能力和文化认知的复合型人才。美育教育通过多样化的教学方式，比如情景教学、艺术实践和跨学科项目，让学生在创作中学会团队合作、项目管理和解决实际问题。这种多维能力的培养，使得学生能够在面对复杂产业需求时更加游刃有余。

更重要的是，美育教育在推动产业可持续发展中也将发挥关键作用。在绿色经济和生态艺术的背景下，学生通过学习美育课程，可以更加关注环境保护和社会责任。比如在艺术创作中运用可回收材料、通过装置艺术呼吁生态保护，这些都体现了美育对学生环保意识和社会责任感的培养。这种培养不仅体现在个人发展中，也直接服务于绿色产业的发展需求，为产业升级提供了更具持续性的动力支持。美育教育还将对产业结构优化和经济高质量发展提供支持。通过培养具备综合能力的创新型人才，美育教育能够在多个产业中创造更高的附加值。比如在时尚行业中，学生通过美育课程掌握设计美学和市场洞察能力，能够推出更加符合消费者需求的创意产品；在文化旅游领域，学生通过艺术创作提升旅游项目的文化内涵和吸引力，直接推动地方经济的繁荣。这些具体案例都充分说明了美育教育在产业升级中的重要作用。

美育教育不再仅仅是学生个体发展的重要环节，更将是推动社会产业结构优化和经济高质量发展的关键所在。未来，随着美育教育的深入发展和推广，其在培养创新型、复合型人才中的作用将愈发突出。在全球竞争日益激烈的背景下，高校应进一步加强美育教育与产业需求的对接，通过科技赋能、文化传承和实践创新，为社会各领域输送更加优秀的人才，助力产业迈向更高的发展层次。同时，政府、企业和高校应通力合作，共同构建更加完善的美育教育生态系统，确保美育教育能够在服务学生成长和推动产业发展的过程中持续发挥其独特的作用。

（二）美育教育将更加注重培养文化自信

在全球化深入发展的今天，大学生面临着跨文化的交流与碰撞，同时也在不断加深对自身文化的认知与理解。未来，随着科技进步和社会变革的加速，大学生不仅需要具备扎实的专业知识，还需要在更加复杂和多元化的世界中，保持强烈的文化自信和对社会价值的深刻理解。美育教育作为全面素质教育的重要组成部分，扮演着越来越重要的角色，尤其是在培养文化自信方面，具有独特的优势和不可替代的作用。

随着全球化的不断推进，西方文化的影响不断渗透，许多年轻人在接受多元文化熏陶的同时，也失去对自身文化的认同。然而，正是在这样的时代背景下，美育教育的意义愈加突出，它不仅能够帮助学生欣赏艺术的美，更能够让他们通过艺术的表达与传承，深入理解和认同中华文化的独特魅力，最终培养出强烈的文化自信。美育通过对中国传统艺术、古典文化、民族音乐、戏剧、书法、绘画等艺术形式的学习与传承，使学生能够更全面地了解和接触到中华文明的精髓，进而激发出对本土文化的认同与自豪感。通过艺术的眼光，学生能够从中国历史悠久的文化遗产中汲取营养，感受到传统文化的现代价值。

中国的传统艺术承载着几千年的文明积淀，其蕴含的智慧和哲理不仅是民族的根基，也是推动现代社会发展的重要动力。随着国家对文化软实力日益重视，大学生作为国家未来的中坚力量，他们的文化认同感、价值观和社会责任感在很大程度上决定了国家文化的建设与传承。因此，未来美育教育的重点之一，就是如何在全球化与现代化的背景下，帮助学生充分理解并传承中华文化，让他们在接触多元文化的同时，保持文化自信，并成为文化传播的积极倡导者。未来的美育教育，将更加注重结合国家发展战略，培养学生对本国文化的深刻认同，进一步推动社会文化的繁荣与发展。国家的文化自信不是单纯的文化认同，它更是对传统文化的现代性表达和文化创新的自觉。美育教育不仅要让学生从艺术中感受到传统文化的博大精深，还要激发学生创新的思维，让他们在传统艺术的基础上，创造出符合现代社会需求的艺术形式。艺术创作和文化传播不应局限于形式的重复，更应深入挖掘传统文化的精神内涵，用现代的方式表达和弘扬。学生通过美育，不仅能提升艺术审美能力，更能在艺术的创作过程中，主动承担起文化传播的责任，成为新时代文化发展的推动者。

随着国家在"一带一路"等全球化倡议中加大对中华文化的推广力度，美育教育的使命将不仅限于本国，甚至可能延伸到世界范围。在全球化日益加深的今天，文化的多样性使得每一种文化的表达和传播变得尤为重要。在这种背景下，大学生的文化自信将不仅是对中华文化的认同，也将在国际文化交流中展现出独特的价值。通过美育教育，大学生能够在更广阔的国际舞台上表达自己的文化自信，传递中国文化的智慧与美好，同时也通过与其他文化的对话，丰富自身的文化认知，形成更加包容、开放的文化观。展望未来，美育教育将继续朝着更加全面和多元的方向发展。通过加强文化自信的培养，美育教育不仅帮助学生建立对传统文化的认同，还能促进其在现代社会中的实际运用。无论是在艺术创作、文化传播，还是在日常生活和社会实践中，学生都将成为文化传承的践行者和创新者。通过这种方式，美育教育将为国家的文化建设和文化软实力的提升提供坚实的人才支撑，也为社会注入更多的文化创造力和包容力。

未来的美育教育不仅仅是培养具备审美能力的个体，更是塑造具有社会责任感和文化自信的公民。通过深入结合传统文化的内涵与现代社会的需求，未来的美育将引导学生在全球化的背景下，坚守文化自信的根基，同时具有开放的视野与创新的思维，以更加积极的姿态投身到社会文化的发展与传承中。这种文化自信不仅是对过去的尊重与传承，更是对未来文化发展的积极探索与创新，让美育教育成为推动社会进步与国家发展的重要力量。

（三）美育教育将更加关注创新能力的培养

美育教育将在培养创新能力方面发挥越来越重要的作用，为社会发展提供源源不断的创造型人才。创新是社会发展的核心动力，而真正的创新离不开创造力与跨界思维的深度融合。美育教育以艺术的多元化表达为核心，通过艺术创作和欣赏，激发学生的创新思维、批判性思维以及创造性表达能力，使其成为具有突破性思维模式和综合能力的人才。

在艺术创作中，学生不仅需要面对技术性的挑战，还要在情感表达和创意思维上不断突破自我。艺术创作要求学生超越传统的思维框架，以独特的方式解决复杂问题。比如一幅优秀的绘画、一件雕塑或一段音乐作品，往往需要融合文化、历史、技术等多种元素，这种创作过程本身就是跨学科的创新实践。未来的美育课程将更加注重这一点，通过多元化的课程设计，鼓励学生打破学科边界，将艺术与科技、社会学、心理学等学科相结合，探索更加多样化的创新路径。随着科技与艺术的深度融合，未来的美育教育将更多地关注如何培养学生的跨学科创新能力。虚拟现实、增强现实以及人工智能等技术的发展，为艺术创作提供了全新的平台和工具。在这些技术的支持下，学生可以通过数字化手段进行艺术创作，比如利用AI算法生成音乐或绘画，或者通过VR技术设计沉浸式艺术体验。这些新兴技术的运用，不仅为艺术创作注入了科技创新的活力，也培养了学生对技术与艺术间关系的深刻理解。未来，美育课程将更加注重这种跨学科的培养，帮助学生掌握新技术的同时，提升他们将技术与艺术相结合的能力。

社会对创新型人才的需求日益扩大，已不仅仅局限于工程、技术类专业，艺术创作与文化创新同样是推动社会进步的重要力量。比如文化创意产业、时尚设计、新媒体艺术等领域，正成为全球经济的重要增长点，而这些领域对人才的要求往往不局限于某一专业知识，而是更看重综合性和创造力。未来的美育课程将致力于培养学生的文化洞察力、全球视野和跨文化的创新精神，使其不仅能够在本土文化的语境中实现创新，也能够在全球化的背景下进行跨文化的艺术表达和创意开发。同时，美育教育还将在推动社会可持续发展方面发挥重要作用。在未来的课程中，美育将更多地关注环保、社会责任等议题，通过艺术创作引导学生以创新的方式思考和解决社会问题。比如学生可以通过使用可回收材料进行艺术创作，或者设计具有环保意义的艺术装置，以此表达对环境保护的关注。这种将社会问题与艺术创作相结合的实践，不仅提升了学生的创造力，还增强了他们的社会责任感和对全球议题的敏感度，为社会发展提供了更具可持续性的创新思维。

美育教育的核心目标之一将是培养学生在快速变化的社会中获得适应能力和创造力。这种能力不仅体现在个人职业发展上，也为社会的整体进步提供了智力支持和文化创新的动力。在美育课程中，学生通过艺术创作不断锻炼自己的灵活性和跨界思维能力，他们能够从不同学科、不同行业中找到灵感，并将其融入自己的创作中。这种多维度的创新能力，使得学生在面对复杂问题时，能够从多角度出发，提出独特的解决方案。

美育教育将在全球化的背景下更广泛地传播与实践。通过国际合作项目和跨文化艺术交流，学生能够吸收多元文化的艺术创作经验，从而进一步提升他们的创新能力和国际化视野。比如学生可以参与全球性的艺术展览或工作坊，与来自不同文化背景的艺术家共同创作，这不仅有助于他们开拓视野，还能让他们更深刻地理解创新在文化交流中的作用。美育教育的未来，必将更加注重创新能力的培养。通过艺术创作激发创造力，通过跨学科融合拓展思维，通过技术手段实现突破，美育将成为培养创新型人才的重要摇篮。学生在美育的熏陶下，不仅能够成为社会发展的中坚力量，还能够通过自身的创造性实践，为文化传承与创新、社会可持续发展贡献更多智慧。通过持续深化美育教育的内涵，未来的高校将为全球社会的文化与技术创新输送更多具有创造力和社会责任感的复合型人才。

（四）美育教育将更加重视培养学生的社会责任

美育教育将在培养学生社会责任方面承担更加重要的使命。在全球面临环境危机、贫富差距扩大等问题的今天，大学生不仅是社会发展的见证者，更是推动社会进步的重要力量。他们的社会责任感不仅决定了自身的成长方向，也对社会整体的和谐与可持续发展起到深远的影响。美育教育作为一种涵养个人品格和价值观的重要途径，将以更加深刻和多元的方式引导学生理解并承担社会责任。艺术作为美育教育的重要载体，不仅具有审美和表达的功能，更是一种反思社会问题、促进社会对话的媒介。在未来的美育教育中，艺术教育的价值引导作用将更

第九章
大学生美育的未来发展方向与创新路径

加突出,不仅帮助学生理解美、感知美,还在更深层次上帮助他们认识到人类社会所共同面临的问题与挑战。比如艺术作品可以以视觉、声音或综合表达的方式呈现环境污染等议题,激发学生对这些问题的关注和思考。在参与艺术创作时,学生通过探讨这些议题,不仅培养了自身的创造力,也增强了对社会问题的敏感性和责任感。

未来的美育教育将更加注重实践与社会的结合,引导学生参与社会公益活动、文化创新和社区建设。这种社会化的美育实践将通过实际行动让学生体验到社会责任的重要性。比如在公益项目中,学生可以通过艺术创作发声,或者通过设计环保主题的公共艺术作品提升公众的环保意识。这些实践活动不仅培养了学生的艺术技能,还让他们体会到个人行动对社会的积极影响,从而逐渐内化社会责任感。环境保护作为全球性的重大议题,在未来的美育教育中将成为一个重要的切入点。艺术创作与环境保护的结合将成为培养学生社会责任感的有力工具。比如通过废弃材料进行艺术再创作,不仅提升了学生对资源循环利用的理解,还让他们认识到艺术可以成为环保行动的重要表达形式。学生通过参与这样的项目,不仅能够增强环保意识,还能通过自身的创作引导更多人关注环境保护,成为推动社会生态文明建设的积极力量。与此同时,美育教育对社会公平与人文关怀的关注也将更加深入。在艺术教育中,学生将被引导以更广阔的视野观察和理解社会现象。通过艺术表达,学生可以记录和反思这些社会现象,并通过创作传递对公平与正义的呼唤。比如在一次艺术展览中,学生可以用摄影或装置艺术的形式呈现偏远地区儿童的教育现状,这不仅是一种艺术的表现方式,更是一次深入的社会参与。

未来的美育教育将不再局限于个人审美的培养,而是更加强调人文关怀与社会责任感的塑造。艺术教育将引导学生认识到,艺术不仅是一种个人表达的媒介,更是推动社会变革的重要工具。在艺术创作中,学生学会关注他人、反思社会,并通过艺术语言与社会对话,表达自己的社会关怀。这种价值观的塑造将让学生在未来的职业生涯和社会活动中成为更加有担当的公民。此外,随着科技的不断进步,美育教育将通过数字化平台和新媒体技术,进一步拓展学生参与社会问题的渠道。比如通过虚拟现实技术,创造出逼真的虚拟环境,学生可以沉浸式地进行体验,从而更加直观地理解贫困、战争或环境危机等问题。这种利用先进技术的艺术实践,不仅提升了学生的创新能力,也让他们能够更高效地将社会责任转化为实际行动。美育教育将更加重视培养学生的社会责任感,使其成为学生全面发展的核心内容之一。在培养过程中,学校将更加注重引导学生从个人的角度出发,认识到他们与社会间的密切联系。同时,美育教育还将推动学生从全球化的视野看待社会问题,培养其跨文化的社会责任感。比如通过国际艺术交流项目,学生可以参与解决全球性议题,如气候变化、文化遗产保护等,从而培养其对世界的整体责任感。

总之,美育教育将在培养学生社会责任感方面展现出更大的潜力和作用。通过艺术的多样化形式,学生将更加深刻地理解社会问题,并通过创作和实践推动社会进步。这种教育模式不仅将学生培养为具有创造力和人文关怀的人才,更为社会的可持续发展提供了源源不断的力量。在未来,美育教育将成为培养具有全球视野、创新能力和社会责任感的公民的重要路径,为构建更加和谐、公正的社会贡献重要力量。

(五)美育教育将在城乡建设中发挥重要作用

美育教育将在城乡建设中扮演更加重要的角色,为乡村振兴和城市建设注入深厚的文化内涵和艺术价值。这一发展方向不仅体现了美育教育服务社会的广泛可能性,也揭示了其在塑造城乡面貌、提升居民文化素养和推动社会和谐发展中的关键作用。在乡村振兴的背景下,美育教育为乡村带来了全新的活力和文化吸引力。通过美育的引导,居民可以在日常生活中发现美、创造美,从而改变传统观念中对美的忽视,将艺术融入乡村的经济与文化发展。比如艺术家驻村计划已经成为推动乡村艺术振兴的重要手段。通过将专业艺术家与乡村生活相结合,这些计划不仅为乡村注入了新的艺术形式,还激发了当地居民对自身文化的重新认知与热爱。艺术家在乡村创作壁画、雕塑或公共艺术装置,将乡村的历史、文化和自然元素融入作品,使其成为独特的艺术地标。这些艺术项目不仅美化了乡村的视觉环境,还增强了居民对家园的文化归属感和自豪感。同时,美育教育也在推动乡村传统文化的保护与创新发展中起到了重要作用。许多乡村拥有丰富的手工艺传统和民俗文化,这些宝贵的非物质文化遗产在现代化的浪潮中面临着传承危机。通过美育教育,学生和艺术家可以与居民共同探索传统手工艺的现代应用,比如改良传统编织、陶艺等手工技艺,使其在现代市场中焕发新生。这种结合传统与现代的艺术创新,不仅保护了乡村的文化遗产,还为居民创造了新的经济机会,推动了乡村经济的可持续发展。此外,通过举办文化节、艺术展览和工作坊等活动,美育教育为乡村建立了与外界互动的平台,吸引游客和投资者的同时,也促进了文化旅游的繁荣。

在城市建设方面,美育教育通过提升城市的审美价值和文化品位,为居民创造更加宜居的环境。公共艺术、景观设计和文化空间规划成为城市建设中不可或缺的部分。未来的城市,不仅需要高效的基础设施和功能完善的空间布局,还需要在视觉上和文化氛围上给人以美的享受。美育教育通过培养艺术人才和设计师，为城市的公共艺术项目提供了创意支持。比如许多城市通过设置艺术装置、文化墙或雕塑公园，为居民和游客提供了文化体验的机会。这些艺术形式不仅点缀了城市的街景，还传递了地方文化和历史的独特魅力，成为城市文化身份的象征。此外，文化节和公共艺术节等活动在城市建设中的作用也愈发重要。美育教育在这些活动中，鼓励学生和艺术家与社区居民共同创作，提升居民对城市文化的参与感和认同感。这种互动性艺术形式，不仅丰富了城市生活的文化层面，也增强了社会的凝聚力。比如通过社区艺术项目，居民可以参与到城市的艺术创作中，不仅感受到艺术的魅力，还能在共同创作中增进邻里关系，形成更为紧密的社会网络。

美育教育在城乡融合发展中，还起到了促进人文与自然和谐的作用。通过美育引导，城乡居民可以更加关注生活环境的美化和自然生态的保护。比如在乡村，美育教育鼓励居民利用本地生态资源开展艺术创作，如使用天然材料设计景观小品，既体现了地方特色，又与自然环境融为一体；而在城市，美育教育则推动绿色空间与艺术设计的结合，如建设生态艺术公园，让居民在享受自然的同时，也能感受艺术的熏陶。这种人文与自然的和谐发展模式，不仅提升了城乡居民的生活质量，也为可持续发展提供了示范。

无论是在乡村振兴还是城市建设中，美育教育都将发挥不可替代的重要作用。它不仅提升了城乡的文化品位和审美价值，还为社会注入了更多的创新力和凝聚力。通过培养具有艺术视野和社会责任感的人才，美育教育将助力城乡建设迈向更加和谐美好的未来，为构建文化繁荣与生态平衡的社会作出积极贡献。

（六）美育教育将进一步拓展家校合作

美育教育将在家校合作中展现出更加广阔的发展前景，家庭和学校将通过更紧密的协作，共同推动学生艺术素养的全面提升。这种合作模式不仅是对传统教育理念的深化，也是美育在新时代实现全方位育人目标的重要举措。在未来的美育发展中，家校合作将逐步形成一个以学生为中心、多维度联动的生态体系，充分整合数字化平台、教育资源和艺术实践活动，为学生的成长注入更多的可能性。数字化平台的广泛应用将成为未来家校合作的重要桥梁。这些平台为家长参与孩子的艺术教育提供了便捷高效的渠道，使家庭与学校的沟通更加透明和高效。比如家长可以通过数字化平台实时了解孩子在课堂上的学习动态，包括学习进度、作品完成情况以及教师的详细评价。这种透明化的管理模式不仅拉近了家长与学校之间的距离，也让家长对孩子的艺术成长有了更全面的认识。家长可以根据平台上的反馈信息，与孩子一起探讨美育学习中的问题，共同制定成长目标。这种互动模式，不仅增强了家长对教育的参与感，还进一步激发了孩子对美育的兴趣和自信心。与此同时，数字化平台还汇聚了丰富的家校共育资源，为家庭美育的开展提供了全方位的支持。这些资源不仅包括家庭美育指导手册，还涵盖了详细的教学视频、艺术作品案例和互动工具，帮助家长掌握科学有效的方法指导孩子。比如指导手册中会详细说明如何在日常生活中融入艺术教育，从欣赏艺术作品到亲子手工制作，再到文化活动策划，每一个环节都经过专业设计，旨在让家庭美育成为一种自然且充满乐趣的体验。通过这些资源，家长可以在家中为孩子营造出一个艺术氛围浓厚的环境，从而进一步提升孩子的艺术感知力和创造力。

亲子艺术活动将成为未来家校合作中的亮点之一。这些活动方案不仅强调孩子的参与，还注重家长与孩子之间的协同创作和情感互动。比如共同完成一幅绘画作品、一件手工艺术品或一首音乐创作，既能培养孩子的艺术兴趣和动手能力，也能增强亲子关系，增进情感交流。这些活动方案还注重结合文化传承与创新，家长和孩子可以在创作过程中共同探索中国传统文化的艺术魅力，如学习传统剪纸、陶艺、书法等，并在此基础上融入现代艺术元素，激发他们对艺术的综合理解力和创造力。

未来的家校合作还将更加关注家庭和学校在文化传承中的共同作用。中国传统文化蕴含着丰富的美学价值，是美育教育的重要资源。家校合作可以通过策划主题性的文化活动，让家长和孩子共同参与到传统文化的学习与传播中。比如学校可以组织"家庭艺术节"，鼓励家长与孩子共同完成以中国传统文化为主题的艺术创作，如京剧服饰设计、传统乐器制作等。这些活动不仅让孩子在实践中感受到传统文化的独特魅力，也让家长更加理解和支持美育教育在文化传承中的重要作用。

家校合作模式的拓展将极大地推动美育教育的全面发展。在未来的美育生态体系中，家庭和学校的作用将更加紧密地结合在一起，共同为学生提供一个充满艺术氛围的成长环境。这种模式不仅帮助学生在美育学习中获得更全面的发展，还提升了家长在教育过程中的主体性，使家庭成为学校教育的重要延伸。通过家校合作的深化，美育教育将在未来实现更高的目标。不仅是培养学生的艺术素养，更是通过艺术的桥梁，构建一个更加和谐、开放的教育体系，为社会的文化传承和创新贡献新的力量。家庭和学校的共同努力，将为学生的成长提供坚实的支持，使他们在未来成为具有艺术修养、创新能力和社会责任感的全能型人才。

第二节　智能化与数字化时代的美育创新

一、智能化技术在美育中的应用前景

随着全球化进程的加快以及技术的飞速发展，智能化技术在美育中的应用前景愈加广阔。在未来，智能化技术将不再只是作为辅助工具来支撑传统艺术教育，而是会成为艺术教育核心部分的创新驱动力。结合人工智能、大数据、虚拟现实、增强现实等技术的高度集成，未来的美育将发生根本性转变，为学生提供个性化、互动性更强、全球化的艺术学习体验。

未来的大学生美育将不再仅仅依靠传统的教学模式和艺术创作技巧，人工智能技术将在艺术创作的每一个环节中起到关键作用。人工智能不仅可以分析和识别艺术作品中的美学规律，还能够在创作过程中通过学习艺术家的创作风格、色彩使用、构图技巧等元素，帮助学生迅速提升自己的艺术表现能力。未来的艺术创作工具将更加智能化，人工智能将成为学生的创作伙伴，协助他们完成从构思到完成的每个步骤。这种深度融合的应用将从根本上改变艺术创作的方式。学生不再需要通过传统的模仿和技法练习，而是通过与智能系统的互动，获得即时反馈和指导，从而实现创作的快速进步。人工智能能够根据学生的创作风格和兴趣推荐合适的学习资源、艺术作品以及创作技巧，让学生在与技术的互动中体验到创作的自由与乐趣。此外，人工智能创作不仅为学生提供了技术支持，还将激发他们的创新思维，鼓励他们超越传统艺术表现形式，进行更具创意的探索和实践。

人工智能技术还通过提供虚拟教师的方式，有效地缓解了美育教育中师资不足的问题。虚拟教室依托人工智能和大数据分析技术，能够实现高效的教学内容生成、个性化辅导和互动式学习体验。对于偏远地区和师资力量薄弱的学校，虚拟教师能够以数字化方式填补美育教育的空白，为学生提供接触多元艺术形式和高质量课程资源的机会。虚拟教师不仅可以实时讲解艺术理论，还能通过虚拟现实和增强现实技术引导学生沉浸式体验艺术作品，让学生"走进"全球著名博物馆、画廊和音乐厅，弥补物理距离带来的限制。此外，虚拟教师可以根据学生的兴趣和学习进度动态调整教学方案，通过个性化推荐引导学生探索更多艺术领域，从而激发其学习兴趣和创造潜力。人工智能技术还能够模拟大师级艺术创作过程，展示复杂技法并提供实践指导，让学生在虚拟环境中获得专业级的艺术培训。这种模式不仅缓解了美育师资不足的问题，还推动了美育教学的创新与普及，为教育公平与美育质量提升提供了有力支持。

大数据将为未来的美育教育提供一个全新的视角。随着学生艺术兴趣、行为和学习数据的不断积累和分析，教师可以根据这些数据精准地识别学生的兴趣点、特长领域以及学习障碍，从而为每个学生量身定制个性化的学习路径。这种基于大数据的个性化艺术教育模式将成为未来美育发展的重要趋势。未来，大学生美育课程将更加灵活和个性化，结合学生的兴趣和学习进度，为他们提供多样化的艺术教育内容。大数据不仅能帮助学生了解自己的兴趣和潜力，还能让教师依据学生的具体需求提供精准的教学服务。比如通过数据分析，教师可以实时调整教学内容和方式，确保每个学生在艺术创作的过程中都能充分发挥自己的优势，克服学习中的瓶颈。这种个性化的教育方式将提高学生的学习效率和艺术素养，培养他们的创新思维和解决问题的能力。

随着全球化进程的加速，未来的美育将突破传统的课堂局限，利用云计算技术实现全球艺术教育资源的共享。通过云平台，学生可以随时随地接触到来自世界各地的艺术资源，包括在线课程、创作工具、艺术作品以及专业导师的指导。这种全球化的艺术教育资源共享将使学生能够拓宽国际视野，了解不同文化背景下的艺术表现形式，促进跨文化交流与合作。通过云计算技术，大学生将能够直接接触到全球顶尖艺术家的创作过程和艺术作品，并且通过虚拟平台与世界各地的学生和艺术家进行交流和合作。这种跨地域、跨文化的互动将使学生更加深入地理解艺术的多样性和全球文化的丰富性，为他们的艺术创作提供更加广阔的视野。

虚拟现实技术和增强现实技术的结合，将成为未来美育创新中的重要组成部分。通过虚拟现实技术，学生可以进入虚拟艺术世界，亲身体验艺术创作的每个过程。比如在学习绘画时，学生可以通过VR技术进入一个虚拟的画布空间，使用不同的虚拟工具进行创作，感受不同的艺术效果。通过沉浸式的学习体验，学生能够更加深刻地理解艺术的表现形式和技巧，提升他们的艺术感知力和创造力。虚拟现实还能够为学生提供全方位的艺术体验，突破传统课堂教学的限制。比如学生可以通过VR参观全球著名的博物馆、艺术展览或艺术节，亲身感受并学习艺术作品的创作背景、历史脉络和文化内涵。虚拟现实技术不仅拓展了艺术教育的边界，也使学生在虚拟世界中获得更多实践经验和灵感，从而提升他们的艺术表达能力和创新思维。

随着教育技术的不断进步，未来的美育将更加依赖于智能化教育工具和平台。智能教育工具不仅能够帮助学生进行艺术创作，还能为他们提供个性化的学习内容和即时反馈。未来的美育课程将会更加灵活、互动，学生可以根据自己的兴趣选择不同的艺术形式，结合智能化平台的学习资源，实现自我定制化学习。

第九章
大学生美育的未来发展方向与创新路径

这些智能化教育平台不仅提供教学资源,还能通过人工智能和机器学习技术实时监控学生的学习进度和作品创作情况。平台会根据学生的表现提供定制化的反馈和建议,帮助他们更好地调整学习方法、完善创作技巧。这种自我学习和智能反馈的互动模式,将大幅提升学生的学习效率和艺术素养,同时激发他们的创造力和创新精神。

智能化技术将为教育评价体系的创新提供更强大支持,通过采集和分析学生在学习过程中的多种数据,为构建多元化的教学评价指标体系开辟了新路径。与传统单一的考试成绩评价不同,智能技术能够捕捉学生在学习行为、作品创作、互动参与、创新表达等多方面的表现。比如通过对学生课堂学习时的参与度、线上学习的时长与频率、艺术创作中使用的技巧和风格的分析,智能化技术能够全面反映学生的学习过程与个性化特征。此外,基于机器学习和数据分析技术,系统能够对学生的创作作品进行多维度评估,如对艺术风格的多样性、技术的熟练程度以及作品所表达的情感深度进行评分。这种数据驱动的评价方式不仅提高了评价的客观性和全面性,还能够为教师提供针对性的教学反馈,帮助他们更有效地调整教学内容和策略。与此同时,学生通过实时获得个性化的学习数据和改进建议,能够清晰了解自己的学习进展和不足,进一步激发学习动力。这种基于多元化评价指标的智能化教学体系,为教育质量提升和人才培养模式的优化提供了重要支持。

大学生美育将进入一个科技与艺术深度融合的新阶段。智能化技术将不再是单纯的辅助工具,而将成为艺术创作的核心组成部分。随着人工智能、大数据、云计算和虚拟现实技术的不断发展,美育的创新将不断推动教育方式、教学内容和学习体验的变革。大学生将在这个过程中,既能感受到科技所带来的便利,又能培养出更加丰富的艺术素养,提升跨学科的创新能力。这种技术与艺术的结合,不仅为学生提供了更加多样化的学习和创作工具,也让艺术教育更加符合时代的发展需求。未来的美育教育将不再局限于传统的教学方法,而是通过智能化技术赋能艺术教育,全面提升学生的艺术表达力、创造力和社会适应力。随着全球化进程的加速,美育将在全球范围内实现更加广泛的互动与共享,帮助大学生更好地理解和融入多元文化的艺术环境。

智能化技术在美育中的应用前景不仅仅是技术的革命,更是教育理念、教学模式和学习方式的深刻变革。未来,人工智能、大数据、虚拟现实等技术将大大拓宽美育的教学边界,使美育变得更加多元、个性化和全球化。这些技术不仅可以优化艺术创作的工具,提供更加丰富的学习资源,还能通过智能化的互动体验,提高学生的创新能力和跨文化理解能力,培养出更加适应未来社会需求的高素质人才。

二、数字化平台对美育教学的赋能

未来的美育教育将不再是"一刀切"的统一模式，而是趋向个性化与定制化。借助数字化平台，教师可以根据每个学生的艺术兴趣、学习进度以及心理状态，提供量身定制的教学方案。通过对学生学习数据的实时收集和分析，数字化平台可以识别学生在艺术学习过程中的优势和不足，并自动生成相应的学习计划和建议。比如某些平台可以根据学生在艺术创作中的表现，自动推荐符合其兴趣和学习水平的艺术资源，如视频教程、互动练习以及创作技巧。这种定制化学习路径能够让学生在艺术学习中充分发挥自己的潜力，同时也避免了"千人一面"的教学困境，极大地提升了教育的针对性和效果。随着大数据技术的发展，数字化平台能够深度挖掘学生的学习习惯、创作风格以及情感偏好，从而为学生提供更符合其个人特质的学习内容和方式。这种高度个性化的教育不仅能激发学生的学习热情和创作潜力，还能够帮助他们在艺术创作的过程中找到最适合自己的表达方式，进而提升他们的艺术素养和创新能力。

学生将通过数字化平台，直接接触到来自全球各地的艺术形式与创作思维，了解不同文化背景下的艺术表达方式和审美标准。这种跨文化的学习体验不仅能拓宽学生的艺术视野，还能够帮助他们更好地理解和融入多元化的文化环境，培养全球视野和文化适应能力。数字化平台的全球共享资源将大大促进艺术教育的国际化进程，推动不同文化间的深度交流与合作。与此同时，数字化平台能够帮助学生快速掌握全球范围内的艺术创作技术和前沿艺术动态。通过在线学习和互动体验，学生不仅可以与来自不同国家和地区的艺术家、学者进行交流，还可以随时随地参加全球范围的艺术创作比赛、艺术节等活动，从而提升他们的艺术表现力和社会适应能力。

随着虚拟现实、增强现实等技术的发展，数字化平台在艺术创作中的应用前景极为广阔。未来，数字化平台将不仅仅提供传统的艺术创作工具，还将为学生提供更加沉浸式、互动性强的创作体验。通过VR和AR技术，学生将能够进入虚拟的艺术创作空间，探索不受物理限制的创作方式，进行全新的艺术表现。比如学生可以在虚拟现实环境中模拟艺术展览的布局，或者在AR技术的帮助下进行互动式的艺术创作，这种体验式的学习方式将极大提升学生的艺术创造力和实际操作能力。通过与数字化平台的互动，学生可以实现跨越物理空间的艺术创作，突破传统工具和材料的局限，探索新的创作方法与艺术表现形式。

虚拟工作室将作为一种创新的教学形式，在高校美育教育中展现广泛的应用

第九章 大学生美育的未来发展方向与创新路径

前景。依托虚拟现实、增强现实以及人工智能技术，虚拟工作室为学生提供了一个跨越物理空间限制的艺术创作环境，让他们能够在数字化平台中进行绘画、雕塑、设计等多种艺术实践。通过虚拟工作室，学生可以自由选择多种工具和材料模拟真实的创作过程，无需担心传统创作中材料受限或资源浪费的问题。同时，虚拟工作室能够提供实时的智能反馈，分析学生的创作风格、技巧运用和作品结构，帮助他们快速发现问题并优化创作思路。此外，虚拟工作室支持多人协作，学生可以在同一虚拟空间中与同学或教师实时互动，共同完成创作项目或讨论艺术理念，增强团队合作能力。这种形式不仅提升了学习的灵活性和趣味性，还为跨学科的艺术融合提供了更大的可能性，比如将美术与建筑、科技或环境设计相结合。虚拟工作室在高校美育中的应用，不仅丰富了教学方式，还培养了学生的创新能力和数字化素养，为未来艺术创作与教育模式的变革奠定了基础。

此外，未来的数字化平台将不再是单向的信息传递渠道，而是一个互动式、参与式的创作平台。学生在创作过程中可以通过人工智能技术获得实时的反馈与建议，帮助他们调整作品的构思和技巧。这种即刻反馈机制将加速学生艺术创作的进程，提高他们的创作效率和艺术表现力。智能化技术将大幅提升美育教学中的评估和反馈机制。传统的艺术评估通常以教师主观判断为主，而数字化平台结合人工智能、大数据等技术，可以对学生的艺术作品进行更为客观、科学的评估。平台可以根据学生作品的构图、色彩运用、创作思维等维度进行分析，并给予精准的评价与建议。这些评估不仅限于作品的完成度，还会综合考虑学生在创作过程中的创新思维、技巧应用等方面的表现。通过数字化平台，学生可以获得实时的反馈与修正建议，帮助他们发现自身不足并不断改进。在美育的教学中，这种智能化评估系统不仅能提高艺术学习的精确度，还能促进学生的自我反思与能力提升。

数字化平台的评估系统能够自动跟踪学生的学习进程，从学习行为、创作过程到最终作品的呈现，形成完整的学习数据。这些数据不仅为学生提供了量化的学习成果展示，还能够为教师提供有力的教学依据，帮助教师更加精准地制订教学计划和个性化的辅导策略。

未来的美育将不再仅仅局限于传统的艺术课程，数字化平台将为跨学科艺术教育提供支持。通过数字化平台，艺术学科将与科技、工程、设计等学科融合，形成更加多元化、创新性的艺术教育模式。比如学生可以通过数字平台进行艺术与科技的结合，探索虚拟艺术创作、数字艺术展示等跨学科领域。这种跨学科的艺术创新不仅培养学生的综合能力，还能够促进不同学科间的互动与合作。在数字化平台的推动下，学生可以通过参与跨学科项目，接触到更多元化的艺术创作工具和表现手段,提升他们的跨领域学习能力和创新思维。这种跨学科的合作与创新将成为未来大学生美育的重要发展方向。

未来的美育将更加注重学生的互动性和参与感。通过数字化平台,学生不仅能通过在线学习、虚拟艺术展览等方式接触到丰富的艺术资源,还能通过平台与世界各地的艺术家、学生进行互动与合作。比如在线艺术创作比赛、全球艺术展览、互动艺术创作活动等,都是数字化平台提供的全新互动机会。通过这些互动和参与机会,学生可以获得更直观的艺术体验和反馈,从而更好地提升自身的艺术表达能力和创新能力。数字化平台打破了地域和时间的限制,使得艺术教育更加开放和包容,学生能够参与到全球范围的艺术交流中,拓宽视野,丰富创作经验。

三、虚拟现实与增强现实在美育中的融合

虚拟现实和增强现实技术作为近年来迅猛发展的前沿技术,正在为各行各业带来革命性的变化。特别是在美育领域,这两种技术的融合与应用,正在为大学生美育的创新路径提供广阔的空间和无限的可能性。在未来,VR和AR的结合将在美育中发挥更加重要的作用,推动艺术教育的多元化和全球化,培养具有创新能力和跨文化理解的艺术人才。

虚拟现实和增强现实技术为艺术创作带来了革命性的改变。在未来,大学生的艺术创作不再仅仅局限于传统的画布、雕塑或音乐创作等形式,虚拟现实和增强现实的技术将为学生提供更为丰富的创作工具和平台。通过虚拟现实,学生可以进入一个沉浸式的艺术创作空间,打破现实世界的物理限制,创作出更加自由、富有创意的作品。在这样的虚拟环境中,学生能够与虚拟的艺术材料、工具以及环境进行互动,探索不受物理规律制约的艺术表达方式。同时,虚拟现实还将极大地拓展教学内容与资源,通过提供丰富的虚拟教具和模型,学生可以更直观地学习复杂的艺术结构和技法。比如通过三维模型学习雕塑的内部结构,或者通过虚拟乐器了解不同乐器的演奏技巧。虚拟教具还可以动态展示艺术作品的创作过程,帮助学生更深入地理解艺术的构成原理。这种创新的教学资源不仅提升了学习的趣味性和效率,还让学生能够更广泛地接触到传统课堂难以涵盖的艺术内容,为艺术创作和学习注入了全新的活力与可能性。

在增强现实的应用中,学生可以将虚拟艺术元素与现实世界结合,通过智能设备或AR眼镜将数字艺术与实际场景融合。比如学生可以通过AR技术将一幅静态的画作转化为动态的艺术作品,或者在现实世界的街头、广场上创作大型的虚拟艺术装置。这样的创作方式不仅丰富了艺术作品的表现形式,也提升了学生的创造性思维和空间感知能力。

第九章
大学生美育的未来发展方向与创新路径

在传统的艺术教育中，学生主要通过视觉、听觉等感官来体验和欣赏艺术。而随着虚拟现实和增强现实技术的发展，未来的艺术教育将实现感官的全方位拓展。在虚拟现实的环境下，学生可以沉浸在虚拟的艺术作品中，与作品进行互动，甚至成为作品的一部分。这种沉浸式的艺术体验将帮助学生打破传统的艺术欣赏方式，进入一个全新的艺术世界。在这种虚拟的艺术世界里，学生不仅能感受到作品的美学价值，还能深入理解作品背后的历史、文化和创作思想。虚拟现实的沉浸感和互动性将使学生在艺术欣赏的过程中获得更深层次的情感共鸣和思想启迪。而增强现实技术则可以将艺术作品与现实生活融合，创造出一种虚拟与现实结合的全新艺术体验。此外，虚拟实践教学项目的引入能够让学生在数字环境中完成创作实践，如3D建模、虚拟雕塑和动态艺术装置，为学生提供更灵活的创作空间。而理论知识通过可视化呈现，将抽象的艺术概念转化为直观的动态画面，帮助学生更快地理解复杂的理论内容。这种融合实践与理论的教学模式将全面提升艺术教育的效果，使学生在学习中获得更加立体和深刻的体验。

虚拟现实和增强现实技术的应用，不仅为学生提供了创作工具和体验平台，也为跨学科和跨文化的艺术教育提供了新的机会。在未来，数字化平台和沉浸式技术将推动艺术与科技、设计、哲学等学科的融合，促进艺术教育与其他学科间的互动与创新。比如学生在虚拟现实环境中进行艺术创作时，可以同时与计算机科学、工程学、设计学等领域的知识进行融合。通过与其他学科的交叉学习，学生能够拓展自己的创作思维，探索科技与艺术相结合的创新表现形式。未来，艺术教育将不再局限于传统的艺术学科，而是与其他学科形成协同效应，推动创新型人才的培养。在跨文化的艺术教育方面，虚拟现实和增强现实技术的应用将为学生提供全球化的艺术交流平台。通过虚拟现实，学生可以与来自世界各地的艺术家、学者和同学进行跨文化的艺术互动，了解不同文化背景下的艺术风格、表现手法和审美标准。通过这种互动式的学习方式，学生不仅能够拓宽自己的艺术视野，还能够培养全球化的艺术思维和跨文化的艺术理解力。

在未来的美育课程中，虚拟现实和增强现实技术将与教育目标有机结合，推动教学方式和课程内容的创新。这些技术的应用不仅能够提高学生的艺术学习兴趣，还能增强学生的实践能力、创新思维和跨学科综合能力。未来的美育课程将更加注重学生的综合素质培养，而虚拟现实和增强现实技术正是实现这一目标的重要工具。通过技术手段，艺术教育将不再局限于教师讲授、学生听讲的传统模式，而是通过互动、沉浸、创作等多元化的方式，让学生真正成为学习的主体，主动探索艺术的奥秘。随着虚拟现实和增强现实技术的不断发展和完善，未来的美育教育将迎来更加多样化和灵活的教学形式。无论是在课堂教学、课外活动，还是在艺术实践和创作过程中，技术的应用都将发挥极大的作用，推动美育教育朝着更加创新和全球化的方向发展。

在未来的教育体系中，虚拟现实和增强现实将成为美育创新的核心驱动力。这不仅仅是对技术的应用，更是教育理念的革新和艺术教育实践的升级。随着这些技术的不断应用与深入发展，大学生美育教育将成为培养全面发展的创新型人才的关键环节。

参考文献

[1] 郭圣能. 以美化人：高校加强美育工作的现实困境与改进策略[J]. 安徽工业大学学报(社会科学版)，2023(1).

[2] 韩俐彦. 新时代高校大学生特色美育体系的现代化构建研究[J]. 北京教育(高教)，2019(1).

[3] 钟仕伦. 高师院校美育工作评估标准及指标体系初探[J]. 美育学刊，2016(6).

[4] 瞿振元. 依法做好美育工作：美育工作者的光荣使命[J]. 重庆高教研究，2017(4).

[5] 刘亚红. 高校美育工作方案、经验与发展思路：基于注意力配置研究[J]. 科教文汇，2023(13).

[6] 高晏. "互联网+"时代高校开展美育工作的问题及对策研究[J]. 中国新通信，2023(17).

[7] 朱文学. 试论素质教育的审美价值与审美创造[J]. 上海教育科研，2011(9).

[8] 包莉秋. 通识教育视域中的大学美育课程改革[J]. 教育评论，2011(3).

[9] 朱晏. 我国高校美育实施体系的构建[J]. 江苏高教，2010(5).

[10] 赵军. 基于学生满意度的高校本科教学质量调查研究：以湖北三所高校为例[J]. 教育研究与实验，2010(1).

[11] 孙荣春. 当前高校美育问题解析[J]. 黑龙江高教研究，2009(10).

[12] 包玉姣. 高校美育观之辨析[J]. 高教探索，2009(5).

[13] 舟祥华. 美育30年：回顾、反思与前瞻[J]. 教育研究与实验，2009(4).

[14] 叶碧. 高校美育评价的内容与方法[J]. 江苏高教，2009(4).

[15] 吴家跃，吴虹. 审美的价值属性[M]. 成都：四川大学出版社，2009.

[16] 席勒. 审美教育书简[M]. 南京：译林出版社，2009.

[17] 叶碧. 大学审美文化教育论[M]. 杭州：浙江大学出版社，2008.

[18] 顾永芝. 美学原理[M]. 南京：东南大学出版社，2008.

[19] 李泽厚. 美的历程[M]. 上海：生活·读书·新知三联书店，2008.

[20] 叶碧. 大学审美文化教育论[M]. 杭州：浙江大学出版社，2008.

[21] 钟仕伦，李天道. 高校美育概论[M]. 北京：中国社会科学出版社，2006.

[22] 孙俊三. 教育过程的美学意蕴[M]. 长沙：湖南师范大学出版社，2006.

[23] 曾繁仁. 现代美育理论[M]. 郑州：河南人民出版社，2006.

[24] 李明. 数字化背景下高校美育教学模式的创新研究[J]. 教育与职业，2021(24).

[25] 张涛. 智能化技术赋能美育教育的路径探析[J]. 教育理论与实践，2022(10).

[26] 陈丽华. 高校美育与乡村振兴战略的协同推进研究[J]. 中国高等教育，2022(12).

[27] 王晓辉. 虚拟现实技术在高校美育教学中的应用与实践[J]. 教育现代化，2021(18).

[28] 赵欣. 全球化视角下高校美育国际化发展路径探讨[J]. 教育研究与实验，2023(3).

[29] 杨晨. 基于人工智能的高校美育个性化教学研究[J]. 教育发展研究，2023(5).

[30] 王芳. 高校美育课程与数字艺术创作的深度融合探讨[J]. 艺术教育研究，2021(9).

[31] 李晓东. 跨文化视角下高校美育国际化教学创新研究[J]. 当代教育论坛，2022(6).

[32] 周丽丽. 高校美育在数字化转型中的挑战与对策[J]. 中国成人教育，2022(8).

[33] 张建国. 乡村美育与社会艺术实践结合的路径分析[J]. 艺术学研究，2023(4).

[34] 宋佳. 基于AR技术的美育教学实践案例分析[J]. 中国电化教育，2023(2).

[35] 刘洁. 智能化背景下高校美育师资能力提升路径研究[J]. 高教探索，2021(11).

[36] 王蕾. 基于虚拟现实技术的高校美育教学创新路径研究[J]. 高校教育管理，2021(10).

[37] 李玉. 数字化平台在高校美育资源共享中的实践探索[J]. 教育发展与创新，2022(3).

[38] 周华. 新时代高校美育课程体系构建研究[J]. 当代高等教育，2021(15).

[39] 张敏. 高校美育在文化创意产业中的价值体现[J]. 艺术教育研究，2023(6).

[40] 许文婷. 基于人工智能的高校美育评价体系优化研究[J]. 高等教育研

究，2022(9).

[41] 韩晓雨.全球化背景下高校美育的实践创新研究[J].国际教育交流，2023(5).

[42] 刘毅.乡村艺术振兴中的美育功能探讨[J].中国文化研究，2021(7).

[43] 陈佳.AR技术赋能高校美育教学的应用研究[J].信息技术与教育，2022(4).

[44] 孙强.美育在高校思想政治教育中的渗透与融合[J].思想教育研究，2023(8).

[45] 郑玲.高校美育与生态文明教育协同发展的路径探索[J].中国高等教育研究，2021(12).

[46] 于晨.智能技术赋能高校美育教学的实践模式[J].教学实践与创新，2022(11).

[47] 张雅楠.数字化背景下高校美育与乡村文化振兴融合路径研究[J].艺术教育评论，2023(9).